suhrkamp taschenbuch
wissenschaft 2305

Spätestens seit Darwin steht die Frage im Raum, was den Menschen von anderen Tieren unterscheidet. Michael Tomasello präsentiert eine faszinierende Antwort: Es ist das auf Kooperation ausgerichtete soziale Verhalten, das den Sonderweg des Menschen in der Evolution ebnete. In seinem Buch zeichnet er nach, wie veränderte Umweltbedingungen die frühen Menschen zwangen, die Welt aus verschiedenen Perspektiven zu betrachten, ihr Verhalten stärker aufeinander abzustimmen und ihr Denken und Handeln im Lichte der normativen Standards der Gruppe zu prüfen. Wie aus kollaborativer Interaktion und Kommunikation völlig neue und einzigartige Formen des Denkens und dann auch Sprache und Kultur entstanden, zeigt dieses Buch.

Michael Tomasello ist Professor für Psychologie und Neurowissenschaft an der Duke University. Von 1998 bis 2018 war er Co-Direktor des Max-Planck-Instituts für Evolutionäre Anthropologie in Leipzig. Für sein Werk erhielt er zahlreiche Auszeichnungen, u.a. den Hegel-Preis, den Max-Planck-Forschungspreis und den Helmuth-Plessner-Preis. Zuletzt sind im Suhrkamp Verlag erschienen: *Warum wir kooperieren* (eu 36), *Die Ursprünge der menschlichen Kommunikation* (stw 2004), *Eine Naturgeschichte der menschlichen Moral* (stw 2321) und *Mensch werden. Eine Theorie der Ontogenese* (2020).

Michael Tomasello
Eine Naturgeschichte des menschlichen Denkens

Aus dem Amerikanischen
von Jürgen Schröder

Suhrkamp

Titel der Originalausgabe:
A Natural History of Human Thinking
Die Originalausgabe in englischer Sprache,
die dieser Übersetzung zugrunde liegt,
erschien erstmals 2014 bei Harvard University Press

Bibliografische Information der Deutschen Nationalbibliothek
Die Deutsche Nationalbibliothek verzeichnet diese Publikation in
der Deutschen Nationalbibliografie; detaillierte bibliografische Daten
sind im Internet über http://dnb.d-nb.de abrufbar.

Erste Auflage 2020
suhrkamp taschenbuch wissenschaft 2305

Umschlag nach Entwürfen
von Willy Fleckhaus und Rolf Staudt
Druck: Druckhaus Nomos, Sinzheim
Printed in Germany
ISBN 978-3-518-29905-0

Für Rita, Anya, Leo *und* Chiara

Inhalt

Vorwort

Dieses Buch ist eine Fortsetzung von – oder besser ein Prequel zu – *Die kulturelle Entwicklung des menschlichen Denkens*, das 2002 in deutscher Übersetzung erschien. Es hat aber auch einen etwas anderen Fokus. In jenem Buch lautete die Frage, was die menschliche Kognition so einzigartig macht, und die Antwort war: Kultur. Individuelle menschliche Wesen entwickeln einzigartig leistungsfähige kognitive Kompetenzen, weil sie inmitten aller möglichen Arten kultureller Artefakte und Praktiken, einschließlich einer konventionellen Sprache, heranreifen, und natürlich besitzen sie die kulturellen Lernkompetenzen, die zu ihrer Beherrschung notwendig sind. Menschen internalisieren die Artefakte und Praktiken, denen sie begegnen, und diese dienen dann zur Vermittlung all ihrer kognitiven Interaktionen mit der Welt.

Im vorliegenden Buch geht es um eine ähnliche Frage: Was macht das menschliche Denken einzigartig? Und die Antwort ist ebenfalls ähnlich: Das menschliche Denken ist grundsätzlich kooperativ. Aber diese etwas andere Frage und die etwas andere Antwort führen zu einem ganz anderen Buch. Das Buch von 2002 war unkompliziert und einfach, weil die Daten, die wir aus dem Vergleich von Menschenaffen mit Menschen hatten, so spärlich waren. Daher konnten wir solche Dinge sagen wie »Nur Menschen verstehen andere als intentionale Akteure, und das ermöglicht die menschliche Kultur«. Aber wir wissen jetzt, daß das Bild komplexer ist. Menschenaffen scheinen viel mehr über andere als intentionale Akteure zu wissen, als man zuvor glaubte, und dennoch haben sie keine menschenähnliche Kultur oder Kognition. Gestützt auf umfangreiche Forschungen, über die hier berichtet wird, scheint der entscheidende Unterschied nun zu sein, daß Menschen andere nicht nur als intentionale Akteure verstehen, sondern ihre Köpfe auch mit anderen in Akten geteilter Intentionalität zusammenstecken, zu denen alles von konkreten Akten gemeinschaftlichen Problemlösens bis zu komplexen kulturellen Institutionen gehört. Der Fokus liegt jetzt also weniger auf der Kultur als einem Prozeß der Weitergabe, sondern mehr auf der Kultur als einem Prozeß sozialer Koordination – und tatsächlich argumentieren wir hier dafür, daß moderne menschliche Kulturen durch einen früheren Evolutionsschritt ermöglicht wurden, bei dem Menschen ihr Auskommen fanden, indem sie sich mit anderen in relativ einfachen Akten gemeinschaftlicher Nahrungssuche koordinierten.

Die spezifische Fokussierung auf das Denken bedeutet, daß dieses Buch nicht einfach nur dokumentiert, daß Menschen auf eine solche Weise an geteilter Intentionalität teilhaben, wie es ihre nächsten Primatenverwandten nicht tun. Das wurde an anderer Stelle geleistet. Vielmehr untersucht es darüber hinaus die zugrundeliegenden Denkprozesse, die daran beteiligt sind. Um die Eigenart dieser Denkprozesse zu beschreiben – insbesondere um menschliches Denken vom Denken anderer Menschenaffen zu unterscheiden –, müssen wir seine Komponentenprozesse der kognitiven Repräsentation, des Schlußfolgerns und der Selbstbeobachtung charakterisieren. Die *Hypothese geteilter Intentionalität* behauptet, daß alle drei dieser Komponenten im Laufe der Evolution des Menschen in zwei entscheidenden Schritten umgewandelt wurden. In beiden Fällen war die Umwandlung Teil einer größeren Veränderung sozialer Interaktion und Organisation, bei der die Menschen gezwungen waren, kooperativere Lebensweisen anzunehmen. Um zu überleben und zu gedeihen, waren die Menschen zweimal gezwungen, neue Möglichkeiten zu finden, um ihr Verhalten mit anderen bei gemeinschaftlichen (und danach kulturellen) Aktivitäten zu koordinieren und ihre intentionalen Zustände mit anderen bei der kooperativen (und danach konventionellen) Kommunikation zu koordinieren. Und so wurde das menschliche Denken zweimal transformiert.

Die Niederschrift dieses Buches, wie auch der meisten anderen, wurde durch die Unterstützung vieler Institutionen und Personen ermöglicht. Ich möchte dem Center for Philosophy of Science der University of Pittsburgh (und insbesondere John Norton, dem hervorragenden Direktor und Seminarleiter) dafür danken, mich im Frühling 2012 für ein friedvolles Semester konzentrierten Schreibens beherbergt zu haben. Besonders profitierte ich während dieses Aufenthalts von Bob Brandom, der mir viel Zeit widmete und seine Gedanken zu vielen für das vorliegende Unternehmen zentralen Themen großzügig mit mir teilte. Ich danke ebenso Celia Brownell von der Abteilung für Psychologie der University of Pittsburgh und Andy Norman von der Carnegie-Mellon-Universität für viele nützliche Gespräche während dieses Semesters. Im darauffolgenden Sommer profitierte ich überaus von der Präsentation der Themen des Buches beim SIAS Summer Institute mit dem Titel *The Second Person: Comparative Perspectives*, das in Berlin von Jim Conant und Sebastian Rödl veranstaltet wurde. Das Buch ist aufgrund all dieser Begegnungen besser geworden.

Im Hinblick auf das Manuskript selbst möchte ich Larry Barsalou, Mattia Galotti, Henrike Moll und Marco Schmidt für das Lesen verschiedener Kapitel und ihre sehr hilfreichen Rückmeldungen danken. Von besonderer Bedeutung war, daß Richard Moore und Hannes Rakoczy jeweils das gesamte Manuskript in einem recht frühen Stadium lasen und eine Reihe wichtiger Kommentare und Vorschläge sowohl im Hinblick auf den Inhalt als auch auf die Darstellung lieferten. Dank geht auch an Elizabeth Knoll und drei anonyme Gutachter bei Harvard University Press für eine Reihe hilfreicher Kommentare und Kritiken an der vorletzten Fassung.

Zum Schluß und vor allem danke ich meiner Frau Rita Svetlova dafür, daß sie die ganze Zeit hindurch beständig detaillierte kritische Kommentare und Vorschläge beigesteuert hat. Viele Ideen wurden durch Gespräche mit ihr deutlicher, und verwirrende Passagen wurden durch ihr literarisch gebildetes Auge klar oder zumindest klarer.

I

DIE HYPOTHESE GETEILTER INTENTIONALITÄT

Allein die Kooperation stellt einen Prozeß dar, der Vernunft hervorbringen kann.
JEAN PIAGET, *Études sociologiques*

Denken erscheint gewöhnlich als eine völlig einsame Aktivität. Und so ist es auch bei anderen Tierarten. Aber bei Menschen ist das Denken einem Jazzmusiker vergleichbar, der einen neuen Riff in der Abgeschiedenheit seines eigenen Zimmers improvisiert. Es ist zwar eine einsame Aktivität, aber auf einem Instrument, das andere für diesen allgemeinen Zweck hergestellt haben, nach Jahren des Zusammenspiels mit anderen Musikern und des Lernens von ihnen, in einer Musikgattung mit einer Geschichte voller legendärer Riffs, für ein imaginiertes Publikum von Jazzliebhabern. Das menschliche Denken ist eine individuelle Improvisation, die in eine soziokulturelle Matrix verwoben ist.

Wie entstand diese neue Form eines gesellschaftlich durchwirkten Denkens, und wie funktioniert sie? Eine Reihe klassischer Theoretiker hat die Rolle der Kultur und ihrer Artefakte betont, um bestimmte Typen individuellen Denkens zu ermöglichen. Beispielsweise machte Hegel (1807) geltend, daß die sozialen Praktiken, Institutionen und Ideologien einer bestimmten Kultur in einer bestimmten geschichtlichen Epoche einen notwendigen Begriffsrahmen für die individuelle menschliche Vernunft bilden (siehe auch Collingwood, 1946). Peirce (1931-1958) behauptete konkreter, daß nahezu alle der am höchsten entwickelten Denkformen, darunter insbesondere die Mathematik und formale Logik, nur möglich sind, weil Menschen über kulturell geschaffene, symbolische Artefakte verfügen wie etwa die arabischen Ziffern und die Notation der Logik. Vygotskij (1978) betonte, daß Kinder inmitten der Werkzeuge und

Symbole ihrer Kultur aufwachsen, die insbesondere die sprachlichen Symbole einschließen, die ihre Welt für sie vorstrukturieren, und daß sie im Laufe der Ontogenese den Gebrauch dieser Artefakte internalisieren, was zu jener Art von innerem Dialog führt, der einer der Prototypen des menschlichen Denkens ist (siehe auch Bachtin, 1981).

Die andere Reihe klassischer Theoretiker hat sich auf die Grundprozesse der sozialen Koordination konzentriert, die die menschliche Kultur und Sprache überhaupt erst ermöglichen. Mead (1934) wies darauf hin, daß Menschen, wenn sie miteinander interagieren, und zwar insbesondere bei der Kommunikation, in der Lage sind, sich selbst in der Rolle des anderen vorzustellen und die Perspektive des anderen auf sich selbst einzunehmen. Piaget (1928) machte außerdem geltend, daß diese Fähigkeiten zur Rollen- und Perspektivenübernahme – zusammen mit einer kooperativen Einstellung – nicht nur Kultur und Sprache ermöglichen, sondern auch schlußfolgerndes Denken, bei dem die Individuen ihren eigenen Standpunkt den normativen Maßstäben der Gruppe unterordnen. Und Wittgenstein (1955) erläuterte mehrere unterschiedliche Möglichkeiten, wie die angemessene Verwendung einer sprachlichen Konvention oder kulturellen Regel von einer bereits existierenden Menge geteilter sozialer Praktiken und Urteile abhängen (»Lebensformen«), die die pragmatische Infrastruktur bilden, von der alle Verwendungen von Sprache und Regeln ihre zwischenmenschliche Bedeutung gewinnen. Diese Theoretiker der sozialen Infrastruktur, wie wir sie nennen könnten, teilen alle die Überzeugung, daß Sprache und Kultur nur der »Zuckerguß auf dem Kuchen« der ultrasozialen Möglichkeiten des Menschen sind, sich kognitiv auf die Welt zu beziehen.

So reich an Einsichten sie auch waren, operierten alle diese klassischen Theoretiker doch ohne die verschiedenen neuen, sowohl empirischen als auch theoretischen Puzzleteile, die erst in den letzten Jahren auftauchten. In empirischer Hinsicht besteht ein neues Ergebnis in den verblüffend hochentwickelten kognitiven Fähigkeiten nichtmenschlicher Primaten, die hauptsächlich in den letzten Jahrzehnten entdeckt wurden (zu Überblicksartikeln siehe Tomasello und Call, 1997; Call und Tomasello, 2008). So verstehen Menschenaffen als die engsten lebenden Verwandten der Menschen bereits auf menschenähnliche Weise viele Aspekte ihrer physikalischen und sozialen Welten, einschließlich der kausalen und intentionalen Beziehungen, die diese Welten strukturieren. Das bedeutet, daß viele wichtige Aspekte des menschlichen Denkens nicht von den einzigartigen Formen der Sozialität, Kultur und Sprache des Menschen abstammen, sondern vielmehr von so etwas wie den individuellen Problemlösefähigkeiten der Menschenaffen im allgemeinen.

Eine weitere neue Reihe von Ergebnissen betrifft vorsprachliche (oder gerade erst sprechende) Kleinkinder, die erst noch vollständig an der Kultur und Sprache um sie herum partizipieren müssen. Diese noch ganz jungen menschlichen Wesen operieren dennoch schon mit einigen kognitiven Prozessen, die den Menschenaffen fehlen und die es ihnen ermöglichen, mit anderen auf verschiedene Weise sozial in Verbindung zu treten, was Menschenaffen nicht können, zum Beispiel durch geteilte Aufmerksamkeit und kooperative Kommunikation (Tomasello et al., 2005). Die Tatsache, daß diese vorkulturellen und vorsprachlichen Wesen schon in kognitiver Hinsicht einzigartig sind, liefert eine empirische Stütze für die Behauptung der Theoretiker der sozialen Infrastruktur, daß bedeutende Aspekte des menschlichen Denkens kein Ausfluß der Kultur und Sprache an sich sind, sondern vielmehr von gewissen tieferen und primitiveren Formen der einzigartigen sozialen Bindung des Menschen herstammen.

In theoretischer Hinsicht haben jüngere Fortschritte in der Philosophie des Handelns leistungsfähige neue Denkwege zu diesen tieferen und primitiveren Formen der einzigartigen gesellschaftlichen Beteiligung des Menschen aufgezeigt. Eine kleine Gruppe von Handlungstheoretikern (z. B. Bratman, 1992; Searle, 1995; Gilbert, 1989; Tuomela, 2007) hat untersucht, wie Menschen sich mit anderen in Akten sogenannter geteilter Intentionalität oder »Wir-Intentionalität« zusammentun. Wenn Menschen mit anderen an gemeinschaftlichen Aktivitäten teilnehmen, bilden sie zusammen gemeinsame Ziele und gemeinsame Aufmerksamkeit aus, die dann individuelle Rollen und individuelle Perspektiven erzeugen, die innerhalb der Gruppe miteinander koordiniert werden müssen (Moll und Tomasello, 2007). Darüber hinaus gibt es eine tiefe Kontinuität zwischen solchen konkreten Manifestationen gemeinsamen Handelns und gemeinsamer Aufmerksamkeit einerseits und abstrakteren kulturellen Praktiken und Erzeugnissen andererseits wie zum Beispiel kulturellen Institutionen, die von vereinbarten sozialen Konventionen und Normen strukturiert – ja geschaffen – werden (Tomasello, 2009). Im allgemeinen sind Menschen also in der Lage, sich mit anderen auf eine Weise, wie es andere Primaten anscheinend nicht können, zu koordinieren, das heißt, ein »wir« zu bilden, das wie eine Art pluraler Akteur fungiert, um alles mögliche zu schaffen, von einer gemeinschaftlichen Jagd bis zu einer kulturellen Institution.

Weiter findet man in dieser theoretischen Richtung, daß als eine spezifische Form menschlicher gemeinschaftlicher Aktivität und geteilter Intentionalität die menschliche kooperative Kommunikation eine Reihe besonderer intentionaler und inferentieller Prozesse beinhaltet – die erstmals von Grice (1957, 1975) identifiziert und seither von Sperber und Wilson (1996), Clark (1996), Levinson (2000) und Tomasello (2008) ausgearbeitet und modifiziert wurden. Menschliche Kommunikatoren stellen Situationen und Entitäten durch externe Kommunikationsmittel *für* andere Personen begrifflich dar; diese anderen Personen versuchen dann zu bestimmen, warum der Kommunikator meint, daß diese Situationen und Entitäten für sie relevant sein werden. Dieser dialogische Prozeß umfaßt nicht nur Kompetenzen und Motive für geteilte Intentionalität, sondern auch eine Reihe komplexer und rekursiver Schlußfolgerungen über die Intentionen der anderen gegenüber meinen intentionalen Zuständen. Diese einzigartige Form der Kommunikation – die nicht nur für den reifen Sprachgebrauch, sondern auch für die vorsprachliche gestische Kommunikation von Kleinkindern charakteristisch ist – setzt sowohl einen geteilten Begriffsrahmen zwischen den Kommunikationspartnern (bzw. einen gemeinsamen begrifflichen Hintergrund) als auch eine Beurteilung der individuellen Intentionen und Perspektiven dieser Partner innerhalb dieses Rahmens voraus.

Diese neuen empirischen und theoretischen Fortschritte ermöglichen uns die Konstruktion einer viel detaillierteren Erklärung der sozialen Dimensionen der menschlichen Kognition im allgemeinen, als es zuvor möglich war. In diesem Buch liegt unser Fokus auf den sozialen Dimensionen des menschlichen Denkens im besonderen. Obwohl Menschen und andere Lebewesen viele Probleme lösen und viele Entscheidungen treffen unter Rückgriff auf intuitive Heuristiken (sogenannte System-1-Prozesse), lösen Menschen und zumindest einige andere Lebewesen manche Probleme und treffen manche Entscheidungen durch Nachdenken (System-2-Prozesse; z. B. Kahneman, 2011). Ein spezifischer Fokus auf das Denken ist deshalb von Nutzen, weil er unser Thema auf einen einzigen kognitiven Prozeß einschränkt, aber auf einen solchen, der mehrere Schlüsselkomponenten umfaßt, insbesondere (1) die Fähigkeit, Erlebnisse »offline« für sich selbst kognitiv zu repräsentieren; (2) die Fähigkeit, Schlußfolgerungen zu simulieren oder zu vollziehen, die diese Repräsentationen kausal, intentional und/oder logisch umwandeln; und (3) die Fähigkeit, sich selbst zu beobachten und einzuschätzen, wie diese simulierten Erlebnisse zu spezifischen Verhaltensergebnissen führen könnten – und auf diese Weise eine umsichtige Verhaltensentscheidung zu treffen.

Es scheint offensichtlich, daß Menschen im Vergleich zu anderen Tierarten auf besondere Weise denken. Aber dieser Unterschied ist anhand von traditionellen Theorien des menschlichen Denkens schwer zu charakterisieren, da sie entscheidende Aspekte des Prozesses voraussetzen, die tatsächlich Errungenschaften der Evolution sind. Bei diesen handelt es sich genau um ebenjene sozialen Aspekte des menschlichen Denkens, auf denen unser primärer Fokus hier liegt. Obwohl also viele Tierarten Situationen und Entitäten zumindest in gewissem Maße abstrakt kognitiv repräsentieren können, sind nur Menschen dazu in der Lage, ein und dieselbe Situation oder Entität unter unterschiedlichen, ja sogar widersprüchlichen sozialen Perspektiven begrifflich zu fassen (was letztlich zu einem Gefühl für »Objektivität« führt). Obwohl außerdem viele Tiere auch einfache kausale und intentionale Schlußfolgerungen über externe Ereignisse ziehen, machen nur Menschen sozial rekursive und selbstreflexive Schlüsse über die intentionalen Zustände von anderen oder ihre eigenen. Und schließlich, obwohl viele Tiere ihre eigenen Handlungen im Hinblick auf den instrumentellen Erfolg überwachen und bewerten, überwachen und bewerten nur Menschen ihr eigenes Denken im Hinblick auf die normativen Perspektiven und Maßstäbe (»Gründe«) anderer oder der Gruppe. Diese grundlegend sozialen Unterschiede führen zu einem erkennbar anderen Typus des Denkens, den wir der Kürze halber *objektiv-reflexiv-normatives Denken* nennen können.

In diesem Buch versuchen wir, die evolutionären Ursprünge dieses einzigartigen objektiv-reflexiv-normativen Denkens zu rekonstruieren. Die *Hypothese geteilter Intentionalität* lautet, daß das, was diesen einzigartigen Typus des Denkens erzeugte – seine Repräsentations-, Schlußfolgerungs- und Selbstbeobachtungsprozesse –, Anpassungen für den Umgang mit Problemen der sozialen Koordination waren, insbesondere mit Problemen, die sich durch die Versuche der Individuen ergaben, miteinander zusammenzuwirken und zu kommunizieren (mit anderen zu *ko*-operieren). Obwohl die Menschenaffen, die Vorfahren der Menschen, soziale Wesen waren, lebten sie größtenteils ein individualistisches und konkurrenzbetontes Leben, und daher richtete sich ihr Denken auf die Erreichung individueller Ziele. Aber die Frühmenschen wurden an einem bestimmten Punkt durch ökologische Umstände zu kooperativeren Lebensweisen gezwungen, und daher richtete sich ihr Denken stärker darauf, Möglichkeiten der Koordination mit anderen zu ersinnen, um gemeinsame Ziele oder gar kollektive Gruppenziele zu erreichen. Und das änderte alles.

Es gab zwei entscheidende Evolutionsschritte. Der erste Schritt, der den Blickpunkt von Theoretikern der sozialen Infrastruktur wie Mead und Wittgenstein widerspiegelt, beinhaltete die Entstehung eines neuen Typs kleinmaßstäblicher Zusammenarbeit bei der Nahrungssuche. Die Teilnehmer an dieser gemeinschaftlichen Nahrungssuche schufen sozial geteilte gemeinsame Ziele und gemeinsame Aufmerksamkeit (einen gemeinsamen Hintergrund), was die Möglichkeit individueller Rollen und Perspektiven innerhalb jener ad hoc geteilten Welt oder »Lebensform« erzeugte. Um diese neugeschaffenen Rollen und Perspektiven zu koordinieren, entwickelten die Menschen einen neuen Typ kooperativer Kommunikation, der auf den natürlichen Gesten des Zeigens und der Pantomime beruhte: Ein Partner lenkte die Aufmerksamkeit oder Vorstellung des anderen perspektivisch und/oder symbolisch auf etwas, das für ihre gemeinsame Aktivität »relevant« war, und dann zog dieser Partner kooperative (rekursive) Schlüsse über das, was intendiert war. Um diesen Prozeß durch Selbstbeobachtung zu überwachen, mußte der Kommunikator schon im voraus die wahrscheinlichen Schlußfolgerungen des Empfängers simulieren. Da die Zusammenarbeit und Kommunikation an diesem Punkt zwischen ad hoc und für den Augenblick gebildeten Paaren von Individuen bestand – auf der Grundlage einer ausschließlich zwischen »ich« und »du« stattfindenden sozialen Interaktion –, können wir all das als *gemeinsame Intentionalität* bezeichnen. Wenn sie beim Denken zum Einsatz kommt, umfaßt die gemeinsame Intentionalität perspektivische und symbolische Repräsentationen, sozial rekursive Schlüsse und zweitpersonale Selbstbeobachtung.

Der zweite Schritt, der den Blickpunkt von Kulturtheoretikern wie Vygotskij und Bachtin widerspiegelt, vollzog sich, als menschliche Populationen größer zu werden und miteinander zu konkurrieren begannen. Diese Konkurrenz bedeutete, daß das Gruppenleben insgesamt zu einer großen gemeinschaftlichen Aktivität wurde und eine viel größere und beständigere geteilte Welt, das heißt eine Kultur entstand. Das daraus resultierende Gruppenbewußtsein bei allen Mitgliedern der Kulturgruppe (einschließlich der Fremden, die zur Eigengruppe gehörten) beruhte auf einer neuen Fähigkeit, einen gemeinsamen *kulturellen* Hintergrund durch kollektiv bekannte kulturelle Konventionen, Normen und Institutionen aufzubauen. Als Teil dieses Prozesses wurde die kooperative Kommunikation zu einer konventionalisierten sprachlichen Kommunikation. Im Kontext der kooperativen Argumentation beim Treffen von Gruppenentscheidungen konnten sprachliche Konventionen benutzt werden, um die Gründe einer Person für eine Behauptung innerhalb des Rahmens der Rationalitätsnormen der Gruppe zu rechtfertigen und explizit zu machen. Das bedeutete, daß die Menschen jetzt »objektiv« vom akteurneutralen Standpunkt der Gruppe aus räsonieren konnten (»von nirgendwo«). Da die Zusammenarbeit und Kommunikation an diesem Punkt konventionell, institutionell und normativ war, können wir all dies als *kollektive Intentionalität* bezeichnen. Wenn sie beim Denken zum Einsatz kommt, umfaßt die kollektive Intentionalität nicht nur symbolische und perspektivische Repräsentationen, sondern auch konventionelle und »objektive« Repräsentationen; nicht nur rekursive Schlußfolgerungen, sondern auch selbstreflexive und begründete Schlußfolgerungen; und nicht nur die zweitpersonale Selbstbeobachtung, sondern eine normative Selbststeuerung aufgrund der Rationalitätsnormen der Kultur.

Vor allem bedeutet dieses evolutionäre Szenario nicht, daß die heutigen Menschen qua Veranlagung auf diese neue Weise denken müssen. Ein modernes Kind, das auf einer einsamen Insel aufwächst, würde ganz auf sich gestellt nicht automatisch vollständig menschliche Denkprozesse aufbauen. Ganz im Gegenteil. Kinder werden mit Anpassungen zur Zusammenarbeit und Kommunikation und zum spezifischen Lernen von anderen geboren – die Evolution wählt adaptive *Handlungen* aus. Aber nur durch die tatsächliche Ausübung dieser Kompetenzen in der sozialen Interaktion mit anderen während der Ontogenese erzeugen Kinder neue Repräsentationsformate und neue Möglichkeiten des schlußfolgernden Denkens, wenn sie im Stile Vygotskijs ihre koordinierenden Interaktionen mit anderen zu einem Denken für sich selbst internalisieren. Das Ergebnis ist eine Art von kooperativer Kognition und Denken, die nicht so sehr neue Kompetenzen schafft, als vielmehr die Kompetenzen der Menschenaffen im allgemeinen zu etwas Kooperativem und Kollektivem macht.

Wir wollen also eine Geschichte – eine Naturgeschichte – darüber erzählen, wie das menschliche Denken entstand, beginnend mit unseren Menschenaffenvorfahren, dann weitergehend zu einigen Frühmenschen, die auf eine für die Spezies einzigartige Weise zusammenarbeiteten und kommunizierten, und endend bei modernen Menschen und ihren grundlegend kulturellen und sprachlichen Seinsweisen.

2
INDIVIDUELLE INTENTIONALITÄT

[D]as Verstehen [besteht] in dem Vorstellen der Tatsache [...].
LUDWIG WITTGENSTEIN, *The Big Typescript*

Kognitive Prozesse sind zwar ein Produkt der natürlichen Selektion, aber sie sind nicht ihr Ziel. Tatsächlich kann die natürliche Selektion die Kognition nicht einmal »sehen«; sie kann nur die Wirkungen der Kognition bei der Strukturierung und Regulation manifester Handlungen »sehen« (Piaget, 1983). In der Evolution gilt das Klug*sein* nichts, wenn es nicht zu klugem *Handeln* führt.

Die beiden klassischen Theorien des Tierverhaltens, der Behaviorismus und die Ethologie, konzentrierten sich zwar auf manifeste Handlungen, vergaßen aber irgendwie die Kognition. Die klassische Ethologie hat wenig oder gar kein Interesse an der Kognition von Tieren, und der klassische Behaviorismus stand dieser Idee regelrecht feindselig gegenüber. Obwohl zeitgenössische Programme der Ethologie und des Behaviorismus in gewisser Weise kognitive Prozesse berücksichtigen, liefern sie keine systematischen theoretischen Erklärungen. Auch irgendwelche anderen modernen Ansätze der Evolution der Kognition genügen nicht den gegenwärtigen Zielsetzungen.

Daher müssen wir, um mit der Darstellung der evolutionären Entstehung des einzigartig menschlichen Denkens zu beginnen, zuerst in groben Zügen eine Theorie der Evolution der Kognition im allgemeineren Sinne formulieren. Im Anschluß daran können wir dann mit unserer eigentlichen Naturgeschichte anfangen, indem wir diesen theoretischen Rahmen für die Charakterisierung von Kognitions- und Denkprozessen bei modernen Menschenaffen verwenden, und zwar als Stellvertreter des evolutionären Ausgangspunkts der Menschen, bevor sie sich vor etwa sechs Millionen Jahren von den anderen Primaten trennten.

Alle Organismen verfügen über gewisse Reflexreaktionen, die linear als Reiz-Reaktionsverknüpfungen organisiert sind. Die Behavioristen meinen, daß alles Verhalten auf diese Weise organisiert ist, obwohl die Verknüpfungen bei komplexen Organismen in der Regel gelernt und auf unterschiedliche Weise mit anderen assoziiert werden. Die Alternative besteht darin anzuerkennen, daß komplexe Organismen auch über gewisse adaptive Spezialisierungen verfügen, die zirkulär als Rückkoppelungs-Steuerungssysteme mit eingebauten Zielzuständen und Handlungsmöglichkeiten organisiert sind. Im Ausgang von dieser Grundlage entwickelt sich die Kognition nicht aus einer komplexeren Gestaltung von Reiz-Reaktionsverknüpfungen, sondern daraus, daß der individuelle Organismus (1) Fähigkeiten zum flexiblen Treffen von Entscheidungen und eine Kontrolle über sein Verhalten in unterschiedlichen adaptiven Spezialisierungen gewinnt und (2) imstande ist, die kausalen und intentionalen Beziehungen, welche relevante Ereignisse strukturieren, kognitiv zu repräsentieren und Schlußfolgerungen aus ihnen zu ziehen.

Adaptive Spezialisierungen sind als selbstregulierende Systeme organisiert, ebenso wie viele physiologische Prozesse, etwa die homöostatische Regulation des Blutzuckers und der Körpertemperatur bei Säugetieren. Diese Spezialisierungen gehen in ihrer Fähigkeit, adaptives Verhalten in einem viel größeren Bereich von Umweltbedingungen hervorzubringen, über Reflexe hinaus und können in der Tat ziemlich komplex sein, zum Beispiel bei Spinnen, die Netze weben. Es ist unmöglich, daß eine Spinne ein Netz nur anhand von Reiz-Reaktionsverbindungen weben kann. Der Prozeß ist zu dynamisch und abhängig vom lokalen Kontext. Statt dessen muß die Spinne über Zielzustände verfügen und motiviert sein, diese hervorzubringen, und sie muß die Fähigkeit zur Wahrnehmung und zum Handeln besitzen, so daß sie diese Zielzustände auf selbstregulierte Weise hervorbringt. Aber adaptive Spezialisierungen sind noch nicht kognitiv (oder nur schwach kognitiv), weil es ihnen per definitionem an Wissen mangelt und sie unflexibel sind: Wahrgenommene Situationen und Verhaltensmöglichkeiten zur Zielerreichung sind zum größten Teil auf unflexible Weise miteinander verknüpft. Der individuelle

Organismus verfügt nicht über die Art von kausalem oder intentionalem Verständnis der Situation, die ihm ermöglichen würde, mit »neuen« Situationen flexibel umzugehen. Die natürliche Selektion hat diese adaptiven Spezialisierungen so gestaltet, daß sie invariant »in denselben« Situationen wie denen funktionieren, denen der Organismus in der Vergangenheit begegnet ist, und deshalb bedarf es keiner Klugheit seitens des Individuums.

Kognition und Denken betreten die Bühne, wenn Organismen in weniger vorhersagbaren Welten leben, und die natürliche Selektion formt kognitive Prozesse und solche der Entscheidungsfindung, die das Individuum befähigen, neue Situationen zu erkennen und, auf sich gestellt, flexibel mit unvorhersagbaren Erfordernissen umzugehen. Was den effektiven Umgang mit einer neuen Situation ermöglicht, ist ein gewisses Verständnis der daran beteiligten kausalen und/oder intentionalen Beziehungen, das dann eine angemessene und potentiell neue Verhaltensreaktion nahelegt. Beispielsweise könnte ein Schimpanse erkennen, daß das einzige Werkzeug, das ihm in einer gegebenen Situation zur Verfügung steht, aufgrund der physikalischen Kausalität in diesem Fall eine Verhaltensweise erfordert, die er noch nie zuvor im Hinblick auf dieses Ziel vollzogen hat. Ein kognitiv kompetenter Organismus funktioniert daher als Steuerungssystem mit Referenzwerten oder -zielen, mit Fähigkeiten zur Beachtung von Situationen, die kausal oder intentional für diese Referenzwerte oder -ziele »relevant« sind, und mit Fähigkeiten zur Auswahl von Handlungen, die zur Erfüllung dieser Referenzwerte oder -ziele führen (auf der Grundlage der kausalen und/oder intentionalen Struktur der Situation). Diese Beschreibung in Begriffen von Steuerungssystemen ist im Grunde identisch mit dem klassischen Überzeugungs-Wunsch-Modell des rationalen Handelns in der Philosophie: ein Ziel oder Wunsch, gekoppelt mit einer epistemischen Verbindung zur Welt (zum Beispiel einer Überzeugung, die auf einem Verständnis der kausalen oder intentionalen Struktur der Situation beruht), erzeugt eine Absicht, auf eine bestimmte Weise zu handeln.[1]

Wir werden diese flexible, individuell selbstregulierte, kognitive Art und Weise des Umgangs mit Dingen als *individuelle Intentionalität* bezeichnen. Innerhalb dieses Selbstregulationsmodells individueller Intentionalität können wir dann sagen, daß Denken stattfindet, wenn ein Organismus bei einer bestimmten Gelegenheit versucht, ein Problem zu lösen, und sein Ziel nicht durch manifestes Verhalten, sondern vielmehr dadurch zu erfüllen trachtet, daß er sich vorstellt, was geschehen würde, wenn er in einer Situation verschiedene Handlungen ausprobieren würde – oder wenn verschiedene äußere Kräfte in die Situation einflössen –, bevor er tatsächlich handelt. Diese Vorstellung ist nichts anderes als die »Offline«-Simulation potentieller Wahrnehmungserlebnisse. Um solcherart in der Lage zu sein, vor dem Handeln zu denken, muß der Organismus daher die oben skizzierten drei Voraussetzungen besitzen: (1) die Fähigkeit zur kognitiven Repräsentation von Erlebnissen »offline«, (2) die Fähigkeit zur Simulation oder zum Vollzug von Schlußfolgerungen, die diese Repräsentationen kausal, intentional und/oder logisch umwandeln, und (3) die Fähigkeit, sich selbst zu beobachten und zu bewerten, wie diese simulierten Erlebnisse zu spezifischen Verhaltensergebnissen führen – und auf diese Weise eine wohlüberlegte Verhaltensentscheidung zu treffen. Der Erfolg oder Mißerfolg einer bestimmten Verhaltensentscheidung gibt die zugrundeliegenden Prozesse der Repräsentation, Simulation und Selbstbeobachtung sozusagen indirekt dem unerbittlichen Sieb der natürlichen Selektion preis.

Kognitive Repräsentation

Die kognitive Repräsentation in einem selbstregulierenden intentionalen System läßt sich sowohl anhand ihres Inhalts als auch anhand ihres Formats charakterisieren. Was den Inhalt betrifft, so lautet die Behauptung, daß sowohl die internen Ziele des Organismus als auch seine von außen gelenkte Aufmerksamkeit (wohlgemerkt nicht nur Wahrnehmung, sondern Aufmerksamkeit) nicht punktförmige Reize oder Sinnesdaten zum Inhalt haben, sondern vielmehr ganze *Situationen.* Ziele, Werte und andere Bezugsgrößen (Pro-Einstellungen) sind kognitive Repräsentationen von Situationen, für die der Organismus eine Motivation hat, sie hervorzubringen oder aufrechtzuerhalten. Obwohl wir manchmal von einem Gegenstand oder einem Ort als dem Ziel einer Person sprechen, ist das in Wirklichkeit nur eine abgekürzte Redeweise: Das Ziel ist die Situation des *Habens* des Gegenstands oder des *Erreichens* des Ortes. Der Philosoph Davidson (2001/2013) schreibt: »Wünsche und Gelüste sind auf propositionale Inhalte gerichtet. Was man will, ist, [...] *daß* man den Apfel in der Hand hält. [...] Ähnliches gilt für Absichten. Wer die Absicht hat, in die Oper zu gehen, beabsichtigt, dafür zu sorgen, *daß* er im Opernhaus sitzt.« (S. 215) Im selben Sinne spricht die moderne Entscheidungstheorie häufig von dem Wunsch oder der Präferenz, *daß* ein bestimmter Sachverhalt verwirklicht sein soll.

Wenn Ziele und Werte als gewünschte Situationen repräsentiert werden, dann muß der Organismus in seiner Wahrnehmungsumgebung auf Situationen achten, die für diese Ziele und Werte relevant sind. Gewünschte Situationen und beachtete Umgebungssituationen haben deshalb zwangsläufig dasselbe wahrnehmungsbasierte, tatsachenähnliche Repräsentationsformat, was ihren kognitiven Vergleich ermöglicht. Natürlich nehmen komplexe Organismen auch weniger komplexe Dinge wahr wie Gegenstände, Eigenschaften und Ereignisse – und können ihnen für bestimmte Zwecke Beachtung schenken –, aber der vorliegenden Analyse zufolge sehen sie diese Dinge immer als Bestandteile von Situationen, die für das Treffen von Verhaltensentscheidungen relevant sind.

Um diesen Punkt zu veranschaulichen, nehmen wir an, daß die Darstellung in Abbildung 2.1 zeigt, was ein Schimpanse sieht, wenn er auf Nahrungssuche ist und sich einem Baum nähert.

Der Schimpanse nimmt die Szene im Grunde genauso wahr, wie wir es täten; unsere visuellen Systeme sind hinreichend ähnlich, so daß wir dieselben elementaren Gegenstände und ihre räumlichen Beziehungen sehen. Aber auf welche Situationen achtet der Schimpanse? Obwohl er seine Aufmerksamkeit im Prinzip auf alle der potentiell unendlich vielen Situationen richten könnte, die dieses Bild darstellt, muß er im gegenwärtigen Augenblick eine Entscheidung zur Nahrungssuche treffen, und daher achtet er auf die Situationen oder »Tatsachen«, die für diese Verhaltensentscheidung relevant sind, nämlich (auf deutsch formuliert):

- daß viele Bananen am Baum hängen
- daß die Bananen reif sind

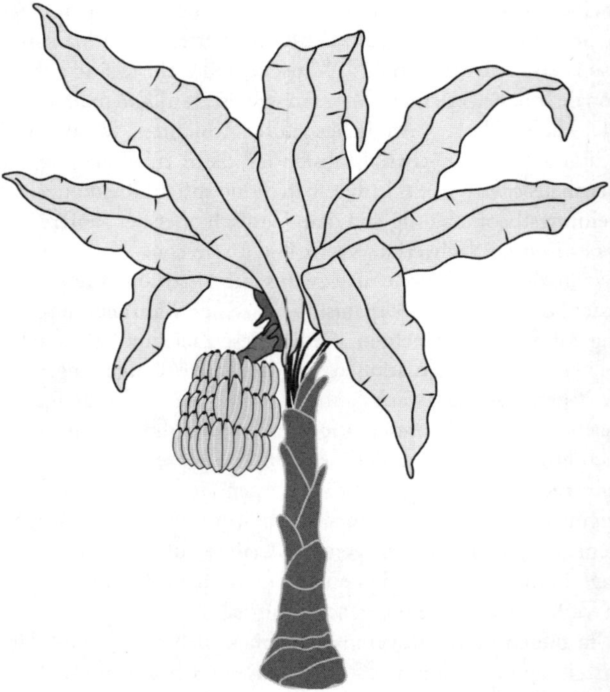

Abbildung 2.1: Was ein Schimpanse sieht.

- daß auf dem Baum nicht schon konkurrierende Schimpansen sind
- daß man die Bananen durch Klettern erreichen kann
- daß keine Raubtiere in der Nähe sind
- daß eine schnelle Flucht von diesem Baum schwierig sein wird
- usw., usw.

Für einen Schimpansen auf Nahrungssuche mit dem Ziel, Nahrung zu finden, sind alle diese Dinge vor dem Hintergrund all seiner Wahrnehmungs- und Verhaltensfähigkeiten und seines Wissens um die lokale Ökologie *relevante Situationen*, um zu entscheiden, was er tun soll – alle sind in einem einzigen visuellen Bild und natürlich nichtsprachlich gegenwärtig. (NB: Selbst das Fehlen von etwas Erwartetem, etwa Nahrung, die nicht an ihrem üblichen Ort ist, kann eine relevante Situation sein.)

Relevanz ist eines jener ereignisabhängigen Urteile, für die man keine allgemeine Definition angeben kann. Aber in groben Zügen achten Organismen auf Situationen entweder (1) als Gelegenheiten oder (2) als Hindernisse mit Blick auf die Verfolgung und Aufrechterhaltung ihrer Ziele und Werte (oder als Informationen, die für die Vorhersage zukünftiger Gelegenheiten oder Hindernisse relevant sind). Verschiedene Tierarten haben natürlich unterschiedliche Lebensformen, was bedeutet, daß sie unterschiedliche Situationen (und Bestandteile von Situationen) wahrnehmen oder beachten. Für einen Leoparden würde die Situation der Bananen an einem Baum keine Gelegenheit zum Essen darstellen, aber die Anwesenheit eines Schimpansen wäre eine solche Gelegenheit. Im Gegensatz dazu stellt die Anwesenheit des Leoparden für den Schimpansen jetzt ein Hindernis für seinen Wert der Vermeidung von Raubtieren dar, und deshalb sollte er nach einer Situation suchen, die Fluchtgelegenheiten bietet, beispielsweise einen Baum ohne niedrig hängende Äste zum Hochklettern – eingedenk seines Wissens, daß Leoparden auf solche Bäume nicht hochklettern können, und seiner Vertrautheit mit seinen eigenen Kletterfähigkeiten. Wenn wir jetzt noch einen Wurm ins Spiel bringen, der auf der Oberfläche der Banane sitzt, würden sich die relevanten Situationen für die drei verschiedenen Tierarten – die Hindernisse und Gelegenheiten für ihre jeweiligen Ziele – noch weniger überschneiden, falls überhaupt. Relevante Situationen werden daher gemeinsam von den Zielen und Werten des Organismus, seinen Wahrnehmungsfähigkeiten, seinem Wissen und seinen Verhaltensfähigkeiten bestimmt, das heißt dadurch, daß er insgesamt als selbstregulierendes System funktioniert. Die Identifikation von Situationen, die für eine Verhaltensentscheidung relevant sind, impliziert daher die ganze Lebensweise des Organismus (von Uexküll, 1921).[2]

Im Sinne des Repräsentationsformats ist es also entscheidend, daß der Organismus seine Erlebnisse als Typen, also in einer verallgemeinerten, schematisierten oder abstrakten Form repräsentieren muß, um kreative Schlußfolgerungen zu ziehen, die über einzelne Erfahrungen hinausgehen. Eine plausible Hypothese besteht in einer Art von Mustermodell, dem zufolge das Individuum in einem gewissen Sinne die einzelnen Situationen und Bestandteile, die es beachtet hat, »speichert« (in vielen Modellen der Wissensrepräsentation bildet die Aufmerksamkeit das Portal). Dann findet eine Verallgemeinerung oder Abstraktion über diese einzelnen Situationen hinweg statt in einem Prozeß, den wir *Schematisierung* nennen könnten. (Nach Langackers [1987] Metapher handelt es sich um einen Stapel von Folien, von denen jede eine einzelne Situation oder Entität darstellt, und die Schematisierung ist der Prozeß des Von-oben-durch-sie hindurch-Blickens auf der Suche nach Überschneidungen.) Wir können uns das Ergebnis dieses Schematisierungsprozesses als eine Reihe kognitiver Modelle vorstellen, die verschiedene Typen von Situationen und Entitäten abdecken, zum Beispiel Objektkategorien, Ereignisschemata und Situationsmodelle. Eine Situation oder Entität als Instanz eines bekannten Typs zu erkennen – als Exemplar einer kognitiven Kategorie, eines Schemas oder Modells – ermöglicht neue Schlußfolgerungen über die Instanzen, die dem Typ entsprechen.

Kategorien, Schemata und Modelle als kognitive Typen sind nichts anderes als bildhafte oder ikonische Schematisierungen der vorhergehenden Erfahrung des Organismus (oder in manchen Fällen seiner Spezies) (Barsalou, 1999, 2008). Als solche leiden sie nicht an der Unbestimmtheit der Interpretation, die manche Theoretiker ikonischen Repräsentationen zuschreiben, welche als mentale Bilder betrachtet werden, das heißt der Unbestimmtheit, ob es sich bei diesem Bild um das einer Banane, einer Frucht, eines Gegenstands usw. handelt (Crane, 2003). Sie leiden deshalb nicht daran, weil sie aus individuellen Erfahrungen zusammengesetzt sind, in denen der Organismus auf eine relevante (schon »interpretierte«) Situation achtete. Somit »interpretiert« oder versteht der Organismus einzelne Situationen und Entitäten im Kontext seiner Ziele, wenn er sie an bekannte (kognitiv repräsentierte) Typen assimiliert: »Das ist noch so eines.«

Simulation und Schlußfolgerungen

Bei einem Organismus mit individueller Intentionalität beinhaltet das Denken Simulationen oder Schlußfolgerungen, die kognitive Repräsentationen von Situationen und ihre Bestandteile auf unterschiedliche Weise verknüpfen. An erster Stelle stehen jene instrumentellen Schlußfolgerungen, die beim Treffen von Verhaltensentscheidungen der Art »Was würde geschehen, wenn ...« eine Rolle spielen. In einer konkreten Problemlösungssituation – wenn etwa ein Stock unter einem Stein eingeklemmt ist – könnten beispielsweise manche Organismen diejenige Art inferentieller Simulation durchlaufen, die Piaget (1975) »mentalen Versuch und Irrtum« nannte: Der Organismus stellt sich eine mögliche Handlung und ihre Konsequenzen vor. So könnte ein Schimpansenweibchen in ihrer Vorstellung simulieren, was geschehen würde, wenn sie kräftig an dem Stock zöge, ohne es wirklich zu tun. Wenn sie zu der Einschätzung gelangte, daß das in Anbetracht der Größe und des Gewichts des Steins erfolglos wäre, könnte sie sich dafür entscheiden, den Stein beiseite zu schieben, bevor sie an dem Stock zieht.

Ebenfalls möglich sind Schlußfolgerungen über kausale und intentionale Beziehungen, die von äußeren Kräften erzeugt werden, und darüber, wie diese das Erreichen von Zielen und Werten beeinflussen könnten. Ein Schimpanse könnte beispielsweise einen kleinen Affen sehen, der auf dem Bananenbaum sitzt und frißt, und schließen, daß es keine Leoparden in der Nähe gibt (weil der Affe fliehen würde, wenn es welche gäbe). Oder ein Bonobo, der eine Feige auf dem Boden gefunden hat, könnte schließen, daß sie süß schmecken wird und daß sich ein Samen darin befindet – auf der Grundlage der Kategorisierung der angetroffenen Feige als »noch so eine« und der natürlichen Schlußfolgerung, daß diese dieselben Eigenschaften wie andere aus der Kategorie haben wird. Oder ein Orang-Utan könnte einen Artgenossen, der einen Baum hochklettert, als intentionales Ereignis eines bestimmten Typs erkennen, dann etwas mit Bezug auf Ziele und Aufmerksamkeit als intentionale Ursachen schließen und auf diese Weise die bevorstehenden Handlungen des Kletterers vorhersagen. Wenn sie solche Erfahrungen schematisieren (was möglicherweise durch die Erfahrung der Spezies unterstützt wird), können Individuen potentiell kognitive Modelle allgemeiner Muster von Kausalität und Intentionalität aufbauen.

Die beste Methode zur Konzeptualisierung solcher Prozesse besteht in offline stattfindenden, bildgestützten Simulationen einschließlich neuer Kombinationen repräsentierter Ereignisse und Entitäten, die das Individuum als solche nie zuvor direkt erfahren hat, beispielsweise ein Menschenaffe, der sich vorstellt, was der kleine Affe täte, wenn ein Leopard die Bühne betreten würde (siehe Barsalou, 1999, 2008, zu relevanten Daten über Menschen; Barsalou, 2005, dehnt die Analyse auf nichtmenschliche Primaten aus). Wesentlich ist, daß die kombinatorischen Prozesse selbst kausale und intentionale Beziehungen beinhalten werden, die verschiedene wirkliche und vorgestellte Situationen miteinander verknüpfen, sowie »logische« Operationen wie das Konditional, die »Negation«, den Ausschluß und dergleichen. Diese logischen Operationen sind nicht selbst bildartige kognitive Repräsentationen, sondern vielmehr kognitive Prozeduren (enaktiv, in Bruners Terminologie, oder operativ, in der Terminologie Piagets), zu denen der Organismus nur über den tatsächlichen Gebrauch Zugang hat. Konkrete Beispiele dafür, wie das funktioniert, werde ich anführen, wenn wir uns das Denken von Menschenaffen im folgenden Abschnitt genauer ansehen.

Die Selbstbeobachtung des Verhaltens

Um effektiv zu denken, muß ein Organismus mit individueller Intentionalität in der Lage sein, das Ergebnis seiner Handlungen in einer gegebenen Situation zu beobachten und zu bewerten, ob sie dem erwünschten Zielzustand oder dem Ergebnis entsprechen. Der Vollzug solcher Prozesse der Selbstbeobachtung des Verhaltens und der Bewertung ermöglicht das Lernen aus Erfahrung über die Zeit hinweg.

Eine kognitive Variante solcher Selbstbeobachtung ermöglicht dem Akteur, wie oben erwähnt, eine potentielle Handlungs-Ergebnis-Sequenz im voraus inferentiell zu simulieren und sie zu beobachten – als ob sie eine wirkliche Handlungs-Ergebnis-Sequenz wäre – und dann das vorgestellte Ergebnis zu bewerten. In diesem Prozeß entstehen umsichtigere Entscheidungen aufgrund der Vorkorrektur von Fehlern. (Dennett [1995] nennt das Poppersches Lernen, weil ein Mißerfolg bedeutet, daß meine Hypothese »stirbt« und nicht ich.) Betrachten wir zum Beispiel ein Eichhörnchen, das in einem Baum auf einem Zweig sitzt und sich daranmacht, auf einen anderen Zweig zu springen. Man kann sehen, wie sich die Muskeln vorbereiten, aber in manchen Fällen entscheidet das Eichhörnchen, daß der Sprung zu weit ist, und klettert dann, nachdem es ein paar Sprünge angetäuscht hat, den Baumstamm hinunter und dann den anderen Zweig hinauf. Die einfachste Beschreibung dieses Ereignisses ist, daß das Eichhörnchen eine Simulation dessen, was es erleben würde, wenn es spränge, beobachtet und bewertet; beispielsweise würde es erleben, daß es den Zweig verfehlt und abstürzt – ein entschieden negatives Ergebnis. Das Eichhörnchen muß dann diese Simulation verwenden, um eine Entscheidung darüber zu treffen, ob es wirklich springen soll. Okrent (2007) behauptet, daß die im voraus stattfindende Imagination möglicher Ergebnisse verschiedener Verhaltensoptionen und die anschließende Bewertung und Entscheidung für diejenige mit dem besten vorgestellten Ergebnis das Wesen instrumenteller Rationalität ist.

Diese Art der Selbstbeobachtung, die das verlangt, was von einigen exekutive Funktion genannt wird, ist kognitiv, weil das Individuum in einem gewissen Sinne nicht nur seine Handlungen und deren Ergebnisse in der Umgebung beobachtet, sondern auch seine inneren Simulationen. Es ist dem Organismus auch möglich, solche Dinge wie die Informationen, die ihm für die Entscheidung zur Verfügung stehen, zu bewerten, um die Wahrscheinlichkeit vorherzusagen, daß er eine erfolgreiche Wahl treffen wird (bevor er tatsächlich wählt). Menschen verwenden sogar die vorgestellten Bewertungen anderer Personen – oder das imaginierte Verstehen anderer im Falle der Kommunikation –, um potentielle Verhaltensentscheidungen zu bewerten. Was auch immer ihre spezifische Form sein mag, eine interne Selbstbeobachtung einer bestimmten Art ist entscheidend für alles, was wir Denken nennen wollen, da sie in einem gewissen Sinne konstituiert, daß das Individuum weiß, was es tut.

Denken wie ein Menschenaffe

Wir beginnen unsere Naturgeschichte der evolutionären Entstehung des einzigartig menschlichen Denkens mit einem Fokus auf den letzten gemeinsamen Vorfahren der Menschen und anderer gegenwärtig noch existierender Primaten. Unsere besten lebenden Modelle für dieses Geschöpf sind die engsten Primatenverwandten des Menschen, also die nichtmenschlichen Menschenaffen (im folgenden: Menschenaffen), zu denen die Schimpansen, Bonobos, Gorillas und Orang-Utans gehören. Besonders interessant sind die Schimpansen und Bonobos, weil sie sich zuletzt von der Linie des Menschen abgespalten haben, nämlich vor etwa sechs Millionen Jahren. Wenn die kognitiven Fähigkeiten unter den vier Arten der Menschenaffen ähnlich, beim Menschen aber verschieden sind, nehmen wir an, daß die Menschenaffen ihre Fertigkeiten vom letzten gemeinsamen Vorfahren (oder von einem noch früheren Wesen) konserviert haben, während Menschen etwas Neues entwickelten.

Unsere Charakterisierung der kognitiven Fertigkeiten dieses letzten gemeinsamen Vorfahren wird sich von empirischen Forschungen an Menschenaffen ableiten und in den eben entwickelten theoretischen Rahmen der individuellen Intentionalität gegossen werden: die Selbstregulation des Verhaltens, an der kognitive Modelle und instrumentelle Inferenzen beteiligt sind, in Kombination mit einer bestimmten Form der Selbstbeobachtung des Verhaltens. Da Menschen mit anderen Menschenaffen die jüngste Evolutionsgeschichte teilen – zusammen mit derselben grundlegenden Körperstruktur, denselben Sinnesorganen, Emotionen und derselben Hirnstruktur –, wird unsere Standardannahme beim Fehlen von Belegen die der evolutionären Kontinuität sein (de Waal, 1999). Das bedeutet, wenn Menschenaffen sich genauso wie Menschen verhalten, insbesondere in sorgfältig kontrollierten Experimenten, werden wir eine Kontinuität der zugrundeliegenden kognitiven Prozesse, die dabei beteiligt sind, annehmen. Die Erklärungslast liegt somit bei denen, die evolutionäre Diskontinuitäten postulieren, eine Herausforderung, die wir in späteren Kapiteln annehmen.

Kognitions- und Denkprozesse von Menschenaffen können sinnvollerweise aufgeteilt werden in diejenigen, die sich auf die physische Welt beziehen und durch ein Verständnis physischer Kausalität strukturiert werden, und in diejenigen, die sich auf die soziale Welt beziehen und durch ein Verständnis von Akteurskausalität oder Intentionalität strukturiert werden. Die Primatenkognition der physischen Welt entwickelte sich hauptsächlich im Kontext der Nahrungssuche (siehe Tomasello und Call, 1997, zu dieser theoretischen Behauptung und sie stützenden Belegen); das ist somit ihre »Eigenfunktion« (in Millikans Sinn [1987]). Um ihren täglichen Lebensunterhalt sicherzustellen, haben Primaten (wie Säugetiere im allgemeinen) folgendes entwickelt: die proximalen Ziele, die Repräsentationen sowie Schlüsse für (1) das Auffinden von Nahrung (was Fertigkeiten der räumlichen Navigation und des Verfolgens von Objekten erfordert), (2) das Erkennen und Kategorisieren von Nahrung (was Fertigkeiten der Merkmalserkennung und Kategorisierung erfordert), (3) das Quantifizieren der Nahrung (was Fertigkeiten der Quantifizierung erfordert) und (4) die Beschaffung oder Entnahme von Nahrung (was Fertigkeiten kausalen Verstehens erfordert). Mit Blick auf diese grundlegendsten Fertigkeiten der physischen Kognition scheinen sich alle nichtmenschlichen Primaten im großen und ganzen ähnlich zu sein (Tomasello und Call, 1997; Schmitt et al., 2012).

Worin Menschenaffen im Vergleich zu anderen Primaten ein besonders großes Geschick haben, ist der Gebrauch von Werkzeugen – den man so charakterisieren könnte, daß er nicht nur ein Verstehen von Ursachen einschließt, sondern auch deren wirkliche Manipulation. Andere Primaten sind zum größten Teil überhaupt keine geschickten Werkzeugbenutzer, und wenn sie es sind, dann typischerweise nur in einem einzigen, engen Bereich (z. B. Fragaszy et al., 2004). Im Gegensatz dazu sind alle vier Arten der Menschenaffen äußerst geschickt im flexiblen Gebrauch einer Vielfalt von Werkzeugen, unter anderem bei der Verwendung zweier Werkzeuge nacheinander bei einer Aufgabe, beim Heranholen eines Werkzeuges durch ein anderes (das dann benötigt wird, um Nahrung zu beschaffen) und so weiter (Herrmann et al., 2008). Klassischerweise wird angenommen, daß der Werkzeuggebrauch vom Individuum erfordert, daß es die kausale Wirkung seiner Werkzeugmanipulationen auf das Zielobjekt oder Zielereignis bewertet (Piaget, 1975), und daher deuten die Flexibilität und der Eifer, mit denen Menschenaffen erfolgreich neue Werkzeuge verwenden, darauf hin, daß sie eines oder mehrere allgemeine kognitive Modelle von Kausalität besitzen, die ihre Verwendung dieser neuen Werkzeuge leiten.

Die Fertigkeiten von Menschenaffen bei der Manipulation kausaler Beziehungen durch Werkzeuge können auf interessante Weise mit Prozessen kognitiver Repräsentation und Inferenz kombiniert werden. Beispielsweise legten Marín Manrique et al. (2010) Schimpansen ein Nahrungsentnahmeproblem vor, das sie noch nie zuvor gesehen hatten. Seine Lösung erforderte ein Werkzeug mit besonderen Eigenschaften (zum Beispiel mußte es starr sein und eine bestimmte Länge haben). Die Herausforderung war, daß die potentiellen Werkzeuge, die sie benutzen konnten, sich in einem anderen Zimmer befanden, außer Sichtweite des Problems. Um diese Aufgabe zu lösen, mußten die einzelnen Schimpansen zuerst die kausale Struktur des neuen Problems verstehen und dann diese Struktur kognitiv repräsentiert halten, während sie sich einem Werkzeug in dem anderen Zimmer näherten und es auswählten. Viele Schimpansen taten das, oft schon beim ersten Durchgang, was darauf hindeutet, daß sie das neue Problem an ein bekanntes kognitives Modell mit einer bestimmten kausalen Struktur assimilierten, das sie dann mit sich trugen, als sie das benachbarte Zimmer betraten. Sie simulierten also den Gebrauch von zumindest einigen der verfügbaren Werkzeuge und das wahrscheinliche Ergebnis für jeden Fall mittels dieses kognitiven Modells – bevor sie durch ihr manifestes Verhalten tatsächlich ein Werkzeug auswählten. In der Untersuchung von Mulcahy und Call (2006) bewahrten Bonobos sogar ein Werkzeug für den zukünftigen Gebrauch auf und stellten sich dabei vermutlich die zukünftige Situation vor, in der sie es brauchen würden.

Die hier beteiligten Simulationen oder Schlußfolgerungen haben eine logische Struktur. Diese ist nicht die Struktur der formalen Logik, sondern eher eine Struktur, die auf kausalen Schlußfolgerungen beruht. Die Idee ist, daß kausale Schlußfolgerungen eine elementare Wenn-dann-Logik aufweisen und daher zu »notwendigen« Schlüssen führen: Wenn A geschieht, dann geschieht B (weil A B verursachte). Bermudez (2003) nennt Schlüsse dieses Typs vorkonditional, weil die Notwendigkeit keine logische, sondern eine kausale ist. Im Experiment von Marín Manrique et al. (2010) schließt ein Menschenaffe »Wenn ein Werkzeug mit Eigenschaft A verwendet wird, muß B geschehen«, während er den Gebrauch verschiedener Werkzeuge simuliert. Man erhält also eine Art von Proto-*Modus-Ponens*, indem man tatsächlich das Werkzeug mit der Eigenschaft A in der Erwartung verwendet, daß B als kausales Ergebnis geschehen wird (wenn A geschieht, dann geschieht B; A geschieht; daher wird B geschehen). Das ist im Grunde eine vorwärtsgerichtete Schlußfolgerung von der Prämisse oder Ursache auf die Konklusion oder Wirkung.

Bei einer anderen Reihe von Experimenten aus jüngerer Zeit können wir rückwärtsgerichtete Schlußfolgerungen sehen, das heißt von der Wirkung auf die Ursache. Call (2004) zeigte Schimpansen ein Stück Futter, das dann in einer von zwei Tassen versteckt wurde (sie wußten nicht, in welcher). Dann schüttelte der Versuchsleiter je nach Versuchsbedingung eine der beiden Tassen. Das relevante Hintergrundwissen für den Erfolg in diesem Experiment sieht folgendermaßen aus: (1) das Futter ist in einer der beiden Tassen (was in der Vortrainingsphase gelernt wurde), und (2) das Schütteln der Tasse mit dem Futter wird ein Geräusch machen, wohingegen das Schütteln der Tasse ohne Futter kein Geräusch machen wird (kausales Wissen, das an das Experiment herangetragen wird). Die beiden Bedingungen werden in Abbildung 2.2 unter Verwendung ikonischer Repräsentationen gezeigt, um annähernd die Art und Weise darzustellen, wie Menschenaffen die Situation verstehen.

(Die ikonischen Diagramme, die die kognitiven Repräsentationen der Menschenaffen in Abbildung 2.2 modellieren, sind keine uninterpretierten Bilder, sondern Symbole in einer theoretischen Metasprache, die das bedeuten, was wir ihnen als Bedeutung zuweisen. Sie sollen also die interpretierte Erfahrung des Menschenaffen darstellen, wenn er die Tasse als Tasse gesehen und das Geräusch als von der Tasse ausgehend wahrgenommen hat, usw. Wesentlich ist, daß diese Diagramme innerhalb des Rahmens einer restriktiven Theorie der Möglichkeiten der Kognition von Menschenaffen erstellt sind. Tomasellos [1992] Darstellungen für einjährige Kinder folgend, gestalten wir das Diagramm aus konkreten räumlich-zeitlich-kausalen Elementen, die aufgrund der empirischen Forschung als Teil der kognitiven Fähigkeiten der Menschenaffen postuliert werden können. Die logische Struktur – basierend auf dem Protokonditional und der Protonegation – wird dann als notwendig postuliert, um die Handlungen der Menschenaffen in spezifischen Experimentalsituationen zu erklären. Die logischen Operationen sind in natürlichsprachlichen Worten dargestellt, da der Affe keine wahrnehmungsbasierten Repräsentationen von ihnen hat, sondern nur eine prozedurale Kompetenz besitzt.)

In Versuchsbedingung 1 schüttelte ein Versuchsleiter die Tasse mit dem Futter. In diesem Fall beobachtete der Schimpanse, daß dabei ein Geräusch entstand, und mußte in der Kausalkette rückwärts auf das schließen, was es verursacht haben könnte, nämlich das Futter, das auf das Tasseninnere schlug. Das ist eine Art von Abduktion (zwar nicht logisch gültig, aber ein »Schluß auf die beste Erklärung«). Das heißt, (1) die geschüttelte Tasse macht ein Geräusch; (2) wenn das Futter in der geschüttelten Tasse wäre, dann würde es ein Geräusch machen; (3) daher ist das Futter in der Tasse. In Versuchsbedingung 2 schüttelte der Versuchsleiter die leere Tasse. In diesem Fall nahm der Schimpanse nur Stille wahr und mußte in der Kausalkette rückwärts schließen, warum das wohl so war, insbesondere daß es in der Tasse kein Futter gab. Das ist eine Art von Proto-*Modus-Tollens*: (1) Die geschüttelte Tasse macht kein Geräusch; (2) wenn das Futter in der geschüttelten Tasse wäre, würde es ein Geräusch machen; (3) daher kann das Futter nicht in der Tasse sein (die geschüttelte Tasse muß leer sein). Die Schimpansen zogen diese Schlußfolgerung, aber sie zogen auch noch eine weitere. Sie kombinierten ihr Verständnis der Kausalität der Geräuscherzeugung in diesem Kontext mit ihrem schon vorhandenen Wissen, daß das Futter sich in einer der beiden Tassen befand, um das Futter in der *anderen*, nicht geschüttelten Tasse zu lokalisieren (wenn das Futter nicht in dieser ist, dann muß es in der anderen sein; siehe die untere Reihe in Abbildung 2.2). Dieses inferentielle Paradigma beinhaltet also die Art von ausschließender Schlußfolgerung, die für den disjunktiven Syllogismus charakteristisch ist.

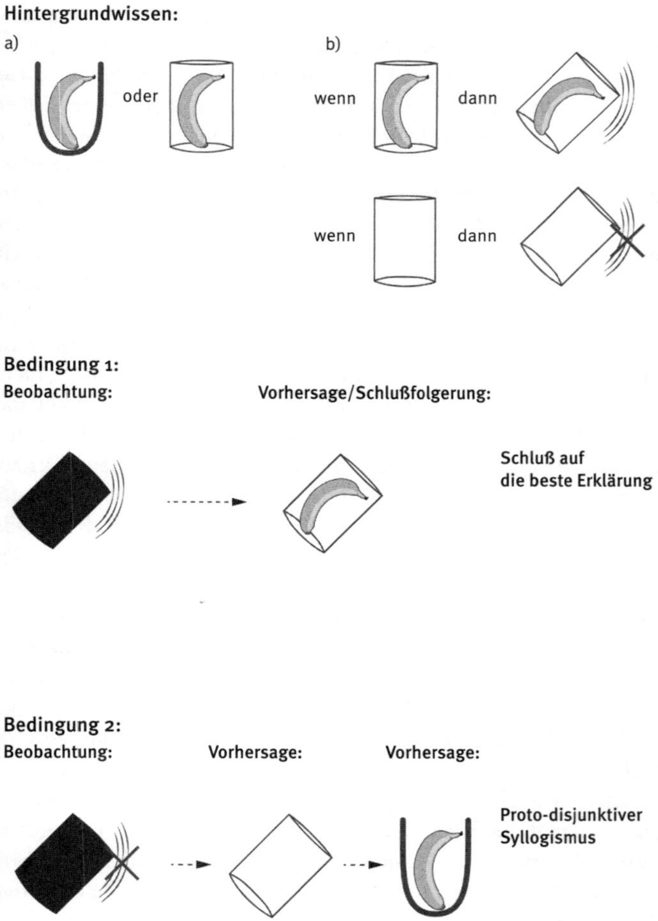

Abbildung 2.2: Schlußfolgerungen von Menschenaffen beim Auffinden versteckter Nahrung (Call, 2004).

Die Negation ist eine sehr komplexe kognitive Operation, und man könnte leicht Einwände gegen die Verwendung der Negation in diesen vorgeschlagenen Erklärungen der logischen Schlüsse von Menschenaffen erheben. Aber Bermudez (2003) macht einen neuen theoretischen Vorschlag betreffend einige mögliche evolutionäre Vorläufer der formalen Negation, die diese Erklärungen viel plausibler erscheinen lassen. Der Vorschlag besteht darin, sich eine Art von Protonegation vorzustellen, die einfach sich ausschließende Gegensätze auf einer Skala umfaßt (konträre Gegensätze), etwa Anwesenheit-Abwesenheit, Geräusche-Stille, Sicherheit-Gefahr, Erfolg-Mißerfolg und verfügbar-nicht verfügbar. Wenn wir annehmen, daß Menschenaffen polare Gegensätze wie diese als sich tatsächlich wechselseitig ausschließend verstehen – wenn etwas abwesend ist, kann es nicht anwesend sein, oder wenn es Geräusche macht, kann es nicht still sein, und dergleichen –, dann könnte das eine viel einfachere Grundlage für die Operation der Negation sein. Alle vorliegenden Beschreibungen nehmen eine Protonegation dieses Typs an.

Zusammengenommen strukturieren die Operationen des Konditionals (wenn-dann) und der Negation alle elementarsten Paradigmen logischer Schlußfolgerungen beim Menschen. Die These ist also, daß Menschenaffen komplexe und neue physische Probleme lösen können, indem sie Schlüsselaspekte der Problemsituation an bereits bekannte kognitive Modelle mit einer Kausalstruktur assimilieren und dann diese Modelle verwenden, um Schlüsse darüber zu ziehen oder zu simulieren, was zuvor geschehen ist oder was als nächstes geschehen könnte – wobei sie sowohl eine Art von Protokonditional als auch eine Art von Protonegation in sowohl vorwärts gerichteten als auch rückwärts gerichteten Paradigmen verwenden. Unsere allgemeine Konklusion ist daher, daß das, was die Menschenaffen in diesen Untersuchungen tun, Denken ist, da sie hier kognitive Modelle verwenden, die allgemeine Kausalitätsprinzipien enthalten, und da sie auch gemäß verschiedenen Arten protologischer Paradigmen simulieren oder Schlüsse ziehen, wobei sie sich auf unterschiedliche Weise selbst beobachten.

Die Primatenkognition der sozialen Welt entwickelte sich hauptsächlich im Kontext der Konkurrenz um Nahrung, Paarungspartner und andere wertgeschätzte Ressourcen innerhalb der sozialen Gruppe (siehe Tomasello und Call, 1997); konkurrenzbezogene soziale Interaktionen sind daher ihre »Eigenfunktion«. Um andere Gruppenmitglieder auszustechen, entwickelten die einzelnen Primaten proximale Ziele, Repräsentationen und Schlußfolgerungen (1) zum Erkennen der Individuen in ihrer sozialen Gruppe und zur Bildung von Dominanz- und Anschlußbeziehungen mit ihnen sowie (2) zum Erkennen der sozialen Beziehungen Dritter untereinander, zum Beispiel Verwandter oder dominantes Gruppenmitglied oder Freund, und zur Berücksichtigung dieser Beziehungen. Diese Fähigkeiten ermöglichen den Individuen, das Verhalten der anderen in einem komplexen »sozialen Umfeld« (Kummer, 1972) besser vorherzusagen. Trotz wichtiger speziesbezogener Unterschiede bei der sozialen Struktur und Interaktion scheinen alle Primaten in diesen elementarsten Fertigkeiten sozialer Kognition im allgemeinen einander ähnlich zu sein (siehe z. B. Tomasello und Call, 1997; siehe auch die entsprechenden Kapitel in Mitani et al., 2012).

Neben dem Erkennen sozialer Beziehungen anhand von beobachteten sozialen Interaktionen verstehen Menschenaffen auch, daß andere Individuen Zielsituationen haben, die sie verfolgen, und wahrgenommene Situationen in der Umwelt, denen sie ihre Aufmerksamkeit zuwenden – so daß die Ziele und Wahrnehmungen eines Individuums (und seine Bewertung irgendwelcher relevanter Hindernisse und Gelegenheiten zur Zielerreichung in der Umwelt) zusammen sein Verhalten bestimmen. Das bedeutet, daß nichtmenschliche Menschenaffen nicht nur selbst intentionale Akteure sind, sondern auch andere als intentionale Akteure verstehen (das heißt als Wesen mit individueller Intentionalität; Call und Tomasello, 2008).

Betrachten wir folgendes Experiment. Hare et al. (2000) ließen einen dominanten und einen untergeordneten Schimpansen in einer neuen Situation um Futter konkurrieren. In dieser Situation befand sich eine Portion Futter im Freien, und eine Portion Futter befand sich jenseits einer Barriere, wo sich das untergeordnete Schimpansenweibchen aufhielt und nur es diese sehen konnte. In dieser Situation wußte die untergeordnete Schimpansin, daß der dominante Schimpanse die Portion im Freien sehen konnte und daß er sich ihrer bemächtigen würde, sobald er nur konnte, wohingegen er die andere Portion nicht sehen konnte (das heißt, er sah nur die Absperrung) und sich deshalb dieser Portion nicht nähern würde (das heißt, er würde auf seiner Seite bleiben). Als die Tür der untergeordneten Schimpansin geöffnet wurde (kurz vor jener des dominanten Schimpansen), entschied sie sich dafür, das Futter auf ihrer Seite der Barriere anzugehen; sie wußte, was der dominante Schimpanse sehen konnte und was nicht. In einer wichtigen Variante des Experiments vermieden es untergeordnete Schimpansen, sich dem Futter zu nähern, das ein dominanter Schimpanse zwar im Moment nicht sehen konnte, das er aber gesehen hatte, als es einige Augenblicke zuvor an einem der Orte versteckt worden war; sie wußten, daß er *wußte*, wo sich das versteckte Futter befand (Hare et al., 2001; Kaminski et al., 2008). In einer weiteren Variante wußten Schimpansen bei einem Nahrungssuchespiel, daß, wenn ihr Konkurrent zuerst wählen würde, er als mögliches Versteck ein Brett auswählen würde, das schräg aufwärts gerichtet auf dem Tisch lag (als ob etwas darunter wäre), und nicht ein flaches Brett (unter dem nichts sein konnte); sie wußten, welche Art von Schlußfolgerung er in der Situation machen würde (Schmelz et al., 2011). Schimpansen wissen also, daß andere Dinge sehen, Dinge wissen und Schlüsse über Dinge ziehen.

Aber zusätzlich zu der Verwertung ihres Verständnisses von dem, was andere erleben und nicht erleben und wie das ihr Verhalten beeinflußt, versuchen Menschenaffen manchmal sogar, die Erlebnisse der anderen zu manipulieren. In einer Reihe von Experimenten ließen Hare et al. (2006) und Melis et al. (2006a) Schimpansen mit einem Menschen (der in einer kabinenartigen Vorrichtung saß) konkurrieren. In einigen Versuchsbedingungen konnte der Mensch den Affen beide Male gleich gut sehen, wenn er sich der einen oder anderen Portion Futter näherte; in diesen Fällen hatten die Affen keine Präferenz für eine der beiden Portionen. Aber in der Schlüsselbedingung gab es eine Barriere, so daß die Affen sich einer Portion Futter nähern konnten, ohne gesehen zu werden – was sie dann auch taten.

Sie taten es sogar, wenn sie selbst den Menschen weder im einen noch im anderen Fall sehen konnten. (Beide Male mußten sie sich noch hinter der Barriere entscheiden, wie sie das Futter erreichen, durch einen durchsichtigen Tunnel im einen oder aber einen undurchsichtigen im anderen Fall). Am beeindruckendsten ist vielleicht, daß dieselben Individuen es vorzogen, jenem Futter nachzugehen, dem sie sich leise nähern konnten – so daß der abgelenkte menschliche Konkurrent nicht wußte, daß sie das taten –, anstatt sich für das Futter zu entscheiden, auf dem Weg zu dem sie Geräusche machen mußten. Diese Verallgemeinerung auf eine völlig andere Wahrnehmungsmodalität spricht für die Leistungsfähigkeit und Flexibilität der beteiligten kognitiven Modelle und Schlußfolgerungen.

In einer bedeutenden Analogie zum Bereich der physischen Kognition zogen die Schimpansen in diesen Untersuchungen nicht nur produktive Schlüsse aufgrund eines allgemeinen Verständnisses von Intentionalität, sondern sie verknüpften ihre Schlüsse auch zu Paradigmen, um die Handlungen der anderen sowohl vorherzusagen als auch zu beeinflussen (siehe Abbildung 2.3). Das Hintergrundwissen, das bei all diesen Experimenten zur Konkurrenz um Futter verlangt wird, ist, daß ein Konkurrent sich einer Portion Futter genau dann bemächtigen wird, wenn er (1) das Ziel hat, es zu bekommen, und er (2) wahrnimmt, wo es sich befindet (an Ort A, zum Beispiel). Die protokonditionalen Schlüsse in dem Experiment von Hare et al. (2000) folgen unmittelbar daraus: Wenn der dominante Schimpanse eine Banane will und sie an Ort A sieht, wird er zu Ort A hingehen. Ebenfalls in Analogie zum Bereich der physischen Kognition machen Schimpansen in diesen Experimenten zur Konkurrenz um Futter Gebrauch von der Protonegation. Wenn man nun die Protonegation im Sinne polarer Gegensätze auffaßt, wissen die Schimpansen in den Experimenten von Hare et al., daß der Konkurrent bleiben wird, wo er ist, wenn er nur die Barriere sieht (das heißt, wenn er das Futter nicht sieht, wird er sich ihm auch nicht nähern; siehe Abbildung 2.3, Bedingung C). In den Verborgenheitsexperimenten von Melis et al. (2006a) verstehen die Schimpansen außerdem, daß der Mensch friedlich sitzen bleiben wird, wenn er nur die Barriere sieht oder nichts als Stille hört (das heißt, wenn er mein Herannahen nicht sieht oder hört, wird er auch nicht nach dem Futter greifen), und deshalb nähern sie sich so, daß der andere nur die Barriere sieht oder nichts als Stille wahrnimmt.[3]

Wie im Bereich der physischen Kognition sind Menschenaffen also auch im Bereich der sozialen Kognition besonders gut im Manipulieren. Diese besondere Gewandtheit bei der sozialen Manipulation geht auch deutlich aus ihrer gestischen Kommunikation hervor. (Ihre stimmliche Kommunikation ist zum größten Teil fest verdrahtet und hat Ähnlichkeit mit der Kommunikation anderer Affen. Daher ist sie für die Frage nach dem Denkvermögen nicht besonders interessant.) Alle vier Arten der Menschenaffen kommunizieren mit anderen durch Gesten auf eine Weise, wie es nichtmenschliche Primaten in der Regel nicht tun. Aus ihren sozialen Interaktionen mit anderen ritualisieren sie gewisse Absichtsbewegungen – wie etwa das Heben des Arms, um anfänglich durch spielerisches Schlagen zum Spiel aufzufordern –, die sie dann flexibel nutzen, um das Verhalten der anderen zu manipulieren. Noch wichtiger ist vielleicht, daß sie auch eine Reihe von Gesten zur Erlangung der Aufmerksamkeit verwenden – zum Beispiel auf die Erde zu klopfen, um andere zu veranlassen, auf sie zu blicken –, um die Aufmerksamkeit der anderen zu manipulieren. Und sie nehmen im Umgang mit Menschen sogar so etwas wie eine ritualisierte Greif- oder Zeigegeste an, die sich beim Umgang mit Artgenossen nicht in ihrem natürlichen Repertoire befindet, was besonders deutlich die Flexibilität ihrer Fertigkeiten zur Manipulation des Verhaltens und der Aufmerksamkeit anderer beweist (zu einer Übersicht siehe Call und Tomasello, 2007). Die gestische Kommunikation der Menschenaffen zeigt somit noch einmal ihre besonderen Fertigkeiten im Manipulieren von Ursachen.

Ein letztes Experiment demonstriert so etwas wie rückwärts gerichtete Schlußfolgerungen im sozialen Bereich. Buttelmann et al. (2007) testeten sechs von Menschen aufgezogene Schimpansen im sogenannten Paradigma rationaler Imitation von Gergely et al. (2002). Die Schimpansen sahen, wie ein Mensch eine ungewöhnliche Handlung an einer Vorrichtung durchführte, um ein interessantes Ergebnis zu erzielen. Die Idee war, daß in einer Bedingung die physischen Beschränkungen der Situation den Menschen zwangen, eine ungewöhnliche Handlung zu vollziehen; beispielsweise mußte er eine Lampe mit seinem Kopf einschalten, weil er mit seinen Händen ein Laken festhielt, oder er mußte eine Musikbox mit seinem Fuß aktivieren, weil seine Hände nicht frei waren, da er einen Bücherstapel trug. Als die Schimpansen an der Reihe waren und es keine einschränkenden Bedingungen gab, ignorierten die Schimpansen die ungewöhnliche Handlung und benutzten ihre Hände wie üblich. Wenn sie jedoch sahen, wie der Mensch die ungewöhnliche Handlung vollzog, obwohl es keine physische Einschränkung gab, die das erforderte – er schaltete die Lampe ohne erkennbaren Grund einfach mit dem Kopf ein –, kopierten sie selbst recht häufig das ungewöhnliche Verhalten. Die natürlichste Interpretation dieses differenzierten Verhaltensmusters wäre, daß die Affen eine Art von Proto-*Modus-Tollens* anwendeten, um von der Wirkung auf die Ursache durch Protonegation zu schließen, ähnlich wie in Calls Untersuchung (2004) mit den geschüttelten Tassen: (1) Er benutzt seine Hände nicht; (2) wenn er freie Wahl hätte, würde er seine Hände benutzen; (3) daher kann er keine freie Wahl haben (im einen Fall aus offensichtlichen Gründen; im andern nicht).

Diese Untersuchungen zeigen, daß Menschenaffen komplexe soziale Probleme ebenso lösen können, wie sie komplexe physische Probleme lösen, nämlich indem sie entscheidende Aspekte der Problemsituation an ein kognitives Modell assimilieren – das in diesem Fall ein allgemeines Verständnis von Intentionalität verkörpert – und dann dieses Modell zur Simulation oder zum Ziehen von Schlußfolgerungen darüber benutzen, was geschehen ist oder was als nächstes geschehen könnte. Menschenaffen benutzen sowohl eine Art von Protokonditional als auch eine Art von Protonegation – im vorwärts- und rückwärtsgerichteten Modus – im Kontext protologischer Paradigmen sozialer Schlußfolgerungen. Unsere Konklusion ist also, daß das, was Menschenaffen im Bereich des Sozialen ebenso wie im Bereich des Physischen in diesen Untersuchungen tun, Denken ist.

Kognitive Selbstbeobachtung

Es ist eindeutig nicht der Fall, daß Menschenaffen in diesen Untersuchungen Verhaltensalternativen einfach mechanisch durchgehen und dann auf einen Treffer reagieren, der zu ihrem Ziel paßt; sie be-

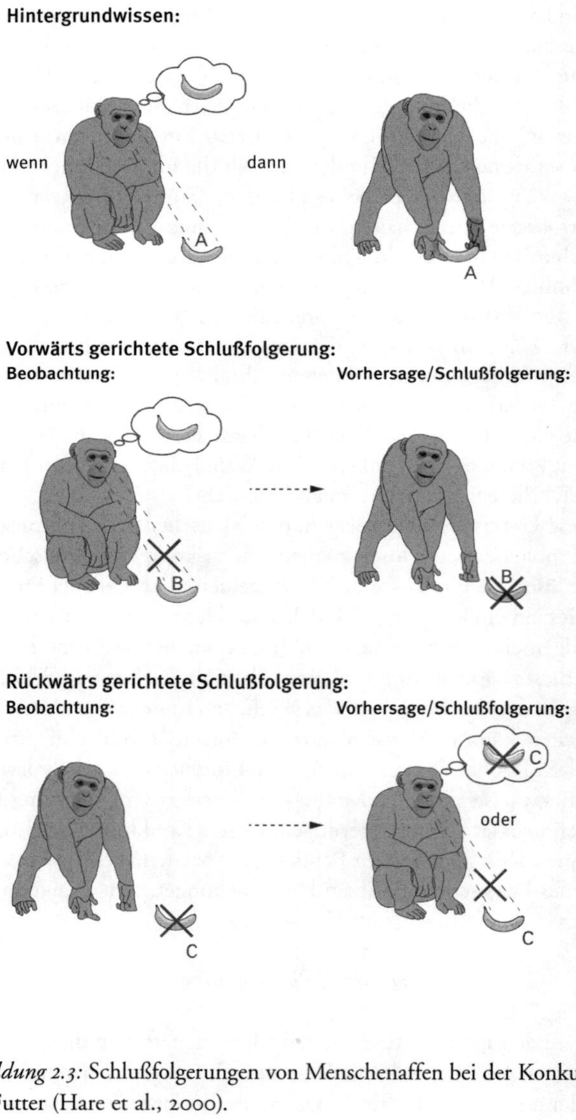

Abbildung 2.3: Schlußfolgerungen von Menschenaffen bei der Konkurrenz um Futter (Hare et al., 2000).

obachten und wissen daher in einem gewissen Sinne, was sie tun, um effektivere Entscheidungen zu treffen. Auf der Handlungsebene (erinnern wir uns an das zögernde Eichhörnchen) haben jüngere Studien an Menschenaffen gezeigt, daß sie (1) eine kleinere Belohnung aufschieben können, um später eine größere zu bekommen, (2) eine in der Vergangenheit erfolgreiche Reaktion zugunsten einer neuen, die von einer veränderten Situation verlangt wird, hemmen können, (3) sich selbst dazu bringen können, etwas Unangenehmes zu tun, um am Ende eine begehrte Belohnung zu erhalten, (4) trotz Mißerfolgen beharrlich sein und sich (5) trotz Ablenkungen konzentrieren können. Insbesondere entsprachen die diesbezüglichen Fähigkeiten der Schimpansen in einer umfangreichen Vergleichsstudie ungefähr denen dreijähriger Kinder (Herrmann et al., zur Veröffentlichung eingereicht). Hierbei handelt es sich sämtlich um Fertigkeiten, die in verschiedenen Kontexten als Impulskontrolle, Aufmerksamkeitskontrolle, emotionale Regulation und Exekutivfunktion bezeichnet werden – obwohl wir es vorziehen, die Begriffe *Selbstbeobachtung des Verhaltens* für die eher handlungsbasierte Selbstregulation und *Selbstbeobachtung der Kognition* (und in manchen Fällen *Selbstreflexion*) für eher kognitive Varianten des Prozesses zu verwenden.

Belege dafür, daß Menschenaffen über die bloße Selbstbeobachtung des Verhaltens hinausgehen und sich auch kognitiv selbst beobachten, ergaben sich aus mehreren experimentellen Paradigmen mit nichtmenschlichen Primaten (die manchmal als Untersuchungen zur Metakognition bezeichnet werden). Im bekanntesten Paradigma, das zum größten Teil mit Rhesusaffen operierte, müssen die Affen eine Unterscheidung machen (oder etwas im Gedächtnis behalten), um eine hochbegehrte Belohnung zu erhalten. Wenn es ihnen aber nicht gelingt, die Unterscheidung zu machen oder sich richtig zu erinnern, bekommen sie nichts und müssen eine Auszeit nehmen, bevor sie es erneut versuchen dürfen. Der Trick ist, daß die Affen bei jedem Versuch die Möglichkeit haben, aus dem Problem auszusteigen und sich für eine geringere Belohnung, die ihnen hundertprozentig sicher ist, zu entscheiden, was auch bedeutet, daß es vor dem nächsten Durchgang keine Auszeit gibt. Viele Affen entwickeln daher eine Strategie, nur aus denjenigen Unterscheidungs- oder Gedächtnisaufgaben auszusteigen, bei denen sie eine besonders hohe Mißerfolgsquote haben (Hampton, 2001). Sie scheinen zu wissen, daß ihr Wissen oder ihr Gedächtnis mangelhaft sind.

In einem anderen Paradigma mit Schimpansen sehen die einzelnen Tiere entweder den Vorgang, wie Futter in einer von mehreren Röhren versteckt wird, oder sie sehen ihn nicht. Wenn sie den Vorgang des Versteckens sehen, wählen sie direkt eine Röhre aus. Wenn sie ihn nicht sehen, geben sie sich einige Mühe, um in die Röhren zu schauen und herauszufinden, wo sich das Futter befindet, bevor sie eine Wahl treffen. Auch hier scheinen die Affen zu wissen, wenn sie etwas nicht wissen oder zumindest wenn sie unsicher sind, und sie versuchen, etwas daran zu ändern. Für die Interpretation ist die Tatsache interessant, daß die Variablen, die diesen Prozeß bei den Menschenaffen beeinflussen, dieselben sind wie jene, die ihn bei Menschen beeinflussen: Sie suchen eher nach zusätzlichen Informationen, wenn die Belohnung einen hohen Wert hat oder wenn es länger her ist, daß sie die Information erworben haben (Call, 2010). Wenn Menschenaffen sich bei der Einschätzung von Situationen und Verhaltensentscheidungen selbst beobachten und feststellen, daß sie nicht über genügend Informationen verfügen, um eine effektive Entscheidung zu treffen, veranlaßt sie das dazu, Informationen als Grundlage für ihre Entscheidung zu sammeln.

Die Interpretation dieser Experimente ist zwar nicht völlig unkompliziert, aber die Menschenaffen vollziehen eindeutig eine bestimmte Art der Selbstbeobachtung und Bewertung, genauso wie sie es auch bei allen ihren intelligenten Entscheidungen tun. Das Neue ist hier, daß sie nicht nur vorgestellte Handlungen und deren vorgestellte Ergebnisse überwachen oder vorgestellte Ursachen und deren vorgestellte Ergebnisse, sondern auch ihr eigenes Wissen oder Erinnerungsvermögen – was sie dann benutzen, um Schlüsse über die Wahrscheinlichkeit ihres Verhaltenserfolgs zu ziehen. Menschenaffen und andere Primaten haben also eine gewisse Art des Zugangs zu ihren eigenen psychologischen Zuständen, zumindest in instrumentellen Kontexten. Und auch wenn das noch nicht die vollständig menschliche Variante der Selbstreflexion ist (wie wir später geltend machen werden – weil es ihr an einer sozialen/perspektivischen Dimension fehlt), leistet doch diese Fähigkeit einen weiteren Beitrag zu der Schlußfolgerung, daß Menschenaffen in allen drei Schlüsselkomponenten – abstrakte kognitive Repräsentationen (Modelle), protologische inferentielle Paradigmen und psychologische Selbstbeobachtung und Bewertung – geschickt sind, daß sie also – und man kann es gar nicht anders nennen – denken.

Kognition im Dienste der Konkurrenz

Viele Theoretiker halten auch weiterhin an einer Art von kartesischem Bild des Unterschieds zwischen Menschen und anderen Tieren fest: Menschen verfügen über rationales Denken, wohingegen andere Tiere, einschließlich der Großen Menschenaffen, einfach nur Reiz-Reaktionsmaschinen ohne jegliche Vernunftbegabung sind. Diese Ansicht wird nicht nur von behavioristischen Psychologen vertreten, sondern auch von vielen ansonsten außerordentlich reflektierten Philosophen und Kognitionswissenschaftlern. Aber die Ansicht ist unseres Erachtens faktisch falsch und beruht auf einer irrtümlichen Theorie der Evolution der Kognition (Darwin, 1859, 1871). Die kognitive Evolution geht nicht von einfachen Assoziationen zur komplexen Kognition über, sondern vielmehr von unflexiblen adaptiven Spezialisierungen unterschiedlicher Komplexität zu flexiblen, individuell selbstregulierten intentionalen Handlungen, denen kognitive Repräsentationen, Schlüsse und Selbstbeobachtung zugrunde liegen. Die hier besprochene empirische Forschung (es gibt noch viel mehr davon) zeigt unserer Ansicht nach eindeutig, daß Menschenaffen auf diese flexible, intelligente, selbstregulierte Weise operieren – und sie tun das ohne Sprache, Kultur oder andere Formen menschenähnlicher Sozialität.

Das bedeutet natürlich nicht, daß die Interpretationen der hier zitierten Untersuchungen die einzig möglichen sind. So würden manche Theoretiker beispielsweise die Schlußfolgerung bestreiten, daß Menschenaffen kausale und intentionale Beziehungen verstehen (z. B. Povinelli, 2000; Penn et al., 2008), und statt dessen vorschlagen, daß sie mit einer bestimmten Art nichtkognitiver »Verhaltensregeln« operieren. Andere würden vorschlagen, daß Menschenaffen, anstatt kausale, intentionale und logische Schlußfolgerungen vorzunehmen, nur mit Assoziationen operieren – genau wie Ratten und Tauben (z. B. Heyes, 2005). Und Skepsis im Hinblick auf kognitive Selbstbeobachtung bei Affen und anderen Tieren gibt es zuhauf (z. B. Carruthers und Ritchie, 2012). Aber Verhaltensregeln (deren Eigenart und Ursprünge nie angegeben wurden) können nicht die Flexibilität erklären, mit der Menschenaffen neue physische und soziale Probleme lösen (Tomasello und Call, 2006), und außerdem erfordert Assoziationslernen viele Dutzend Durchgänge, um effektiv zu sein, und das stimmt nicht mit der Geschwindigkeit und Flexibilität überein, mit der Menschenaffen neue physische und soziale Probleme in Experimenten lösen (Call, 2006). Obwohl die empirischen Daten im Falle der kognitiven Selbstbeobachtung weniger eindeutig sind, weist doch Calls Ergebnis (2010), daß dieselben Faktoren den Prozeß bei Menschen und Großen Menschenaffen beeinflussen, stark darauf hin, daß – zumindest in konkreten Situationen – die Menschenaffen den Entscheidungsprozeß wirklich überwachen.

Unsere Naturgeschichte des menschlichen Denkens beginnt jedenfalls mit dieser möglicherweise etwas großzügigen Darstellung des Denkens von Menschenaffen. Um es zusammenzufassen: Denken umfaßt drei Schlüsselkomponenten, und die Großen Menschenaffen operieren mit jeder davon auf kognitiv raffinierte Weise.

Schematische kognitive Repräsentationen

An erster Stelle steht die Fähigkeit, mit einer gewissen Art von abstrakten kognitiven Repräsentationen zu operieren, an die das Individuum einzelne Erfahrungen assimiliert. Den besten verfügbaren Belegen zufolge haben die kognitiven Repräsentationen von Großen Menschenaffen – Kategorien, Schemata und Modelle – drei Haupteigenschaften.

Bildartig. Die kognitiven Repräsentationen der Menschenaffen haben ein ikonisches oder bildartiges Format und gründen auf Prozessen der Wahrnehmungserfahrung und motorischen Erfahrung (zu dem Vorschlag, daß die kognitiven Repräsentationen von Kleinkindern ebenfalls ein ikonisches Format haben, siehe Carey, 2009;

Mandler, 2012). Es ist schwer vorstellbar, was sie andernfalls sein könnten.

SCHEMATISCH. Die bildartigen Repräsentationen der Großen Menschenaffen sind verallgemeinert oder abstrakt: Schematisierungen der Wahrnehmungserfahrung des Organismus von exemplarischen Situationen oder Entitäten (das heißt, sie haben eine Typ-Token-Struktur). Wesentlich ist, daß ikonische oder bildartige Schematisierungen keine uninterpretierten »Bilder« sind, sondern vielmehr Mischungen aus bereits verstandenen Exemplaren (die für bereits vorhandene kognitive Modelle Relevanz angenommen haben). Wenn daher Wittgenstein nach dem sucht, was unseren elementarsten Verstehensprozessen zugrunde liegen könnte, spekuliert er, indem er »sich die Tatsache vorstellt«: Wir stellen uns das allgemeinere und bereits sinnvolle kognitive Modell vor, an das die gegenwärtige Situation am besten als Exemplar assimiliert wird. Solche kognitiven Modelle sind bereits mit Sinn erfüllt, weil ein schematisiertes und verallgemeinertes Verstehen von Kausalität und/oder Intentionalität fester Bestandteil von vielen der kognitiven Situationsmodelle der Menschenaffen ist.

SITUATIONSINHALT. Die kognitiven Repräsentationen der Großen Menschenaffen haben als elementarsten Inhalt Situationen, und zwar insbesondere Situationen, die für die Ziele und Werte des Individuums relevant sind (zum Beispiel, daß Nahrung vorhanden oder ein Raubtier abwesend ist). Augenscheinlich präfiguriert ein Repräsentationsinhalt, der im Sinne ganzer Situationen strukturiert ist, in einer wichtigen Hinsicht den propositionalen Inhalt des Menschen (obwohl er ihn noch nicht ganz erreicht). Menschenaffen können auch zu bestimmten Zwecken ihre Erfahrung mit Komponenten von Situationen wie Gegenständen und Ereignissen schematisieren (zum Beispiel eine Kategorie von »Feigen«).

Die zweite Schlüsselkomponente ist die Fähigkeit, Schlüsse aufgrund kognitiver Repräsentationen zu ziehen. Große Menschenaffen nutzen ihre kognitiven Kategorien, Schemata und Modelle auf produktive Weise, um sich nichtaktuelle Situationen vorzustellen oder zu erschließen. Diese Schlüsse besitzen zwei Hauptmerkmale.

Sie sind kausal und intentional logisch. Die Schlußfolgerungen der Menschenaffen beruhen auf ihrem allgemeinen Verständnis von Kausalität und Intentionalität; es sind kausale und intentionale Schlüsse. Wesentlich ist aber, daß sie dennoch eine logische Struktur aufweisen – sie bilden Paradigmen –, die auf einem geschickten Umgang mit einer bestimmten Art von Protokonditional (Schlüsse, die zwischen Ursache und Wirkung sowohl mit Bezug auf die physische als auch mit Bezug auf die soziale Welt vermitteln) und einer bestimmten Art von Protonegation (auf der Grundlage sich wechselseitig ausschließender polarer oder konträrer Gegensätze wie z. B. Anwesenheit-Abwesenheit) beruht. Menschenaffen verfügen also über Protoversionen aller Schlüsse vom Modus tollens bis zum disjunktiven Syllogismus.

Sie sind produktiv. Die kognitiven Repräsentationen und Schlüsse von Großen Menschenaffen sind produktiv oder generativ in dem Sinne, daß sie Offline-Simulationen unterstützen können, bei denen das Individuum nichtaktuelle Situationen erschließt oder sich vorstellt (Barsalou, 1999, 2008). Dennoch könnten manche Theoretiker immer noch Zweifel haben, ob das Denken von Menschenaffen Evans' Allgemeinheitsbedingung (1982) erfüllt. Nach dieser sprachwissenschaftlich inspirierten Auffassung kann jedes potentielle Subjekt eines Gedankens (oder Satzes) mit mehreren Prädikaten kombiniert werden, und jedes potentielle Prädikat kann mit mehreren Subjekten verknüpft werden. Um das auf nichtsprachliche Weise zu erreichen, muß ein Individuum nicht nur in der Lage sein, repräsentierte Situationen aufeinander zu beziehen, sondern es muss auch ihre Bestandteile extrahieren und sie in produktiven Kombinationen gebrauchen können, um sich neue Situationen vorzustellen.

Im Hinblick auf einen bestimmten Akteur, der mehrere Dinge tut, wissen Große Menschenaffen beispielsweise, daß dieser Leopard eine Menge Dinge tut: auf Bäume klettern, Schimpansen fressen, Wasser trinken usw. Ein indirekter Beleg dafür ist die Tatsache, daß Menschenaffen Aufgaben zur Objektpermanenz meistern, bei denen sie verstehen müssen, daß dasselbe Objekt sich an verschiedene Orte bewegt und verschiedene Dinge tut (Call, 2001), und außerdem, daß sie aufgrund ihrer vergangenen Erfahrung mit bestimmten Individuen vorhersagen können, was diese in einer Situation tun werden (Hare et al., 2001). Ein weiterer Beleg ist die Tatsache, daß Menschenaffen in Experimenten Objekte in folgendem Sinne individuieren: Wenn sie sehen, wie ein bestimmtes Objekt hinter einer Sichtblende verschwindet, dann erwarten sie, es dort zu finden, und wenn sie sehen, wie es weggenommen und durch ein anderes ersetzt wird, erwarten sie nicht mehr, es dort zu finden – und wenn zwei identische Objekte hinter einer Sichtblende verschwinden, erwarten sie, zwei Objekte zu finden. Sie »lokalisieren keine Merkmale«, sondern verfolgen dasselbe Objekt oder dieselben Objekte bei verschiedenen Tätigkeiten über die Zeit hinweg (Mendes et al., 2008).

Was verschiedene Individuen anbelangt, die »dasselbe« tun, wissen Große Menschenaffen solche einzelnen Dinge wie daß Leoparden auf Bäume klettern, Schlangen auf Bäume klettern, kleine Affen auf Bäume klettern – und zwar jeweils auf ihre besondere Weise. Hier ist die Sachlage mit Blick auf die Belege etwas schwieriger, weil es, wenn überhaupt, nur wenige nonverbale Methoden für die Untersuchung von Ereignisschemata, beispielsweise *Klettern*, gibt. Eine Hypothese lautet jedoch, daß eine nonverbale Möglichkeit der Begründung eines Ereignisschemas in der Imitation besteht. Demzufolge weiß ein Individuum, das ein anderes imitiert, zumindest, daß ein Vorführender X tut und daß es dann selbst (und vielleicht auch andere Akteure) ebenfalls X – »dasselbe« – tun kann. Obwohl die Imitation nicht ihre hauptsächliche Strategie für soziales Lernen ist, sind Menschenaffen (wenigstens diejenigen, die von Menschen aufgezogen wurden) doch in der Lage, die Handlungen anderer in manchen Kontexten einigermaßen geschickt zu reproduzieren (z. B. Tomasello et al., 1993; Custance et al., 1995; Buttelmann et al., 2007). Manche Menschenaffen wissen auch, wenn ein anderes Individuum sie imitiert, was erneut auf ein zumindest rudimentäres Verständnis der Äquivalenz vom Selbst und anderen hindeutet (Haun und Call, 2008). Aber bei der Imitation sind nur das Selbst und ein anderer beteiligt. Da Menschenaffen die Ziele aller Akteure verstehen, könnte eine alternative Hypothese sein, daß Menschenaffen Kletterakte nicht auf der Grundlage von Bewegungen schematisieren, sondern aufgrund der Erkenntnis, daß der Akteur das Ziel hat, auf den Baum hinaufzukommen – und dieses Ziel (nicht die Handlung an sich) stellt die Grundlage für ein Ereignisschema über alle Individuen hinweg dar, mit oder ohne Selbst.

Die Kognition von Menschenaffen erfüllt die Allgemeinheitsbedingung daher zumindest teilweise, obwohl die Produktivität begrenzt sein mag. Die Behauptung wäre dann, daß das produktive Denken der Menschenaffen einem Individuum ermöglicht, sich beispielsweise vorzustellen, daß, wenn es dieses neuartige Tier jagt, das Tier auf einen Baum klettern könnte, selbst wenn es nie zuvor gesehen hat, wie dieses Tier auf einen Baum klettert. Andererseits ist es auch möglich, daß ein Menschenaffe sich nichts Kontrafaktisches (also etwas, was zu seiner kausalen Erkenntnis konträr wäre) vorstellen kann, wie zum Beispiel einen fliegenden Leoparden, wozu Menschen mit Hilfe externer Kommunikationsvehikel in der Lage sind. Der Sinn für die Äquivalenz von Selbst und anderen bei Menschenaffen könnte auch durch die Tatsache begrenzt sein, daß die Imitation sich sequentiell vollzieht, wohingegen sich Situationen, in denen sich die Äquivalenz in einer einzelnen sozialen Interaktion gleichzeitig manifestiert (wie es beim Rollentausch bei gemeinschaftlichen Tätigkeiten der Menschen beispielsweise der Fall ist), viel besser für die Etablierung einer Äquivalenz von Selbst und anderen eignen.

Selbstbeobachtung des Verhaltens

Die dritte Schlüsselkomponente des Denkens der Großen Menschenaffen ist die Fähigkeit, den Entscheidungsprozeß zu überwachen. Viele Tierarten überwachen und antizipieren sogar die Ergebnisse ihrer Verhaltensentscheidungen in der Welt. Aber Menschenaffen tun mehr als diese einfache Selbstbeobachtung des Verhaltens.

Kognitive Selbstbeobachtung. Menschenaffen (und einige andere Primatenspezies) wissen auch, wenn sie keine zureichenden Informationen haben, um eine sachadäquate Verhaltensentscheidung treffen zu können. Wie bereits erwähnt, sind die Ergebnisse des Beobachtungsprozesses eine wesentliche Voraussetzung eines selbstregulierenden Systems, und die Beobachtung simulierter Ergebnisse ist eine charakteristische Eigenschaft eines kognitiven Systems, das denken kann, bevor es entscheidet. Aber die Überwachung der Elemente des Entscheidungsprozesses selbst – das Gedächtnis eines Individuums oder seine Fähigkeit, Unterscheidungen zu treffen, oder die verfügbare Umweltinformation – ist noch eine weitere Bereicherung. Die Selbstbeobachtung dieses Typs impliziert eine bestimmte Art von »exekutiver« Überwachung des Entscheidungsprozesses selbst.

So können wir uns nun einen gemeinsamen Vorfahren der Menschen und anderer Menschenaffen vorstellen. Sein Alltagsleben war dem heute lebender nichtmenschlicher Affen ähnlich: Die meisten wachen Stunden wurden in kleinen Gruppen verbracht, auf Nahrungssuche nach Früchten und anderen Pflanzen, wobei verschiedene Formen sozialer Interaktion, die hauptsächlich konkurrenzbetont waren, eingestreut wurden. Unsere Hypothese ist, daß dieses Geschöpf – und wahrscheinlich auch die Australopithezinen während der folgenden vier Millionen Jahre der menschlichen Stammlinie – individuell intentional war und instrumentelle Rationalität besaß. Es repräsentierte seine physische und soziale Erfahrung kognitiv in Kategorien und Schemata und zog auch alle möglichen Arten produktiver und hypothetischer Schlüsse und Schlußketten über seine Erfahrung – all dies mit einem Funken kognitiver Selbstbeobachtung. Und daher ist der entscheidende Punkt, daß lange vor der Entstehung der einzigartig menschlichen Sozialität, geschweige denn der Kultur, der Sprache und der Institutionen, der Grundstein des menschlichen Denkens schon beim letzten gemeinsamen Vorfahren von Menschen und Menschenaffen gelegt war.

Die individuelle Intentionalität ist für Wesen erforderlich, deren soziale Interaktionen in erster Linie konkurrenzbetont sind, das heißt Wesen, die eigenständig handeln oder sich bestenfalls anderen anschließen, um sich für eine Seite zu entscheiden, wenn ein Kampf stattfindet. In nahezu allen theoretischen Darstellungen entwickelten sich die Kompetenzen der sozialen Kognition von Menschenaffen hauptsächlich für die Konkurrenz mit anderen in der sozialen Gruppe: um auf der Grundlage einer Art Machiavellischer Intelligenz (Whiten und Byrne, 1988) besser oder schneller als andere Gruppenmitglieder zu antizipieren, was potentielle Konkurrenten tun könnten. Und tatsächlich hat eine Reihe von Untersuchungen aus der jüngeren Vergangenheit festgestellt, daß Menschenaffen ihre raffiniertesten Kompetenzen sozialer Kognition in Kontexten benutzen, bei denen Konkurrenz oder das Ausnutzen anderer im Vordergrund stehen, im Gegensatz zu Kontexten, in denen es um Kooperation oder Kommunikation mit anderen geht (z. B. Hare und Tomasello, 2004; siehe Hare, 2001). Bei Menschenaffen geht es immer um die Kognition im Dienste der Konkurrenz.

Bei Menschen geht es dagegen immer (oder meistens) um Kooperation. Das menschliche Sozialleben ist viel kooperativer organisiert als das anderer Primaten, und deshalb waren es der vorliegenden Hypothese zufolge diese komplexeren Formen kooperativer Sozialität, die als Selektionsdruck wirkten, der die individuelle Intentionalität und das Denken der Menschenaffen in die menschliche geteilte Intentionalität und das entsprechende Denken verwandelte. Unsere Aufgabe besteht also darin, eine plausible evolutionäre Erzählung zu liefern, die uns von den Menschenaffenvorfahren der Menschen bis zum modernen Menschen führt. Die *Hypothese geteilter Intentionalität* besagt, daß diese Geschichte eine evolutionäre Abfolge in zwei Schritten umfaßt: gemeinsame Intentionalität, gefolgt von kollektiver Intentionalität. Bei diesen beiden Übergängen war der Gesamtprozeß auf einer sehr allgemeinen Ebene derselbe: Ein Wandel der Ökologie führte zu neuen Formen der Zusammenarbeit, die zu ihrer Koordination einige neue Formen kooperativer Kommunikation erforderten, und zusammen erzeugten sie die Möglichkeit, daß Individuen während der Ontogenese aufgrund ihrer sozialen Interaktionen mit anderen einige neue Formen der kognitiven Repräsentation, des Schlußfolgerns und der Selbstbeobachtung zum Gebrauch für ihr eigenes Denken aufbauen konnten.

3
GEMEINSAME INTENTIONALITÄT

Begriffliche Gehalte sind *wesentlich expressiv perspektivisch.*
ROBERT BRANDOM, *Expressive Vernunft*

In ihrer maßgeblichen Übersicht des Lebens auf dem Planeten Erde bestimmten Maynard-Smith und Szathmáry (1995) acht bedeutende Übergänge in der Evolution der Komplexität von Lebewesen, beispielsweise die Entstehung der Chromosomen, die Entstehung mehrzelliger Organismen und die Entstehung der geschlechtlichen Fortpflanzung. Erstaunlicherweise war der Übergang jedesmal durch dieselben beiden Grundprozesse charakterisiert. Erstens entstand in jedem Fall eine neue Form der Kooperation mit wechselseitiger Abhängigkeit: »Einheiten, die sich vor einem Übergang selbständig vermehren konnten, [sind] danach nur noch als Teil eines größeren Ganzen dazu in der Lage.« (S. 2) Zweitens wurde diese neue Form der Kooperation in jedem Fall durch eine mit ihr einhergehende neue Form der Kommunikation ermöglicht: »Veränderungen in der Art der Informationsübermittlung« (S. 5).

Der jüngste bedeutende Übergang war dieser Darstellung zufolge die Entstehung menschlicher kooperativer Gesellschaften (Kulturen), die durch sprachliche Kommunikation strukturiert werden. Unser letztendliches Ziel ist es, diese Entstehung mit einem spezifischen Fokus auf den neuen Formen des Denkens zu erklären, die dadurch hervorgebracht wurden. Wir können jedoch nicht direkt mit einem Riesenschritt von den Konkurrenzgesellschaften der Menschenaffen zu den kooperierenden menschlichen Kulturen übergehen. Das Problem ist, daß es Tausende menschlicher Kulturen gibt und jede davon eine besondere Menge kultureller und kommunikativer Praktiken konventionalisiert, normativiert und institutionalisiert hat. Aber alles läßt sich konventionalisieren, normativieren oder institutionalisieren; diese Prozesse sind völlig blind gegenüber ihrem Inhalt. Und deshalb müssen bei allen menschlichen Populationen – als Rohmaterial für diese auf der Gruppenebene stattfindenden Prozesse kultureller Schöpfung – bereits viele und unterschiedliche Arten kooperativer sozialer Interaktionen eines Typs vorhanden gewesen sein, die es bei anderen Menschenaffen nicht gibt, um zu kooperativ organisierten menschlichen Kulturen zu gelangen. Wenn wir wieder annehmen, daß die Großen Menschenaffen für den letzten gemeinsamen Vorfahren von Menschen und anderen Primaten repräsentativ sind, dann scheint es so zu sein, daß wir in unserer Naturgeschichte einen Zwischenschritt brauchen. Wir brauchen Frühmenschen, die noch nicht in Kulturen lebten und konventionelle Sprachen verwendeten, die aber dennoch eine viel kooperativere Neigung hatten als der letzte gemeinsame Vorfahr.

Daher werden wir in diesem Kapitel als ersten Schritt Frühmenschen postulieren, die neue Formen sozialer Koordination schufen, möglicherweise im Kontext gemeinschaftlicher Nahrungssuche. Die neue Form gemeinschaftlicher Tätigkeit der Frühmenschen war unter den Primaten einzigartig, weil sie durch gemeinsame Ziele und gemeinsame Aufmerksamkeit zu einer Art momentaner zweitpersonaler *gemeinsamer Intentionalität* strukturiert wurde, einer »Wir«-Intentionalität mit einem bestimmten Anderen, bei der jeder Beteiligte eine individuelle Rolle und eine individuelle Perspektive hatte. Die neue Form kooperativer Kommunikation der Frühmenschen – die natürlichen Gesten des Zeigens und der pantomimischen Darstellung – ermöglichte ihnen, ihre Rollen und Perspektiven auf äußere Situationen mit einem Partner als Mitarbeiter auf verschiedene Arten gemeinsamer Ziele hin zu koordinieren. Das Ergebnis war, daß diese Frühmenschen die individuelle Intentionalität der Menschenaffen durch Kooperation zur gemeinsamen Intentionalität des Menschen umwandelten, was neue Formen kognitiver Repräsentation (nämlich perspektivische und symbolische), des (nun sozial rekursiven) Schlußfolgerns und der Selbstbeobachtung (die Regulation der eigenen Handlungen aus der Perspektive eines Kooperationspartners) einschloß, welche eine radikal neue Form des Denkens bildeten, wenn sie bei der Lösung konkreter Probleme sozialer Koordination eingesetzt wurden.

Schauen wir uns also zuerst die neue Form der Zusammenarbeit an, die mit den Frühmenschen entstand, dann die neue Form der kooperativen Kommunikation, die Frühmenschen zur Koordination ihrer gemeinschaftlichen Tätigkeiten verwendeten, und dann die sich daraus ergebende neue Form des Denkens, die all diese Zusammenarbeit und Kommunikation als Substrat erforderte.

Eine neue Form der Zusammenarbeit

Kooperation an sich erzeugt noch keine komplexen kognitiven Kompetenzen. Das bezeugen unter anderem die komplexe Kooperation der kognitiv einfach gestrickten eusozialen Insekten und die kooperative Jungenpflege und Nahrungsteilung der kognitiv nicht besonders komplexen Neuweltaffen, etwa der Marmosetten und Tamarine. Der Fall der Menschen ist, von einem kognitiven Gesichtspunkt aus betrachtet, einzigartig, weil der gemeinsame Vorfahr von Menschen und anderen Menschenaffen bereits äußerst gut funktionierende Fertigkeiten der sozialen Kognition und sozialen Manipulation zu Zwecken des Wettbewerbs entwickelt hatte (sowie äußerst gut funktionierende Fertigkeiten der physischen Kognition zu Zwecken der Manipulation von Kausalität im Kontext des Werkzeuggebrauchs) – wie in Kapitel 2 dokumentiert wurde.

Aus den Bestandteilen dieser bestens funktionierenden Prozesse individueller Intentionalität, die für den Wettbewerb konstruiert worden waren – wobei erkannt wird, wie die einzelnen Ziele und Wahrnehmungen anderer bestimmte Handlungen generieren –, entwickelten Menschen dann zusätzlich noch raffiniertere Prozesse *gemeinsamer* Intentionalität, die *gemeinsame* Ziele und *gemeinsame* Aufmerksamkeit einschließen und für die soziale Koordination konstruiert wurden. Die soziale Koordination erzeugt einzigartige Herausforderungen für die Kognition und das Denken. Während die sozialen Dilemmata der Spieltheorie (zum Beispiel das Gefangenendilemma) dann auftreten, wenn Ziele und Präferenzen der Interagierenden weitgehend miteinander in Konflikt stehen, treten Dilemmata der Koordination dann auf, wenn Ziele und Präferenzen der Individuen weitgehend übereinstimmen. Die Herausforderung besteht in diesen Fällen nicht darin, einen Konflikt zu lösen, sondern möglicherweise durch Denken einen Weg zu finden, sich mit einem sozialen Partner auf ein gemeinsames Ziel hin zu koordinieren.

Die kooperative Wende

Schimpansen und andere Menschenaffen leben in stark konkurrenzbetonten Gesellschaften, in denen die einzelnen mit anderen rund um die Uhr um wertgeschätzte Ressourcen wetteifern, und das formt ihre Kognition sehr tiefgehend, wie oben dargelegt wurde. Aber Schimpansen und andere Menschenaffen beteiligen sich auch regelmäßig an einer Reihe wichtiger Tätigkeiten, die in einem sehr allgemeinen Sinne kooperativ sind. Beispielsweise ziehen Schimpansen zusammen umher und suchen in kleinen Gruppen nach Nahrung, »Verbündete« unterstützen einander bei Kämpfen innerhalb der Gruppe, und Männchen beteiligen sich an der Gruppenverteidigung gegen Außenseiter und Raubtiere (Muller und Mitani, 2005). Diese Gruppenverhaltensweisen des Umherziehens, Kämpfens und Verteidigens der Gruppe sind auch bei vielen anderen Säugetierarten verbreitet.

Um den Unterschied zur menschlichen Kooperation deutlich zu machen, wollen wir uns auf die Nahrungssuche konzentrieren, die eindeutig eine der grundlegenden Tätigkeiten aller Primaten ist. Eine typische Szene bei Schimpansen ist beispielsweise, daß eine kleine umherziehende Gruppe auf einen Obstbaum stößt. Jedes Individuum klettert dann alleine hoch, findet eine gute Stelle, um sich selbst ein paar Früchte zu beschaffen, greift alleine nach einem oder mehreren Stücken und sondert sich dann ein paar Meter von den anderen ab, um zu essen. In einem kürzlich durchgeführten Experiment bevorzugten Schimpansen, denen die Wahl gelassen wurde, Nahrung kooperativ oder alleine zu beschaffen, sich ihrer alleine zu bemächtigen (Bullinger et al., 2011a). In einem anderen jüngst durchgeführten Experiment bevorzugten sowohl Schimpansen als auch Bonobos, alleine zu essen, wenn ihnen die Wahl gelassen wurde, entweder zusammen mit einem Gruppenmitglied oder alleine zu essen (Bullinger et al., 2013). Wenn es je einen Konflikt um Futter gibt, bekommt es das dominante Individuum (das sich letztlich auf seine Kampffähigkeit verläßt). Im allgemeinen charakterisiert die Nahrungsbeschaffung mittels individuellem Klettern und Dominanzkämpfen nahezu alle Tätigkeiten der Nahrungssuche bei den vier Arten von Menschenaffen.

Die wichtigste Ausnahme dieses allgemeinen Musters bei Menschenaffen ist die Gruppenjagd der Schimpansen auf kleine Affen – die nur bei Schimpansen und nur bei einigen Gruppen systematisch beobachtet wurde (Boesch und Boesch, 1989; Watts und Mitani, 2002). Typischerweise erspäht eine kleine Gruppe männlicher Schimpansen einen roten Colobus-Affen, der von seiner Gruppe etwas getrennt ist und den sie dann umzingeln und fangen. Normalerweise eröffnet ein Individuum die Jagd, und andere begeben sich zu den möglichen Fluchtwegen des Affen, auch am Boden. Ein einzelner fängt den Affen tatsächlich und bekommt am Ende das meiste und beste Fleisch. Da er aber über den Kadaver nicht alleine verfügen kann, bekommen alle Beteiligten (und viele Zuschauer) gewöhnlich zumindest etwas Fleisch, je nach ihrer Dominanz und dem Nachdruck, mit dem sie den Fänger anbetteln und drangsalieren (Gilby, 2006).

Die sozialen und kognitiven Prozesse, die an der Gruppenjagd der Schimpansen beteiligt sind, könnten potentiell komplex sein, sie könnten aber auch ziemlich einfach sein. Die »gehaltreiche« Lesart ist eine menschenähnliche Lesart, nämlich daß Schimpansen das gemeinsame Ziel haben, den Affen zusammen zu fangen, und daß sie ihre individuellen Rollen dabei koordinieren (Boesch, 2005). Unserer Meinung nach ist jedoch eine »schlankere« Interpretation wahrscheinlicher (Tomasello et al., 2005). Dieser Interpretation zufolge versucht jedes Individuum, den Affen selbst zu fangen (da der Fänger das meiste Fleisch bekommt), und dabei berücksichtigen sie das Verhalten und vielleicht auch die Absichten der anderen Schimpansen, da diese ihre Fangchancen beeinflussen. Zusätzliche Komplexität entsteht dadurch, daß die einzelnen Schimpansen die Möglichkeit, daß einer der anderen Jäger den Affen fängt (in welchem Fall sie eine kleine Menge Fleisch durch Betteln und Drangsalieren bekommen), gegenüber der Möglichkeit vorziehen, daß der Affe gänzlich entkommt (in welchem Fall sie kein Fleisch bekommen). Bei dieser

Sichtweise beteiligen sich die Schimpansen bei einer Gruppenjagd an einer Art von Zusammenwirken, bei dem jeder einzelne sein eigenes individuelles Ziel verfolgt, nämlich den Affen zu fangen (was Tuomela, 2007, »Gruppenverhalten im Ich-Modus« nennt). Im allgemeinen ist es nicht klar, daß die Gruppenjagd der Schimpansen auf kleine Affen sich kognitiv besonders von der Gruppenjagd anderer sozialer Säugetiere, wie etwa der Löwen und Wölfe, unterscheidet.

In krassem Gegensatz dazu ist die menschliche Nahrungssuche auf viel grundlegendere Weise gemeinschaftlich. In modernen Wildbeutergesellschaften erzielen die Individuen den allergrößten Teil ihres täglichen Lebensunterhalts gemeinschaftlich mit anderen, entweder unmittelbar durch gemeinschaftliche Bemühungen oder durch Vermittler, die die Nahrung an einen zentralen Ort zurückbringen, damit sie geteilt werden kann (Hill und Hurtado, 1996; Hill, 2002; Alvard, 2012).[1] Menschliche Wildbeuter arbeiten auch in vielen anderen Tätigkeitsbereichen so zusammen, wie es Menschenaffen nicht tun. Tomasello (2011) vergleicht systematisch die sozialen Strukturen von Wildbeutergesellschaften bei Menschenaffen und Menschen und kommt zu dem Schluß, daß sich Menschen in jedem Bereich meistens kooperativ verhalten, wohingegen Menschenaffen sich größtenteils individualistisch verhalten. Beispielsweise beteiligen sich Menschen im Unterschied zu Menschenaffen an kooperativer Kinderbetreuung, bei der alle Erwachsenen alle möglichen Dinge tun, um die in der Entwicklung begriffenen Kinder zu unterstützen (sogenannte kooperative Erziehung; Hrdy, 2009). Menschen beteiligen sich im Unterschied zu Menschenaffen an kooperativer Kommunikation, bei der sie sich gegenseitig mit Informationen versorgen, von denen sie annehmen, daß sie für den Empfänger nützlich sind. Im Unterschied zu Menschenaffen bringen Menschen einander auf hilfreiche Weise Dinge bei, und zwar wiederum zum Nutzen des Empfängers. Menschen treffen im Unterschied zu den Menschenaffen gemeinsame Entscheidungen über gruppenrelevante Angelegenheiten. Und Menschen erschaffen und unterhalten im Unterschied zu Menschenaffen alle möglichen Arten formaler Sozialstrukturen wie etwa soziale Normen und Institutionen bis hin zu konventionellen Sprachen (indem sie vereinbarte Ausdrucksmittel verwenden). Insgesamt ist die Kooperation einfach ein kennzeichnendes Merkmal menschlicher Gesellschaften, wie das für die Gesellschaften der anderen Menschenaffen nicht gilt.[2]

Der genaue Zeitpunkt und die genauen Umstände des Auftretens dieser kooperativen Wende in der Evolution des Menschen sind für die gegenwärtigen Zwecke nicht entscheidend. Aber wie auch immer es sich damit verhalten mag – Tomasello et al. (2012) vermuten, daß sie anfänglich in einem ersten, vorbereitenden Schritt schon bald nach der Entstehung der Gattung *Homo* vor ungefähr zwei Millionen Jahren stattfand. In dieser Zeit gab es eine große Ausbreitung der auf dem Boden lebenden Affen, zum Beispiel von Pavianen, die die Menschen auf dem Feld ihrer üblichen Nahrung, nämlich Früchten und anderen Pflanzen, hätten verdrängen können. Menschen brauchten damals eine neue Nahrungsnische. Ein Anfang war möglicherweise das Essen von Aas, was wahrscheinlich eine Art Koalition der Individuen erfordert hat, um die Tiere wegzuscheuchen, die die ursprüngliche Jagdbeute gemacht hatten. Aber an irgendeinem Punkt begann eine aktivere, gemeinschaftliche Jagd auf Großwild und eine Zusammenarbeit beim Sammeln von Pflanzennahrung, typischerweise in einer gemeinsamen, der Hirschjagd ähnlichen Situation, bei der beide Individuen einen Vorteil von der Zusammenarbeit erwarten konnten – wenn sie es irgendwie vermochten, ihre Bemühungen zu koordinieren. Das ist das gemeinschaftliche Wesen, das wir uns hier vorstellen, und um der größtmöglichen Klarheit willen können wir uns auf seinen Höhepunkt bei den Homininen vor etwa 400 000 Jahren konzentrieren: den gemeinsamen Vorfahren von Neandertalern und modernen Menschen, den ewig rätselhaften *Homo heidelbergensis*. Paläoanthropologische Befunde deuten darauf hin, daß das der erste Hominine war, der systematisch die gemeinschaftliche Jagd auf Großwild betrieb und Waffen benutzte, mit denen ein einzelnes Individuum, das auf die gestellt war, höchstwahrscheinlich nicht erfolgreich sein konnte, und der manchmal die Beute zu einer Heimatbasis zurückbrachte (Stiner et al., 2009). Es ist auch eine Zeit, in der die Größe des Gehirns und die Größe von Populationen rasch anstiegen (Gowlett et al., 2012). Wir können vermuten, daß diese gemeinschaftlichen Wildbeuter in mehr oder weniger locker gefügten Gruppen lebten, die ein Reservoir von potentiellen Mitstreitern umfaßten.

Aber wichtiger als die Frage nach dem Wann ist die Frage nach dem Wie. Nach der Hypothese von Tomasello et al. (2012) wurde die obligate gemeinschaftliche Nahrungssuche aufgrund von zwei miteinander verbundenen Prozessen zu einer evolutionär stabilen Strategie für die Frühmenschen: wechselseitige Abhängigkeit und soziale Selektion. Der erste und grundlegendste Punkt ist, daß Menschen einen Lebensstil entwickelten, bei dem die einzelnen ihren täglichen Lebensunterhalt nicht alleine bestreiten konnten, sondern statt dessen bei ihren Tätigkeiten der Nahrungssuche wechselseitig von anderen abhingen – was bedeutete, daß die einzelnen die Kompetenzen und Motivationen zur gemeinschaftlichen Nahrungssuche ausbilden oder andernfalls verhungern mußten. Es gab also einen direkten und unmittelbaren Selektionsdruck im Hinblick auf Kompetenzen und Motivationen für eine gemeinschaftliche Zusammenarbeit (gemeinsame Intentionalität). Der zweite Punkt ist, daß die Individuen als natürliche Folge dieser wechselseitigen Abhängigkeit anfingen, bewertende Urteile über andere als potentielle Partner für eine Zusammenarbeit zu bilden: Sie begannen, sozial selektiv zu werden, da die Wahl eines schlechten Partners weniger Nahrung bedeutete. Daher gab es eine Selektion gegen Betrüger und Trödler, und Tyrannen verloren ihre Macht zum Tyrannisieren. Wesentlich ist, daß dies jetzt bedeutete, daß Frühmenschen sich auf eine Weise, wie Menschenaffen das nicht tun, sowohl Sorgen über die Bewertung der anderen machen mußten als auch darüber, wie andere sie als potentielle Partner für die Zusammenarbeit bewerteten (das heißt eine Sorge um das Selbstbild).

Die Situation, mit der es diese Frühmenschen zu tun hatten, wird vielleicht am besten durch das Hirschjagdszenario der Spieltheorie modelliert (Skyrms, 2004). Zwei Individuen haben leichten Zugang zu wenig ergiebigen »Feldhasen« (zum Beispiel Pflanzen mit niedrigem Kaloriengehalt), und dann taucht am Horizont ein hochrentabler, aber schwer zu erlangender »Hirsch« auf (etwa Großwild), der nur dann erbeutet werden kann, wenn die einzelnen ihre Feldhasen aufgeben und zusammenarbeiten. Ihre Motivationen gleichen sich daher an, weil die Zusammenarbeit im Interesse beider liegt. Das Dilemma ist somit rein kognitiv: Da die Zusammenarbeit nötig ist und ich meinen Feldhasen riskiere, will ich den Hirsch nur jagen, wenn du das auch tust. Aber du willst den Hirsch nur jagen, wenn ich es auch tue. Wie koordinieren wir diese potentielle Pattsituation? Es gibt zwar einige kognitiv einfache Auswege aus dem Dilemma (siehe Bullinger et al., 2011b, zur Anführer-Nachfolger-Strategie, die Schimpansen verfolgen), aber sie haben immer die Eigenschaft, daß ein Individuum ein unverhältnismäßiges Risiko eingeht, und deshalb sind sie unter bestimmten Umständen instabil. Wenn es beispielsweise nur sehr wenige Feldhasen gäbe, so daß jeder einen hohen Wert hätte, und die Hirschjagd nur selten erfolgreich wäre, dann würde eine Kosten/Nutzen-Analyse erfordern, daß jedes Individuum versuchen sollte sicherzustellen, daß sein potentieller Partner den Hirsch ebenfalls jagen wird, *bevor* er seinen Feldhasen aufgibt.

In den ursprünglichen Analysen von Schelling (1960) und Lewis (1969) erforderte eine solche Koordination eine bestimmte Art von wechselseitigem Wissen oder rekursivem Gedankenlesen: Damit ich gehe, muß ich von dir erwarten, daß du von mir erwartest, daß ich von dir erwarte .... Weder für Schelling noch für Lewis hatte dieser Prozeß etwas Alarmierendes, obwohl er bemerkenswert war. Spätere Kommentatoren problematisierten die Analyse und wiesen darauf hin, daß ein unendliches Hin und Her unserer Vorstellungen über die Vorstellungen des anderen nicht wirklich stattfinden könnte, sonst würde es niemals zu einer Entscheidung kommen. Clark (1996) schlug als realistischere Darstellung vor, daß Menschen einfach den »gemeinsamen Hintergrund« erkennen, den sie mit anderen teilen (zum Beispiel wissen wir beide, daß wir beide den Hirsch jagen wollen), und daß das ausreicht, um gemeinsame Entscheidungen im Hinblick auf gemeinsame Ziele zu treffen. Tomasello (2008) schlug vor, daß so etwas wie ein gemeinsamer Hintergrund tatsächlich die Grundlage dafür abgibt, wie Menschen vorgehen. Wenn jedoch Störungen auftreten, erklären sie diese häufig durch die Überlegung, daß »er denkt, daß ich denke, daß er denkt ...« (üblicherweise nur über einige Iterationen), was auf eine zugrundeliegende rekursive Struktur hindeutet. Unser Standpunkt ist daher, daß Menschen auf den gemeinsamen Hintergrund eingestellt sind, den sie mit anderen teilen, und das schließt nicht immer rekursives Gedankenlesen ein, aber wenn es nötig sein sollte, können sie dennoch ihren gemeinsamen Hintergrund einige rekursive Schichten tief zerlegen, um solche Fragen zu stellen wie: was er denkt, daß ich über sein Denken denke.

Jedenfalls können wir uns vorstellen, daß Menschen, die auf ihren gemeinsamen Hintergrund mit anderen eingestellt waren und bis zu einem gewissen Niveau rekursiv Gedanken lesen konnten, einen gewaltigen Vorteil bei der strategischen Entscheidung hatten, wann sie bei ihrem Feldhasen bleiben und wann sie sich mit anderen zusammenschließen sollten, um den profitableren Hirsch zu jagen. Und diejenigen, die raffiniertere Formen kooperativer Kommunikation entwickeln konnten, hätten einen noch größeren Vorteil gehabt. Daher sind die kognitiven Mechanismen der gemeinsamen Intentionalität, die sich entwickelten, um die frühesten, für die Spezies einzigartigen Formen der Zusammenarbeit in kleinem Maßstab und später um die kooperative Kommunikation miteinander zu koordinieren, der erste Schritt in unserer Naturgeschichte des einzigartig menschlichen Denkens.

Gemeinsame Ziele und individuelle Rollen

Wir können die Bildung eines gemeinsamen Ziels (oder gemeinsamer Intention) folgendermaßen detaillierter charakterisieren (siehe Bratman, 1992). Damit Sie und ich ein gemeinsames Ziel (oder eine gemeinsame Intention) bilden, um zusammen einen Hirsch zu verfolgen, muß ich (1) das Ziel haben, den Hirsch mit Ihnen zusammen zu fangen; (2) müssen Sie das Ziel haben, den Hirsch mit mir zusammen zu fangen; und, was entscheidend ist, (3) wir müssen wechselseitiges Wissen oder einen gemeinsamen Hintergrund haben, damit wir beide das Ziel des anderen kennen.

Hier ist es wichtig, daß jedes unserer Ziele nicht nur darin besteht, den Hirsch zu fangen, sondern ihn vielmehr gemeinsam mit dem anderen zu fangen. Wenn jeder von uns den Hirsch getrennt fangen wollte (selbst wenn dies wechselseitiges Wissen wäre; siehe Searle, 1995), würde das bedeuten, daß zwei Individuen nebeneinander, aber nicht gemeinsam jagten. Es ist auch wichtig, daß wir ein wechselseitiges Wissen um das Ziel des anderen haben, das heißt, daß unsere jeweiligen Ziele Teil unseres gemeinsamen begrifflichen Hintergrunds sind. Jeder von uns mag zwar den Hirsch zusammen mit dem anderen fangen wollen, aber wenn keiner von uns weiß, daß das der Fall ist, wird es uns sehr wahrscheinlich nicht gelingen, unsere Handlungen zu koordinieren (wegen all der Gründe, die von Lewis und Schelling sowie anderen skizziert werden). Daher ist die gemeinsame Intentionalität sowohl im Handlungsinhalt jedes unserer Ziele oder Absichten wirksam – daß wir zusammen handeln – als auch in unserem wechselseitigen Wissen oder gemeinsamen Hintergrund, daß wir beide wissen, daß wir das beide beabsichtigen.

Kleinkinder beginnen mit etwa vierzehn bis achtzehn Monaten, wenn sie noch immer größtenteils vorsprachlich sind, mit anderen auf eine Weise zu interagieren, die auf eine bestimmte Form gemeinsamer Ziele hindeutet. So ließen beispielsweise Warneken et al. (2006, 2007) Kleinkinder dieses Alters mit einem Erwachsenen bei einer gemeinsamen Tätigkeit interagieren, wie etwa bei dem Versuch, ein Spielzeug dadurch zu erlangen, daß jeder eine Seite einer Vorrichtung bediente. Dann hörte der Erwachsene einfach ohne Grund auf, seine Rolle zu spielen. Die Kinder waren damit unzufrieden und unternahmen verschiedene Dinge, um zu versuchen, ihren Partner wieder zur Tätigkeit zu bewegen. (Das taten sie nicht, wenn der Abbruch aus einem guten Grund erfolgte; beispielsweise wenn der Partner seine Aufmerksamkeit etwas anderem zuwenden mußte [Warneken et al., 2012]). Als dieselbe Situation für von Menschen aufgezogene Schimpansen arrangiert wurde, ignorierten sie interessanterweise den widerspenstigen Partner einfach und versuchten, Möglichkeiten zu finden, das Ziel alleine zu erreichen. Obwohl die Versuche der Kleinkinder, den Partner zur Wiederaufnahme seiner Tätigkeit zu bewegen, nicht unbedingt darauf hindeuten, daß sie ähnlich wie Erwachsene ein voll ausgebildetes, gemeinsames Ziel auf der Grundlage eines gemeinsamen Hintergrunds mit ihrem Partner haben, spiegeln sie doch zumindest die Erwartung wider, daß, wenn man von Hindernissen absieht, der Partner bei dieser gemeinsamen Tätigkeit sich verpflichtet genug fühlt, um die Tätigkeit nach einer Unterbrechung wiederaufzunehmen – eine Erwartung, die Schimpansen offenbar bei ähnlichen Tätigkeiten nicht haben.

Wenn sie drei Jahre alt sind, liefern Kinder viel überzeugendere Belege für gemeinsame Ziele, weil sie selbst angesichts von Ablenkungen und Versuchungen eine Verpflichtung zur gemeinsamen Tätigkeit zeigen. Beispielsweise ließen Hamann et al. (2012) Paare von dreijährigen Kindern zusammenarbeiten, um auf der obersten Stufe einer treppenartigen Konstruktion Belohnungen zu erreichen. Das Problem war, daß für eines der Kinder die Belohnung überraschenderweise schon auf halbem Wege zugänglich wurde. Wenn dies geschah, schob das glückliche Kind den Verzehr seiner eigenen Belohnung trotzdem auf und machte weiter, bis das andere seine Belohnung erhielt (das heißt, sie engagierten sich stärker als in einer ähnlichen Situation, in der sie individuell handelten, ohne mit dem Partner zusammenzuarbeiten). Eine solche Verpflichtung gegenüber dem Partner deutet darauf hin, daß die Kinder zu Beginn ein gemeinsames Ziel bildeten, daß »wir« die Preise zusammen erhalten, und sie nahmen alle nötigen Anpassungen vor, um dieses gemeinsame Ziel zu realisieren. Menschenaffen wiederum verhalten sich nicht auf dieselbe Weise. In einem ähnlichen Experiment mit Schimpansen stellten Greenberg et al. (2010) keine Anzeichen einer menschenähnlichen Verpflichtung fest, mit der gemeinsamen Handlung fortzufahren, bis beide Partner ihre Belohnung erhielten. (Und Hamann et al. [2011] fanden, daß am Ende der gemeinschaftlichen Tätigkeit dreijährige Kinder, aber nicht die Schimpansen, sich verpflichtet zeigten, den Gewinn auch gleichmäßig unter den Beteiligten aufzuteilen.)

Wesentlich ist, daß, wenn Kinder desselben Alters in ihrem gemeinsamen Hintergrund mit einem kooperierenden Partner die Vorstellung haben, daß jeder auf den anderen zählt, um erfolgreich zu sein (wir hängen wechselseitig voneinander ab), sie sich beide dem anderen verpflichtet fühlen (siehe Gilbert, 1989, 1990). So ließen beispielsweise Gräfenhain et al. (2009) Vorschulkinder ausdrücklich darin übereinkommen, ein Spiel mit einem Erwachsenen zu spielen, und dann versuchte ein anderer Erwachsener, sie zu einem aufregenderen Spiel wegzulocken. Obwohl zweijährige Kinder größtenteils einfach geradewegs zu dem neuen Spiel davonliefen, hielten Kinder ab drei Jahren inne, bevor sie weggingen, und »verabschiedeten« sich, entweder verbal oder indem sie dem Erwachsenen das Werkzeug übergaben, das sie zusammen benutzt hatten. Die Kinder schienen zu erkennen, daß gemeinsame Ziele gemeinsame Verpflichtungen einschließen, deren Bruch eine gewisse Art der Anerkennung oder gar Entschuldigung erforderte. Zwar wurde keine Untersuchung dieses Typs je mit Schimpansen durchgeführt, aber es gibt keine veröffentlichten Berichte darüber, daß ein Schimpanse sich bei einem anderen verabschiedet oder für den Bruch einer gemeinsamen Verpflichtung entschuldigt oder Abbitte geleistet hätte.

Zusätzlich zu den gemeinsamen Zielen erfordern gemeinschaftliche Tätigkeiten auch eine Arbeitsteilung und daher individuelle Rollen. Bratman (1992) legt dar, daß bei gemeinsamen kooperativen Tätigkeiten die einzelnen ihre Unterpläne im Hinblick auf das gemeinsame Ziel miteinander »harmonisieren« und sogar einander bei ihren individuellen Rollen helfen müssen, wenn es erforderlich ist. In der oben erwähnten Untersuchung von Hamann et al. (2012) hielten kleine Kinder inne, um ihrem Partner bei Bedarf zu helfen. Das zeigt, daß die Partner ihre Aufmerksamkeit einander und ihren jeweiligen Unterzielen zuwenden, und vielleicht sogar, daß sie darauf achten, daß ihr Partner auf sie achtet, usw. Tatsächlich haben andere Untersuchungen festgestellt, daß kleine Kinder, nicht aber Schimpansen bei ihrer Zusammenarbeit wichtige neue Dinge über die Rolle ihres Partners lernen. Beispielsweise stellten Carpenter et al. (2005) fest, daß kleine Kinder, nachdem sie eine Rolle bei einer bestimmten Zusammenarbeit gespielt hatten, schnell zur anderen Rolle wechseln konnten, während Schimpansen das nicht konnten (Tomasello und Carpenter, 2005). Besonders wichtig ist der Befund von Fletcher et al. (2012), daß Dreijährige, die zuerst an einer Zusammenarbeit teilgenommen hatten, bei der sie Rolle A spielten, anschließend viel besser wußten, wie sie Rolle B spielen sollten, als wenn sie zuvor nicht zusammengearbeitet hatten, während das für Schimpansen nicht galt.

Kleine Kinder fangen also an zu verstehen, daß die Rollen bei einer gemeinschaftlichen Tätigkeit in den meisten Fällen zwischen den Individuen ausgetauscht werden können, was eine »Vogelperspektive« auf die Zusammenarbeit nahelegt, in der die verschiedenen Rollen, einschließlich der eigenen, alle im selben Repräsentationsformat konzeptualisiert werden (siehe Hobson, 2004). Dieses der Spezies eigene Verständnis könnte die Grundlage für eine besonders tiefe Würdigung der Selbst-anderer-Äquivalenz sein, insofern die Individuen sich verschiedene Subjekte/Akteure vorstellen, die sich *gleichzeitig* an ähnlichen oder komplementären Tätigkeiten bei derselben gemeinschaftlichen Tätigkeit beteiligen. Wie bei unserer Erörterung des Denkens von Menschenaffen schon angedeutet wurde, ist das Verständnis dieser Äquivalenz eine Schlüsselkomponente, die unterschiedliche Arten kombinatorischer Flexibilität beim Denken ermöglicht. (Sie schafft auch die Voraussetzung für eine umfassende Würdigung der Akteursneutralität, die nicht nur das Selbst und den anderen, sondern alle möglichen Akteure umfaßt, was ein Schlüsselmerkmal kultureller Normen und Institutionen und allgemeiner von »Objektivität« ist, wie wir in Kapitel 4 sehen werden.)

Kleinkinder sind eigentlich keine guten Modelle für die Frühmenschen, die wir hier schildern, weil sie moderne Menschen sind und von Beginn an in die Kultur und Sprache eintauchen. Aber schon bald nach ihrem ersten Geburtstag und weiter bis zu ihrem dritten Geburtstag beteiligen sie sich mit anderen an gemeinschaftlichen Tätigkeiten, die eine der Spezies eigene Struktur haben und die nicht offensichtlich von kulturellen Konventionen oder Sprache abhängen. Diese kleinen Kinder koordinieren ein gemeinsames Ziel, verpflichten sich auf dieses gemeinsame Ziel, bis alle ihre Belohnung erhalten, erwarten von anderen, daß sie sich dem gemeinsamen Ziel genauso verpflichtet fühlen, teilen den gemeinsamen Gewinn einer Zusammenarbeit gleichmäßig auf, verabschieden sich, wenn sie sich einer Verpflichtung entziehen, verstehen ihre eigene Rolle und die des Partners bei der gemeinsamen Tätigkeit und helfen sogar dem Partner bei seiner Rolle, wenn es nötig ist. Wenn sie unter sehr ähnlichen Umständen getestet werden, zeigen die nächsten Primatenverwandten des Menschen, die Großen Menschenaffen, keine dieser Fähigkeiten zu gemeinschaftlichen Tätigkeiten, denen eine gemeinsame Intentionalität zugrunde liegt. Wesentlich ist, daß kleine Kinder auch eine der Spezies eigene Motivation zur Zusammenarbeit zu haben scheinen, wie jüngere Untersuchungen zeigen, bei denen Kinder und Schimpansen zu wählen hatten zwischen dem gemeinschaftlichen Einholen einer gewissen Nahrungsmenge zusammen mit einem Artgenossen oder dem Einholen derselben Nahrungsmenge (mehr oder weniger) durch eine alleinige Betätigung. Kinder bevorzugten sehr stark die Gemeinschaftsoption, wohingegen Schimpansen immer dorthin gingen, wo es am meisten Futter gab, unabhängig von Gelegenheiten zur Zusammenarbeit (Rekers et al., 2011; Bullinger et al., 2011a).

Kasten 1. Relationales Denken

Penn et al. (2008) schlugen vor, daß das, was die menschliche Kognition von der Kognition anderer Primaten unterscheidet, das Denken in Relationen ist, insbesondere in höherstufigen Relationen. Um ihre These zu stützen, besprechen sie Belege aus vielen verschiedenen Bereichen der Kognition: Urteile über relationale Ähnlichkeit, Urteile über Identität und Verschiedenheit, Analogien, transitive Schlüsse, hierarchische Relationen usw.

Ihre Bewertung der Literatur ist entschieden einseitig, da sie Befunde abtun, die darauf hindeuten, daß nichtmenschliche Primaten gewisse Fertigkeiten dieser Art besitzen. Beispielsweise verstehen nichtmenschliche Primaten offensichtlich einige Relationen (indem sie z. B. unabhängig von der absoluten Größe systematisch das größere von zwei Objekten wählen), und manche Individuen fällen Urteile über Identität und Verschiedenheit, die ebenfalls auf relationalen und nicht auf absoluten Merkmalen beruhen (Thompson et al., 1997). Manche Schimpansen ziehen auch so etwas wie Analogieschlüsse, indem sie ein Maßstabsmodell benutzen (Kuhlmeier et al., 1999), und viele Primaten ziehen transitive Schlüsse (siehe Tomasello und Call, 1997, zu einer Übersicht).

Aber gleichzeitig ist es richtig, daß Menschen eine besondere Begabung zum relationalen Denken haben (Gentner, 2003). Eine Hypothese, die die Daten erklären könnte, besteht darin, daß es tatsächlich zwei Arten von relationalem Denken gibt. Die eine betrifft die konkrete physikalische Welt des Raums und der Quantitäten, in der wir verschiedene Eigenschaften oder Größen wie z. B. größer-kleiner, heller-dunkler, weniger-mehr, höher-niedriger und auch identisch-verschieden miteinander vergleichen können. Nichtmenschliche Primaten besitzen einige Fertigkeiten im Umgang mit solchen physikalischen Relationen und relationalen Größen. Was sie möglicherweise überhaupt nicht verstehen – obwohl es nur wenige direkte Tests gibt –, ist ein zweiter Typ von Relation. Insbesondere verstehen sie möglicherweise keine funktionalen Kategorien von Dingen, die durch ihre Rolle in einer umfassenderen Tätigkeit bestimmt sind. Menschen haben eine außergewöhnliche Fähigkeit beim Erzeugen von Kategorien wie z. B. Haustier, Ehemann, Fußgänger, Gutachter, Kunde, Gast, Mieter usw., die Markman und Stillwell (2001) »rollenbasierte Kategorien« nennen. Sie sind nicht in dem Sinne relational, daß zwei physikalische Entitäten miteinander verglichen werden, sondern vielmehr insofern, als die Relation zwischen einer Entität und einem umfassenderen Ereignis oder Prozeß bestimmt wird, in dem diese Entität eine Rolle spielt.

Die auf der Hand liegende Hypothese lautet hier, daß dieser zweite Typ relationalen Denkens von dem einzigartigen Verständnis gemeinschaftlicher Tätigkeiten mit gemeinsamen Zielen und individuellen Rollen herstammt, das den Menschen eigentümlich ist (und das vielleicht später auf alle Arten sozialer Tätigkeiten verallgemeinert wird, selbst wenn sie nicht an sich gemeinschaftlich sind). Als Menschen solche Tätigkeiten aufbauten, schufen sie mehr oder weniger abstrakte »Slots« oder Rollen, die beliebige Personen (be)spielen konnten. Diese abstrakten Slots bildeten rollenbasierte Kategorien wie z. B. Dinge, die man zur Tötung von Wild benutzt (nämlich Waffen; Barsalou, 1983), sowie abstraktere narrative Kategorien wie z. B. Hauptfigur, Opfer, Rächer usw. Eine weitere Spekulation könnte darin bestehen, daß diese abstrakten Slots ab einem bestimmten Punkt den Menschen ermöglichten, sogar relationales Material in die Slots einzuspeisen; beispielsweise kann ein Ehepaar eine Rolle bei einer kulturellen Tätigkeit spielen. Das wäre dann die Grundlage für jene Arten höherstufigen relationalen Denkens, die Penn et al. (2008) als besonders wichtig bei der Differenzierung des menschlichen Denkens hervorheben.

Jedenfalls lautet der vorliegende Vorschlag, daß zumindest der Aufbau jener zweistufigen kognitiven Modelle, die für die Unterstützung gemeinschaftlicher Tätigkeiten notwendig waren, den menschlichen Vollzug eines viel breiteren und flexibleren relationalen Denkens förderte wenn nicht gar erst ermöglichte, eines Denkens, das Rollen in umfassenderen sozialen Wirklichkeiten und möglicherweise auch im höherstufigen relationalen Denken beinhaltete.

Der Hauptpunkt an dieser Stelle ist, daß die Frühmenschen ein neues kognitives Modell geschaffen zu haben scheinen. Die Zusammenarbeit auf ein gemeinsames Ziel hin erzeugte eine neue Art des sozialen Engagements, eine gemeinsame Intentionalität, der zufolge »wir« zusammen Antilopen (oder was auch immer) jagen, wobei jeder Partner seine eigene, wechselseitig abhängige Rolle spielt. Diese Zwei-Ebenen-Struktur gleichzeitiger Gemeinsamkeit und Individualität – ein gemeinsames Ziel, aber mit individuellen Rollen – ist eine einzigartig menschliche, auf ein Du ausgerichtete Form gemeinsamer Beteiligung, die der Spezies eigene kognitive Kompetenzen und motivationale Neigungen erfordert. Sie hat außerdem eine Reihe von möglicherweise überraschenden Auswirkungen auf viele verschiedene Aspekte der menschlichen Kognition, die über unseren primären Fokus hier hinausgehen (ein Beispiel hierfür befindet sich in Kasten 1).

Gemeinsame Aufmerksamkeit und individuelle Perspektiven

Organismen achten auf Situationen, die für ihre Ziele relevant sind. Und deshalb achten zwei Menschen, wenn sie gemeinsam handeln, natürlich gemeinsam auf Situationen, die für ihre gemeinsamen Ziele relevant sind. Mit anderen Worten, wenn Menschen ihre Handlungen koordinieren, koordinieren sie auch ihre Aufmerksamkeit, um effektiv handeln zu können. Dieser Koordination liegt auch hier wieder eine gewisse Vorstellung eines gemeinsamen Hintergrunds zugrunde, aufgrund dessen jedes Individuum – zumindest potentiell – sich der Aufmerksamkeit seines Partners zuwenden kann, die Aufmerksamkeit des Partners sich auf seine Aufmerksamkeit richten kann usw. (Tomasello, 1995). Gemeinsame Handlungen, gemeinsame Ziele und gemeinsame Aufmerksamkeit sind daher aus einem Guß, und deshalb müssen sie sich auch zusammen entwickelt haben.

Mein Vorschlag lautet, daß die phylogenetischen Ursprünge der Fähigkeit, sich mit anderen an gemeinsamer Aufmerksamkeit zu beteiligen – der erste und konkreteste Schritt, bei dem Kleinkinder einen gemeinsamen begrifflichen Hintergrund und somit auch mit anderen geteilte Wirklichkeiten erzeugen –, in gemeinschaftlichen Tätigkeiten liegen. Das wird von Tomasello (2008) als »Top-down«-Variante gemeinsamer Aufmerksamkeit bezeichnet, weil sie von gemeinsamen Zielen gelenkt wird. (Die Alternative ist eine gemeinsame Aufmerksamkeit »bottom-up«, wenn zum Beispiel ein lautes Geräusch die Aufmerksamkeit von uns beiden auf sich zieht und wir beide wissen, daß es auch die Aufmerksamkeit des anderen auf sich gezogen haben muß.) Ontogenetisch beginnen Kleinkinder im Alter von etwa neun bis zwölf Monaten, ihre gemeinsamen Handlungen mit anderen durch gemeinsame visuelle Aufmerksamkeit zu strukturieren, durch Tätigkeiten der gemeinsamen Aufmerksamkeit, wie sie häufig bezeichnet werden. Das sind solche Tätigkeiten wie das Geben und Nehmen von Gegenständen, das Vor- und Zurückrollen eines Balls, das gemeinsame Bauen eines Turms aus Holzklötzen, das gemeinsame Aufräumen von Spielzeugen und das gemeinsame »Lesen« von Büchern. Trotz gezielter Versuche, solche Tätigkeiten der gemeinsamen Aufmerksamkeit bei von Menschen aufgezogenen Schimpansen zu identifizieren und von ihnen zu erbitten, konnten Tomasello und Carpenter (2005) keine feststellen (auch gibt es keine anderen zuverlässigen Berichte über gemeinsame Aufmerksamkeit bei nichtmenschlichen Primaten).

Ebenso wie jeder Partner bei einer gemeinsamen kooperativen Tätigkeit seine eigene individuelle Rolle hat, hat auch jeder Partner bei einer Tätigkeit gemeinsamer Aufmerksamkeit seine eigene individuelle Perspektive – und weiß, daß der andere ebenfalls seine eigene individuelle Perspektive hat. Der entscheidende Punkt, der für alles Folgende grundlegend sein wird, ist, daß *der Begriff der Perspektive einen einzelnen Zielgegenstand der gemeinsamen Aufmerksamkeit voraussetzt, auf den wir unterschiedliche Perspektiven haben* (Moll und Tomasello, 2007). Wenn Sie aus einem Fenster des Hauses hinaussehen, und ich sehe aus einem anderen in der entgegengesetzten Richtung hinaus, haben wir keine verschiedenen Perspektiven – wir sehen einfach nur völlig verschiedene Dinge. Mit dem Begriff der individuell verschiedenen Perspektiven können wir daher nur dann operieren, wenn wir (1) beide »dasselbe« Ding betrachten und wir (2) beide wissen, daß der andere auf unterschiedliche Weise darauf achtet. Wenn ich etwas auf eine Weise sehe und dann um die Ecke biege, um es auf eine andere Weise zu sehen, habe ich dadurch nicht zwei Perspektiven auf dasselbe Ding, weil ich nicht gleichzeitig über mehrere Perspektiven zum Vergleich verfüge. Aber wenn zwei Menschen sich demselben Ding gleichzeitig zuwenden – und es ist Bestandteil ihres gemeinsamen Hintergrunds, daß sie das beide tun –, dann wird »Raum geschaffen« (um Davidsons [2001/2013] Metapher zu verwenden) dafür, daß ein Verständnis der verschiedenen Perspektiven entsteht.[3]

Kleinkinder beginnen bald nach ihrem ersten Geburtstag, im Zusammenhang mit ihren frühesten Tätigkeiten gemeinsamer Aufmerksamkeit ein Verständnis dafür zu zeigen, daß andere Perspektiven haben, die sich von ihrer eigenen unterscheiden. Zum Beispiel spielten in einem Experiment ein Erwachsener und ein Kind gemeinsam jeweils kurze Zeit mit drei verschiedenen Gegenständen (Tomasello und Haberl, 2003). Als der Erwachsene nicht im Zimmer war, spielten das Kind und ein Forschungsassistent anschließend mit einem vierten Gegenstand. Danach kehrte der Erwachsene zurück, blickte auf eine Anordnung, die alle vier Gegenstände enthielt, und rief begeistert aus »Wow! Toll! Schau mal da!« Unter der Annahme, daß Menschen nur über neue Dinge und nicht über alte in Begeisterung ausbrechen, erkannten Kinder schon im Alter von zwölf Monaten, welcher der Gegenstände der neue war, der die Begeisterung des Erwachsenen verursachte – obwohl für sie alle gleich alt waren. Der neue ist derjenige, dem wir zuvor nicht unsere gemeinsame Aufmerksamkeit zugewendet haben.

Das haben manche Forscher als Perspektiveneinnahme der Ebene 1 bezeichnet, weil es nur darum geht, ob die andere Person etwas sieht oder nicht sieht, aber nicht darum, *wie* sie es sieht. Bei der Perspektiveneinnahme der Ebene 2 verstehen Kinder, daß jemand dasselbe Ding anders sieht als sie. Beispielsweise haben Moll et al. (2013) festgestellt, daß dreijährige Kinder verstanden haben, auf welchen Gegenstand ein Erwachsener hindeuten wollte, indem er ihn »blau« nannte, obwohl der Gegenstand dem Kind nicht blau erschien – nur dem Erwachsenen, weil er durch einen Farbfilter schaute. Kinder konnten also die Perspektive der anderen Person einnehmen, wenn sie von ihrer eigenen abwich. Dieselben Kinder konnten jedoch keine korrekten Antworten geben, wenn sie gefragt wurden, ob sie und der Erwachsene den Gegenstand *zur selben Zeit* anders sahen. Bis sie vier oder fünf Jahre alt sind, haben Kinder tatsächlich Schwierigkeiten mit mehreren Versionen solcher gleichzeitig miteinander in Konflikt stehenden Perspektiven auf eine Situation, der die gemeinsame Aufmerksamkeit zugewendet wird (Moll und Tomasello, im Druck). Kinder, die jünger als vier oder fünf Jahre alt sind, haben auch Schwierigkeiten mit dualen Benennungsaufgaben (»es« ist gleichzeitig ein *Pferd* und ein *Pony*), mit Aufgaben zu Erscheinung und Wirklichkeit (»es« ist gleichzeitig ein Stein und ein Schwamm; Moll und Tomasello, 2012) und mit Aufgaben zu falschen Überzeugungen (»es« ist im Schrank oder in der Kiste). Die Lösung des Konflikts zwischen Perspektiven, die bei einem gemeinsam beachteten Gegenstand einander gegenüberstehen – insbesondere wenn beide Anspruch darauf erheben, die »Wirklichkeit« darzustellen –, erfordert einige zusätzliche Kompetenzen für den Umgang mit einer objektiven Wirklichkeit und damit, wie verschiedene Perspektiven sich auf sie beziehen. Diese Kompetenzen werden wiederum beim nächsten Schritt in unserer Evolutionsgeschichte erwartet (siehe auch Anmerkung 6).

So haben wir also einen Wendepunkt erreicht. Aufgrund ihrer Fähigkeit, Handlungen und die Aufmerksamkeit mit anderen auf gemeinsame Ziele hin zu koordinieren, gelangten die Frühmenschen zu dem Verständnis, daß verschiedene Individuen verschiedene Perspektiven auf ein und dieselbe Situation oder Entität haben können. Im Gegensatz dazu koordinieren Menschenaffen (einschließlich des letzten gemeinsamen Vorfahren von Menschenaffen und Menschen) ihre Handlungen und ihre Aufmerksamkeit mit anderen nicht auf dieselbe Weise, und deshalb verstehen sie auch überhaupt nicht die Vorstellung von verschiedenen Perspektiven, die sich simultan auf dieselbe Situation oder Entität richten. Wir begegnen daher der Zwei-Ebenen-Struktur gleichzeitiger Gemeinsamkeit und Individualität noch einmal. Ebenso wie gemeinschaftliche Tätigkeiten die Zwei-Ebenen-Struktur eines gemeinsamen Zieles und individueller Rollen aufweisen, haben Tätigkeiten gemeinsamer Aufmerksamkeit die Zwei-Ebenen-Struktur gemeinsamer Aufmerksamkeit und individueller Perspektiven. Gemeinsame Aufmerksamkeit steht also am Beginn des Prozesses, durch den Menschen eine intersubjektive Welt mit anderen aufbauen – die zwar geteilt wird, aber mit unterschiedlichen Perspektiven –, was auch für die menschliche kooperative Kommunikation grundlegend sein wird. Daher können wir postulieren, daß die gemeinsame Aufmerksamkeit innerhalb einer gemeinsamen kooperativen Tätigkeit, die sich sogar schon bei ganz kleinen Kindern zeigt, die elementarste Form sozial geteilter Kognition in der Evolution des Menschen war – und bereits für Frühmenschen charakteristisch ist – und daß diese ursprüngliche Variante einer sozial geteilten Kognition eine gleichermaßen ursprüngliche Variante perspektivisch konstruierter, kognitiver Repräsentationen hervorbrachte.

Soziale Selbstbeobachtung

Frühmenschen, die als obligat gemeinschaftliche Wildbeuter lebten, haben sich wohl auch noch auf andere Weise stärker sozial entwickelt. Obwohl Kompetenzen gemeinsamer Intentionalität für die menschenähnliche, gemeinschaftliche Nahrungssuche notwendig sind, so sind sie doch nicht hinreichend. Man muß außerdem einen guten Partner finden. Das mag nicht immer allzu schwierig sein, da selbst Schimpansen nach einiger Erfahrung lernen, welche Partner gut sind (das heißt zum Erfolg führen) und welche nicht (Melis et al., 2006b). Aber darüber hinaus muß man in Situationen, in denen es eine sinnvolle Partnerwahl gibt, selbst ein guter kooperativer Partner sein – oder zumindest als ein solcher erscheinen. Um für andere ein attraktiver Partner zu sein und also nicht von gemeinschaftlichen Chancen ausgeschlossen zu werden, muß man nicht nur gute Kompetenzen zur Zusammenarbeit besitzen, sondern seinen Anteil an der Arbeit leisten, dem Partner helfen, wenn es nötig ist, den Gewinn am Ende der Zusammenarbeit teilen usw.

Und deshalb mußten die Frühmenschen ein Interesse daran entwickeln, wie andere Individuen in ihrer Gruppe sie als potentielle kooperative Partner bewerteten, um dann ihre eigenen Handlungen so zu regulieren, daß sie diese sozialen Urteile positiv beeinflußten – was wir soziale Selbstbeobachtung nennen können. Andere Hominiden scheinen sich nicht um eine solche soziale Selbstbeobachtung zu bemühen. Als beispielsweise Engelmann et al. (2012) Menschenaffen die Gelegenheit gaben, Futter mit einem Gruppenmitglied zu teilen oder es von ihm zu stehlen, hatte das Vorhandensein oder die Abwesenheit anderer Gruppenmitglieder, die den Vorgang beobachteten, keinerlei Einfluß auf ihr Verhalten. Im Gegensatz dazu teilten kleine Kinder mehr mit anderen und stahlen weniger von ihnen, wenn ein anderes Kind zusah.

In motivationaler Hinsicht leitet sich das Interesse an der sozialen Bewertung von der wechselseitigen Abhängigkeit der Kooperationspartner ab: Mein Überleben hängt davon ab, wie du mich beurteilst. In kognitiver Hinsicht beinhaltet es noch eine weitere Form rekursiven Denkens: Mir liegt daran, wie du über meine intentionalen Zustände denkst. Mit Blick auf die Neigung der Menschen, ihr Verhalten nicht bloß anhand seines instrumentellen Erfolgs zu regulieren, wie Menschenaffen es bei ihren zielorientierten Tätigkeiten tun, sondern auch anhand der erhofften sozialen Bewertungen durch wichtige Gruppenmitglieder, ist die soziale Selbstbeobachtung somit der erste Schritt. Da diese Anliegen mit den Bewertungen durch spezifische andere Individuen zu tun haben, können wir sie uns als zweitpersonale Phänomene vorstellen. Sie stellen also einen ursprünglichen Sinn für soziale Normativität dar – eine Sorge darum, was andere meinen, daß ich tun und meinen beziehungsweise nicht tun und meinen sollte – und insofern einen ersten Schritt zu jener Art normativer Selbststeuerung, die sich Gruppenerwartungen anpaßt und die für moderne Menschen im nächsten Schritt unserer Geschichte charakteristisch sein wird (siehe Kapitel 4).

Menschenaffen haben eine Vielzahl sozial-kognitiver Kompetenzen für das Verstehen der intentionalen Handlungen anderer, aber sie interagieren nicht mit ihnen in irgendeiner Form gemeinsamer Intentionalität. So verstehen Menschenaffen beispielsweise, daß andere Ziele haben, und manchmal helfen sie sogar anderen beim Erreichen ihrer Ziele (Warneken und Tomasello, 2009), aber sie arbeiten nicht mit anderen auf ein gemeinsames Ziel hin. Auf ähnliche Weise verstehen Menschenaffen, daß andere Dinge sehen, und können deshalb der Blickrichtung anderer folgen, um zu sehen, was sie sehen (Call und Tomasello, 2005). Aber sie interagieren nicht mit anderen vor dem Hintergrund gemeinsamer Aufmerksamkeit. Und Menschenaffen treffen individuelle Entscheidungen, die sie der Selbstbeobachtung unterziehen, aber sie treffen keine gemeinsamen Entscheidungen mit anderen und beobachten sich selbst auch nicht in bezug auf die soziale Bewertung durch andere. Was bei den Frühmenschen auftaucht, so der gegenwärtige Stand unserer Überlegungen, ist eine »Wir«-Intentionalität, bei der zwei Individuen sich auf die intentionalen Zustände des jeweils anderen sowohl gemeinsam als auch rekursiv beziehen.

Diese neue Form der gemeinsamen Beteiligung ist zweitpersonal: beteiligt sind »ich« und »du«. Und sie weist zwei minimale Kennzeichen auf: (1) das Individuum nimmt direkt an der sozialen Interaktion teil und beobachtet sie nicht nur von außen; und (2) die Interaktion findet mit einem spezifischen anderen Individuum statt, zu dem eine dyadische Beziehung besteht, und nicht mit etwas Allgemeinerem wie einer Gruppe (wenn mehrere Personen anwesend sind, gibt es zwar viele dyadische Beziehungen, aber kein Gruppengefühl). Über andere mögliche Merkmale der zweitpersonalen Beteiligung besteht zwar weniger Konsens, aber Darwall (2006) schlägt zusätzlich vor, daß (3) ihr Wesen eine »gegenseitige Anerkennung« ist, bei der jeder Partner dem anderen einen gewissen Grad an Respekt als ebenbürtiges Individuum entgegenbringt und auch von ihm erwartet – eine grundlegend kooperative Einstellung unter Partnern.

Und folglich besteht der Vorschlag im Hinblick auf das Evolutionsgeschehen darin, daß die Frühmenschen – vielleicht *Homo heidelbergensis* vor 400 000 Jahren – Fertigkeiten und Motivationen zu gemeinsamer Intentionalität entwickelten, die die parallelen Gruppentätigkeiten der Menschenaffen (etwa du und ich jagen den kleinen Affen parallel) in wahrhaft gemeinsame kooperative Tätigkeiten umwandelten (wir jagen den kleinen Affen zusammen, jeder in seiner eigenen Rolle). Und sie wandelten auch das parallele Blickverhalten der Menschenaffen (etwa du und ich blicken jeder für sich auf die Banane) in echte gemeinsame Aufmerksamkeit um (wir blicken gemeinsam auf die Banane, jeder mit seiner eigenen Perspektive). Aber Frühmenschen taten das nicht genauso wie heutige Menschen, das heißt vor dem Hintergrund relativ beständiger kultureller Konventionen und Institutionen. Vielmehr waren ihre ersten gemeinschaftlichen Tätigkeiten Ad-hoc-Kooperationen und bezogen sich auf bestimmte Ziele bei einer bestimmten Gelegenheit mit einer bestimmten Person, wobei ihre gemeinsame Aufmerksamkeit gleichermaßen in dieser zweitpersonalen Form strukturiert war. Es hätte also eine zweitpersonale gemeinsame Beteiligung an einer Sache mit dem Partner gegeben, aber wenn die Zusammenarbeit zu Ende war, war es in der Regel auch mit der »Wir«-Intentionalität vorbei.

Das kognitive Modell, das aufgrund wiederholter Erfahrungen dieser Art schematisiert wurde, war daher eine Zwei-Ebenen-Struktur gleichzeitiger Gemeinsamkeit und Individualität, während man sich in einer direkten sozialen Interaktion mit bestimmten anderen Partnern befand, basierend auf einem und gestützt durch einen gewissen gemeinsamem Hintergrund und rekursives Gedankenlesen (siehe Abbildung 3.1). Das kognitive Modell dieser zweitpersonalen sozialen Interaktion auf zwei Ebenen legte den Grund für nahezu alle der einzigartig menschlichen Eigenschaften. Es lieferte die Infrastruktur gemeinsamer Intentionalität für einzigartige menschliche Formen kooperativer Kommunikation, die Absichten und Schlußfolgerungen über Perspektiven umfaßten – wie wir in den folgenden Abschnitten sehen werden –, und letztlich lieferte es die Grundlage für die kulturellen Konventionen, Normen und Institutionen, die die menschliche Spezies in die moderne menschliche Welt führten – wie wir im nächsten Kapitel sehen werden.

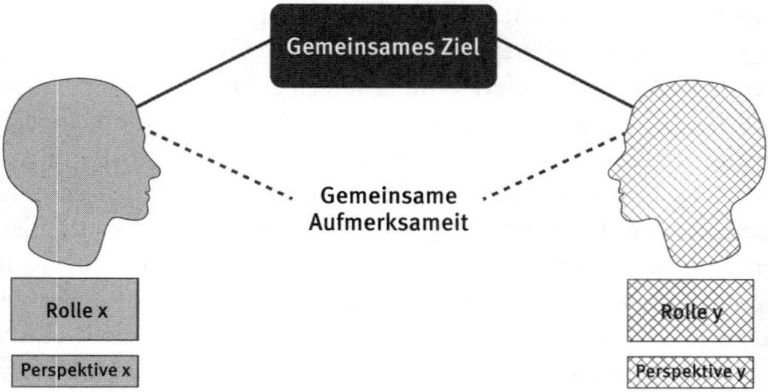

Abbildung 3.1: Die Zwei-Ebenen-Struktur gemeinsamer Kooperationstätigkeit.

Eine neue Form kooperativer Kommunikation

Die Frühmenschen koordinierten ihre Handlungen und die Aufmerksamkeit auf der Grundlage eines gemeinsamen Hintergrunds. Aber eine komplexere Koordination – beispielsweise bei der Planung unserer spezifischen Rollen bei einer Zusammenarbeit unter verschiedenen Bedingungen oder bei der Planung einer ganzen Serie gemeinsamer Handlungen – erforderte einen neuen Typ kooperativer Kommunikation. Die Gesten und Vokalisierungen der frühen Menschenaffen hätten diese Koordinationsarbeit nicht leisten können. Sie hätten sie erstens nicht leisten können, weil sie völlig auf eigennützige Zwecke gepolt waren, und das paßt einfach nicht zur mutualistischen Zusammenarbeit auf ein gemeinsames Ziel hin. Sie hätten sie zweitens nicht leisten können, weil sie ausschließlich bei Versuchen eingesetzt wurden, das Verhalten anderer direkt zu regulieren, und das paßt nicht zur Notwendigkeit, Handlungen und Aufmerksamkeit mit Bezug auf externe Situationen und Entitäten zu koordinieren wie bei der gemeinschaftlichen Nahrungssuche.

Tomasello (2008) legte Argumente und Belege für die These vor, daß die ersten Formen einzigartig menschlicher kooperativer Kommunikation die natürlichen Gesten des Zeigens und des Gebärdenspiels waren, um andere auf nützliche Weise über Situationen zu informieren, die für sie relevant waren. Zeigegesten und Gebärdenspiel sind menschliche Universalien, die sogar Menschen, die keine konventionelle Sprache teilen, verwenden können, um effektiv in Kontexten zu kommunizieren, in denen es zumindest einen gewissen gemeinsamen Hintergrund gibt. Aber das erfordert eine äußerst reichhaltige Menge interpersonaler Intentionen und Schlüsse im Kontext dieses gemeinsamen Hintergrunds. Wenn ich ohne jeglichen gemeinsamen Hintergrund Ihnen gegenüber in die Richtung eines Baumes zeige oder durch Gebärdenspiel einen Baum für Sie darstelle, haben Sie nichts, um Ihre Schlüsse darüber zu leiten, was ich Ihnen zu vermitteln beabsichtige oder warum. Zeigegesten und Gebärdenspiel erzeugten daher für die Frühmenschen neue Probleme sozialer Koordination – nicht nur bei der Koordination von Handlungen mit anderen, sondern auch bei der Koordination intentionaler Zustände –, und die Lösung dieser neuen Koordinationsprobleme erforderte neue Weisen des Denkens.

Ein neues Motiv für die Kommunikation

Bei gemeinsamen kooperativen Tätigkeiten, bei denen die Partner wechselseitig voneinander abhängen, liegt es im Interesse jedes Partners, dem anderen dabei zu helfen, seine Rolle zu spielen. Das ist die Grundlage für ein neues Motiv in der menschlichen Kommunikation, das anderen Menschenaffen nicht zur Verfügung steht (siehe jedoch Crockford et al., 2011, zu einer möglichen Ausnahme), nämlich das Motiv, dem anderen zu helfen, indem man ihn über Situationen informiert, die für ihn relevant sind. Die Entstehung dieses Motivs wurde durch die Tatsache unterstützt, daß im Kontext einer gemeinsamen kooperativen Tätigkeit direktive Kommunikation und informative Kommunikation sich nicht klar voneinander unterscheiden – weil die individuellen Motive der Partner so eng miteinander verwoben sind. Wenn wir beispielsweise zusammen Honig sammeln und Sie mit Ihrer Rolle Schwierigkeiten haben, kann ich auf einen Stock zeigen, was ich Ihnen gegenüber als Direktive meine, daß sie ihn benutzen sollen, oder ich kann alternativ dazu auf den Stock zeigen und damit nur die Absicht verbinden, Sie über sein Vorhandensein zu informieren – weil ich weiß, daß Sie ihn höchstwahrscheinlich benutzen werden wollen, wenn Sie ihn sehen. Wenn wir zusammen auf ein gemeinsames Ziel hinarbeiten, funktioniert beides, weil unsere Interessen so eng aufeinander abgestimmt sind.

Der Vorschlag im Hinblick auf den Evolutionsprozeß ist daher, daß die ersten Akte kooperativer Kommunikation der Frühmenschen Zeigegesten bei gemeinsamen kollaborativen Tätigkeiten waren und daß diesen ein Kommunikationsmotiv zugrunde lag, das noch nicht zwischen Auffordern und Informieren ausdifferenziert war. Aber an einem bestimmten Punkt begannen die Frühmenschen, ihre wechselseitige Abhängigkeit von anderen zu verstehen, und zwar nicht nur während der Zusammenarbeit, sondern auch in einem allgemeineren Sinne: Wenn mein bester Partner heute abend hungrig ist, sollte ich ihm helfen, damit er für die morgige Nahrungssuche in guter Verfassung sein wird. Und außerhalb gemeinschaftlicher Tätigkeiten wird der Unterschied zwischen der Situation, in der ich von Ihnen zu meinem Vorteil Hilfe erbitte, und der Situation, in der ich Sie zu Ihrem Vorteil über Dinge nutzbringend informiere, kristallklar. Und so bildeten sich für die Frühmenschen zwei unterschiedliche Motive für ihre deiktische Kommunikation, ein Aufforderungs- und ein Informationsmotiv, die jeder sowohl verstand als auch hervorbrachte.

Wenn Menschenaffen in Experimenten zusammenarbeiten, gibt es so gut wie überhaupt keine intentionale Kommunikation irgendeiner Art (z. B. Melis et al., 2009; Hirata, 2007; Povinelli und O'Neill, 2000). Wenn Menschenaffen miteinander in anderen Kontexten kommunizieren, ist diese Kommunikation immer direktiv (Call und Tomasello, 2007; Bullinger et al., 2011c). In krassem Gegensatz dazu benutzen kleine Kinder, sobald sie sinnvoll mit anderen zusammenarbeiten können, also im Alter von etwa vierzehn bis achtzehn Monaten, die Zeigegeste, um ihre gemeinsame Tätigkeit zu koordinieren (z. B. Brownell und Carriger, 1990; Warneken et al., 2006, 2007) – wobei es wieder eine aufschlußreiche Doppeldeutigkeit mit Bezug auf die Frage gibt, ob ihr Motiv Aufforderungs- oder Informationscharakter hat. Aber auch außerhalb gemeinschaftlicher Tätigkeiten zeigen bereits zwölf Monate alte Kinder manchmal einfach auf etwas, um andere über solche Dinge wie etwa den Ort eines gesuchten Gegenstands zu informieren. Beispielsweise brachten Liszkowski et al. (2006, 2008) zwölf Monate alte Kinder in unterschiedliche Situationen, in denen sie beobachteten, wie ein Erwachsener einen Gegenstand falsch plazierte oder ihn auf irgendeine Weise aus den Augen verlor und anschließend nach ihm zu suchen begann. In diesen Situationen zeigten die Kleinkinder auf den gesuchten Gegenstand (häufiger als auf ablenkende Gegenstände, die auf dieselbe Weise falsch plaziert wurden, die der Erwachsene aber nicht brauchte), ohne auch nur im geringsten zu signalisieren, daß sie den Gegenstand für sich selbst haben wollten (kein Quengeln, keine Greifversuche usw.). Die Kleinkinder wollten einfach dem Erwachsenen helfen, indem sie ihn über den Ort des gesuchten Gegenstands informierten.

Die Entstehung des informativen Kommunikationsmotivs neben dem allgemeinen direktiven Motiv der Menschenaffen hatte drei wichtige Konsequenzen für die Evolution des einzigartig menschlichen Denkens. Erstens führte das Informationsmotiv die Kommunizierenden dazu, eine Verpflichtung einzugehen, die anderen über Dinge ehrlich und genau, das heißt wahrheitsgemäß, zu informieren. Anfangs bei gemeinschaftlichen Tätigkeiten, dann aber auch ganz allgemein (als die wechselseitige Abhängigkeit der Menschen sich auf Bereiche außerhalb der gemeinschaftlichen Tätigkeiten ausdehnte) verpflichteten sich die einzelnen in der Regel darauf, mit anderen immer ehrlich zu kommunizieren, wenn sie als kooperativ angesehen werden wollten. Natürlich können Sie dennoch lügen: Sie zeigen aus einem selbstsüchtigen Motiv auf eine Stelle, wo ich Ihrem Wunsch gemäß nach meinem Speer suchen soll, obwohl er gar nicht dort ist. Aber Lügen funktioniert nur dann, wenn es überhaupt erst eine wechselseitige Annahme von Kooperativität und Vertrauen gibt: Sie lügen nur, weil Sie wissen, daß ich Ihrer Information als einer wahrheitsgemäßen vertrauen und entsprechend handeln werde. Es ist immer noch eine Strecke zurückzulegen, bevor man zur Wahrheit als »objektivem« Merkmal sprachlicher Äußerungen gelangt (siehe Kapitel 4). Aber wenn wir die Ursprünge der Verpflichtung von Menschen, die Welt richtig und unabhängig von jeglichem selbstsüchtigen Zweck zu beschreiben, erklären wollen, dann ist der Ausgangspunkt die Verpflichtung, andere über Dinge ehrlich zu informieren, zu *ihrem* und nicht zu *unserem* Vorteil. Der Begriff der Wahrheit fand nicht mit dem Aufkommen individueller Intentionalität und ihrem Fokus auf der Genauigkeit des Informationserwerbs Eingang in die Psyche des Menschen, sondern vielmehr mit dem Aufkommen gemeinsamer Intentionalität und ihrem Fokus auf der kooperativen Kommunikation mit anderen.[4]

Die zweite wichtige Konsequenz dieser neuen kooperativen Kommunikationsweise war, daß daraus eine neue Art von Schlußfolgerung entstand, nämlich eine Relevanzschlußfolgerung. Der Empfänger eines kooperativen Kommunikationsakts stellt sich folgende Frage: Vorausgesetzt, daß wir beide wissen, daß er mir zu helfen versucht: Warum glaubt er, daß ich die Situation, die er mir anzeigt, für *meine* Anliegen relevant finde? Betrachten wir Menschenaffen. Wenn ein Mensch auf etwas Futter am Boden zeigt und schaut, werden Affen der Zeigegeste und dem Blick auf das Futter folgen und es dann nehmen – hier sind keine Schlußfolgerungen nötig. Wenn aber das Futter in einem von zwei Eimern versteckt ist (und der Affe weiß, daß es sich nur in einem von beiden befindet) und ein Mensch dann auf einen Eimer zeigt, sind die Affen ohne Anhaltspunkt (siehe Tomasello, 2006, zu einer Übersicht). Menschenaffen folgen zwar der Zeigegeste und dem Blick des Menschen auf den Eimer, aber dann ziehen sie nicht den scheinbar folgerichtigen Schluß, daß der Mensch ihre Aufmerksamkeit dorthin lenkt, weil er meint, daß das irgendwie für ihre gegenwärtige Suche nach dem Futter relevant ist. Sie ziehen diese Relevanzschlußfolgerung deshalb nicht, weil es ihnen nicht in den Sinn kommt, daß der Mensch versucht, sie nutzbringend zu informieren – da die Kommunikation von Menschenaffen immer direktiv ist –, und das bedeutet, daß sie völlig desinteressiert daran sind, warum der Mensch auf einen der beiden langweiligen Eimer zeigt. Es ist wichtig zu sehen, daß die Menschenaffen durchaus auch Schlüsse aus dem menschlichen Verhalten ziehen können. Wenn ein Mensch zuerst eine Konkurrenzsituation mit ihnen arrangiert und dann verzweifelt nach einem der beiden Eimer greift, wissen Menschenaffen sofort, daß das Futter in diesem Eimer sein muß (Hare und Tomasello, 2004). Sie ziehen den konkurrenzbezogenen Schluß: »Er will in diesen Eimer hineingreifen; deshalb muß das Futter darin sein.« Aber sie ziehen nicht den kooperativen Schluß: »Er will, daß ich erkenne, daß das Futter in diesem Eimer ist.«

Dieses Verhaltensmuster steht in ausgesprochenem Kontrast zu dem Verhalten von Kleinkindern. In derselben Situation vertrauen vorsprachliche Kleinkinder schon in einem Alter von zwölf Monaten darauf, daß der Erwachsene sie auf etwas hinweist, was für ihre gegenwärtige Suche relevant ist – sie verstehen das Informationsmotiv –, und deshalb wissen sie sofort, daß der Eimer, auf den der Erwachsene zeigt, derjenige ist, der die Belohnung enthält (Behne et al., 2005, 2012). Die wechselseitige Annahme der Kooperativität in solchen Situationen ist für Menschen so natürlich, daß sie spezielle Signale entwickelt haben – ostensive Signale wie zum Beispiel Augenkontakt und das stimmliche Ansprechen des anderen –, mit deren Hilfe der Kommunizierende dem Empfänger gegenüber hervorhebt, daß er eine relevante Information für ihn hat. Nehmen wir als Beispiel für diese Entwicklung an, daß ich Ihnen bei einer gemeinschaftlichen Nahrungssuche mit Hilfe von Augenkontakt und einer erregten Vokalisierung Beeren an einem Busch zeige. Sie schauen und sehen zwar den Busch, aber auf Anhieb keine Beeren. Also stellen Sie sich die Frage: Warum meint er, daß dieser Busch für mich relevant ist? – und dadurch halten Sie intensiver nach etwas Ausschau, das tatsächlich relevant ist – und so entdecken Sie die Beeren. Als Kommunizierender weiß ich, daß Sie als Empfänger diesen Prozeß genau dann durchlaufen werden, wenn Sie mich so verstehen, daß ich Ihre Aufmerksamkeit kooperativ lenken möchte, und daher will ich sicherstellen, daß Sie wissen, daß ich das tue. Deshalb will ich nicht nur, daß Sie erkennen, daß es hier Beeren gibt, sondern ich will auch, daß Sie erkennen, daß ich will, daß Sie dies erkennen (Grice, 1957; Moore, im Druck). Indem ich mich ostensiv und auf der Grundlage unserer gegenseitigen Erwartungen an Sie wende, sage ich eigentlich »Sie werden dies wissen wollen« – und Sie wollen es wissen, weil Sie darauf vertrauen, daß ich Ihre Interessen im Sinn habe.

Die dritte und letzte Konsequenz dieser neuen kooperativen Kommunikationsweise war, daß jetzt zumindest in aufkeimender Form eine Unterscheidung zwischen der kommunikativen Kraft – was deutlich in auffordernden und informativen Intonationen zum Ausdruck kommt – und dem situationalen oder propositionalen Inhalt, wie er von der Zeigegeste angedeutet wird, entstand. (NB: Das bedeutet, daß Frühmenschen zu diesem Zeitpunkt ihren stimmlichen Ausdruck von Emotionen willentlich auf eine Weise gesteuert haben müßten, wie es Affen nicht tun.) Die Frühmenschen konnten jetzt mit einem von zwei verschiedenen Motiven, die durch die Intonation ausgedrückt wurden, auf Beeren an einem Busch zeigen: entweder eine insistierende auffordernde Intonation in der Hoffnung, daß der Empfänger ein paar Beeren für den Kommunizierenden pflückt, oder eine neutrale Intonation, um den Empfänger nur über den Ort der Beeren zu informieren, so daß er ein paar für sich selbst pflücken kann. Somit haben wir jetzt eine klare Unterscheidung zwischen so etwas wie kommunikativer Kraft und kommunikativem Inhalt: Der kommunikative Inhalt ist das Vorhandensein der Beeren, und die kommunikative Kraft ist entweder auffordernd oder informierend. All dies ist natürlich implizit, und deshalb liegt immer noch eine Wegstrecke vor uns, bis wir die konventionalisierte und daher explizite Unterscheidung zwischen kommunikativer Kraft und Inhalt erreichen, die bei der konventionellen sprachlichen Kommunikation (siehe Kapitel 4) so wichtig ist. Aber die bahnbrechende Neuerung an dieser Stelle ist die relative Unabhängigkeit des referentiellen (situationalen, propositionalen) Inhalts von den Motiven oder Intentionen des Kommunizierenden, weshalb er die Aufmerksamkeit darauf lenkt.

Und so erzeugten die gemeinsamen kooperativen Tätigkeiten der Frühmenschen eine neue Motivationsinfrastruktur für ihre Kommunikation, eine kooperative Motivation, einander über Dinge ehrlich und nutzbringend zu informieren. Das motivierte dann die Empfänger zu erheblichen Inferenzbemühungen, um herauszufinden, warum der Kommunizierende meinte, daß sein Blick in eine bestimmte Richtung für ihre Anliegen relevant wäre, was dann die Kommunizierenden dazu motivierte kundzutun, wenn sie für einen Empfänger etwas Relevantes hatten. Und die Tatsache, daß jetzt zwei verschiedene Kommunikationsmotive möglich waren – ein aufforderndes und ein informierendes –, bedeutete, daß der situationale (propositionale) Inhalt des Kommunikationsakts begann, unabhängig von den besonderen intentionalen Zuständen des Kommunizierenden vorgestellt zu werden.

Das Motiv, bei der Kommunikation hilfreich und kooperativ zu sein, hatte in kognitiver Hinsicht zur Folge, daß die Kommunizierenden in der Lage sein mußten zu bestimmen, welche Situationen bei einer bestimmten Gelegenheit für einen Empfänger relevant waren. Umgekehrt mußten die Empfänger in der Lage sein, die intendierte Situation und ihre Relevanz für sie zu identifizieren, und zwar im wesentlichen dadurch, daß sie bestimmten, von welcher Situation, im Bereich seiner Zeigegeste, der Kommunizierende *meint*, sie sei bei dieser Gelegenheit für sie relevant oder interessant – und warum. Das Grundproblem ist, daß das, worauf der Kommunizierende gegenüber dem Empfänger hinweisen will – seine kommunikative Absicht[5] – eine ganze tatsachenartige Situation ist: daß es Bananen auf dem Baum gibt, daß keine Raubtiere im Baum sind und dergleichen. Aber der Zeigeakt – der ausgestreckte Finger – ist in allen Fällen derselbe. Das Rätsel lautet: Wie weist man den Empfänger auf unterschiedliche Situationen in derselben Wahrnehmungsszene hin?

Der Schlüssel zur Lösung dieses Rätsels ist, daß die Teilnehmer einer kommunikativen Interaktion gegenseitig die Relevanz des Kommunikationsakts für den Empfänger annehmen (Sperber und Wilson, 1996), und diese Relevanz steht immer in Beziehung zu etwas, das sich in unserem gemeinsamen Hintergrund befindet (Tomasello, 2008). Unabhängig von der Kommunikation ist eine Situation für Sie aus Ihren eigenen individuellen Gründen relevant. Damit ich jedoch Ihre Aufmerksamkeit bei der Kommunikation erfolgreich auf diese Situation lenken kann, müssen Sie wissen, daß ich weiß, daß sie für Sie relevant ist; tatsächlich müssen wir beide in unserer Gemeinsamkeit wissen, daß sie für Sie relevant ist. Die einfachste Situation liegt also vor, wenn wir gemeinschaftlich etwas tun, wobei die unmittelbare Gemeinsamkeit von unserem gemeinsamen Ziel erzeugt wird. Wenn wir beispielsweise den ganzen Tag erfolglos nach Bananen gesucht haben, werden Sie natürlich annehmen, daß meine Zeigegeste auf den Bananenbaum Sie auf die Tatsache hinweisen soll, daß es auf diesem Baum Bananen gibt. Wenn wir andererseits die Bananen erst vor einigen Minuten erspäht haben, aber ein Raubtier auf dem Baum war und wir deshalb abwarteten, und das Raubtier jetzt verschwunden zu sein scheint, dann werden Sie natürlich annehmen, daß ich Sie auf die Tatsache hinweise, daß jetzt kein Raubtier mehr auf dem Baum ist. Der gemeinsame Hintergrund und eine gegenseitige Relevanzannahme – was für Menschenaffen nicht möglich ist, weil sie sich einfach nicht an dieser Art von kooperativer Kommunikation beteiligen – ermöglichen es, daß sich Gedanken und Ansichten dort treffen, wohin der ausgestreckte Finger zeigt.

Der Analyse in Kapitel 2 zufolge sind relevante Situationen solche, die Individuen Chancen und/oder Hindernisse für die Erreichung ihrer Ziele und die Aufrechterhaltung ihrer Werte darbieten. Wenn ich also bei unserer Suche nach Früchten auf einen entfernten Bananenbaum zeige, würde es Ihnen nie in den Sinn kommen, daß ich auf das Vorhandensein der Blätter hinweisen könnte, selbst wenn Sie im Augenblick nichts anderes als Blätter sehen, da das Vorhandensein von Blättern in keiner Weise für das, was wir tun, relevant ist. Statt dessen werden Sie weiter dorthin schauen, bis Sie etwa einige Bananen hinter den Blättern sehen, deren Vorhandensein hochrelevant für unsere gemeinsame Tätigkeit ist. Eine andere Dimension dieses Prozesses besteht darin, daß nur die »neuen« Situationen in kommunikativer Hinsicht relevant sind, da auf gegenwärtig geteilte Situationen nicht hingewiesen zu werden braucht. Und so zeigte ich im oben erwähnten Beispiel, nachdem das Raubtier den Bananenbaum verlassen hatte, auf den Bananenbaum in der Absicht, die Situation der Abwesenheit des Raubtiers anzuzeigen, was Sie auch sofort erkannten. Wie könnte ich auf die Abwesenheit des Raubtiers hinweisen wollen und wie könnten Sie auf ebendiese Abwesenheit schließen, wenn das Vorhandensein der Bananen ebenfalls hochgradig relevant ist? Weil das Vorhandensein der Bananen bereits zu unserem gemeinsamen Hintergrund gehört und deshalb mein Hinweis darauf für Sie überflüssig wäre. Wenn ich hilfreich sein will, muß ich auf Situationen hinweisen, die neu für Sie sind, alles andere wäre müßig. Daher nehmen sowohl die Kommunizierenden als auch die Empfänger bei der menschlichen kooperativen Kommunikation in ihrem gemeinsamen Hintergrund wechselseitig an, daß die Kommunizierenden gegenüber den Empfängern auf Situationen hinweisen, die sowohl relevant als auch neu sind.

Es überrascht vielleicht, daß selbst Kleinkinder sich kompetent zeigen, wenn es darum geht, dem gemeinsamen Hintergrund entsprechend zu handeln, den sie mit spezifischen anderen Individuen teilen, und daß sie diesen Umstand nutzen, um die Relevanz sowohl beim Verstehen als auch beim Hervorbringen von Zeigegesten zu bestimmen. Beispielsweise ließen Liebal et al. (2009) ein einjähriges Kind und einen Erwachsenen zusammen aufräumen, wobei sie Spielzeuge aufsammelten und sie in einen Korb legten. An einer Stelle hielt der Erwachsene inne und zeigte auf ein Spielzeug, das das Kind dann in den Korb räumte. Wenn jedoch das Kleinkind und der Erwachsene genau auf dieselbe Weise aufräumten und ein zweiter Erwachsener, der diesen Kontext nicht geteilt hatte, das Zimmer betrat und in genau derselben Weise auf das Spielzeug zeigte, räumten die Kleinkinder das Spielzeug nicht in den Korb; meistens überreichten sie es ihm nur, vermutlich weil der zweite Erwachsene mit ihnen keinen Anteil am Aufräumspiel als gemeinsamem Hintergrund hatte. Die Interpretationen der Kleinkinder hingen also nicht von ihren eigenen gegenwärtigen egozentrischen Tätigkeiten und Interessen ab, die in beiden Fällen dieselben waren, sondern vielmehr von den jeweiligen Erfahrungen, die sie mit jedem der Erwachsenen, die Zeigegesten benutzten, teilten. (In einer anderen Untersuchung stellten Liebal et al. [2010] fest, daß Kleinkinder desselben Alters in Abhängigkeit von ihrem gemeinsamen Hintergrund mit dem Empfänger auch auf unterschiedliche Weise Zeigegesten produzierten.)

Kleinkinder im selben Altersspektrum machen auch Gebrauch von beiderseitigen Annahmen zur Neuheit, um zu bestimmen, was ein zeigender Erwachsener denkt, was relevant für sie sei. So ließen Moll et al. (2006) achtzehn Monate alte Kleinkinder mit einem Erwachsenen und einer Spielzeugtrommel spielen. Wenn ein neuer Erwachsener nach einer Weile das Zimmer betrat und begeistert auf die Trommel deutete, nahm das Kind an, er spreche über die tolle Trommel. Aber wenn der Erwachsene, mit dem zusammen sich das Kind gerade eben mit der Trommel vergnügt hatte, in genau derselben Weise erregt auf die Trommel zeigte, nahm das Kind nicht an, daß er von der Trommel begeistert war: Wie könnte er auch, schließlich ist das ja nichts Neues für uns. Vielmehr nahmen die Kinder an, daß die Begeisterung des Erwachsenen mit einer neuen Eigenschaft der Trommel zu tun haben mußte, die sie zuvor noch nicht bemerkt hatten, und daher richteten sie ihre Aufmerksamkeit auf einen neuen Aspekt, der sich beispielsweise auf der dem Erwachsenen zugewandten Seite der Trommel befand. Bei ihrer Produktion von Zeigegesten machen Kleinkinder ebenfalls Gebrauch von dieser Unterscheidung zwischen bereits geteilter und neuer Information. Als beispielsweise ein vierzehn Monate altes Kind wollte, daß seine Mutter seinen Hochstuhl an den Eßzimmertisch heranrückte, zeigte es bei einer Gelegenheit auf den Stuhl (weil sie beide ihre Aufmerksamkeit schon gemeinsam auf den leeren Raum am Tisch gelenkt hatten), während es bei einer anderen Gelegenheit auf den leeren Raum am Tisch zeigte (weil sie beide ihre Aufmerksamkeit schon gemeinsam auf den Stuhl gelenkt hatten) (Tomasello et al., 2007a). In beiden Fällen will das Kind genau dasselbe – daß sein Stuhl an den Tisch herangerückt wird –, aber um effektiv zu kommunizieren, nimmt es an, daß das Objekt, auf das sie beide fokussiert sind, schon Teil ihres gemeinsamen Hintergrunds ist, und daher deutet es auf denjenigen Aspekt der Situation, den die Mutter möglicherweise noch nicht bemerkt hat, das heißt auf den neuen Teil.[6]

Die Beteiligung an kooperativer (ostensiv-inferentieller) Kommunikation dieses Typs erfordert einige neue Typen des Denkens. Faktisch müssen alle drei Komponenten des Denkprozesses – Repräsentation, Schlußfolgerung und Selbstbeobachtung – sozialisiert werden.

Im Hinblick auf die Repräsentation ist die entscheidende Neuheit, daß beide an der kommunikativen Interaktion Beteiligten die jeweilige Perspektive des anderen auf die Situation und ihre Bestandteile repräsentieren müssen. So versucht beispielsweise der Kommunizierende, die Aufmerksamkeit des Empfängers auf eine der vielen möglichen Situationen zu lenken – tatsachenartige Repräsentationen –, die der gegenwärtigen Wahrnehmungsszene innewohnen (zum Beispiel, daß es Bananen auf dem Baum gibt, gegenüber der Tatsache, daß kein Raubtier auf dem Baum ist). Der Kommunikationsakt stattet die Szene für den Empfänger also mit einer Perspektive aus und ebenso die Bestandteile der Szene. Wenn wir beispielsweise eine Feuerstelle bauen, wird durch meinen Hinweis auf das Vorhandensein eines Holzscheits dieses Holzscheit für Sie als Feuerholz ausgewiesen. Wenn wir jedoch die Höhle aufräumen, macht mein Hinweis auf das

Vorhandensein desselben Holzscheits diesen für Sie zu Müll. Bei der Objektwahlaufgabe zeigt der Kommunizierende nicht auf den Eimer *als* physikalisches Objekt oder *als* Behälter zum Transport von Wasser, sondern vielmehr *als* einen Ort: Ich informiere Sie darüber, daß die Belohnung sich *da drin* befindet. Das kooperative Zeigen erzeugt somit verschiedene Konzeptualisierungen oder Auffassungen von Dingen. Diese kündigen die Fähigkeit sprachlicher Wesen an, ein und dieselbe Entität unter alternativen »Beschreibungen« oder »Aspektcharakteren« aufzufassen, was eines der Kennzeichen des begrifflichen Denkens von Menschen ist; aber das geschieht ohne die Verwendung irgendwelcher konventionellen oder symbolischen Vehikel mit artikuliertem semantischen Inhalt.

Im Hinblick auf Schlußfolgerungen ist der entscheidende Punkt, daß die Schlußfolgerungen, die bei der kooperativen Kommunikation benutzt werden, sozial rekursiv sind. Daher gibt es bei allem bisher Gesagten eine Art von hin- und herlaufendem Prozeß, bei dem die Individuen Schlüsse über die Intentionen des Partners gegenüber den eigenen intentionalen Zuständen ziehen. Bei der Objektwahlaufgabe zum Beispiel schließt die Empfängerin, daß der Kommunizierende *beabsichtigt*, daß sie (die Empfängerin) *erkennt*, daß das Futter in diesem Eimer ist – eine sozial rekursive Schlußfolgerung, die Menschenaffen offenkundig nicht ziehen. Diese Schlußfolgerung erfordert jedenfalls einen abduktiven Sprung, der etwa folgendermaßen aussieht: Seine Zeigegeste in Richtung des ansonsten langweiligen Eimers wäre sinnvoll (das heißt, sie würde zum gemeinsamen Hintergrund passen, relevant und neu sein), wenn es der Fall ist, daß er *beabsichtigt*, daß ich *erkenne*, wo die Belohnung ist. Der Kommunizierende versucht seinerseits, dem Empfänger dabei zu helfen, diesen abduktiven Sprung auf geeignete Weise zu vollziehen. Zu diesem Zweck muß der Kommunizierende zumindest in vielen Situationen eine Art von Simulation oder Denken vollziehen, indem er sich vorstellt, wie das Zeigen in eine bestimmte Richtung den Empfänger dazu führen wird, eine bestimmte abduktive Schlußfolgerung vorzunehmen. Wenn ich in diese Richtung zeige, welche Schlüsse wird er über meine Absichten mit Blick auf seine intentionalen Zustände ziehen? Und wenn er dann seine abduktive Schlußfolgerung vornimmt, kann der Empfänger potentiell berücksichtigen, daß der Kommunizierende berücksichtigt, was für eine Art von Schlußfolgerung der Empfänger wahrscheinlich über seine kommunikativen Absichten vornimmt. Und so weiter.

Im Hinblick auf die Selbstbeobachtung schließlich ist entscheidend, daß die Fähigkeit, sich auf diese Art kommunikativ zu betätigen, von den Individuen eine neue Weise der Selbstbeobachtung erfordert. Im Gegensatz zur kognitiven Selbstbeobachtung der Menschenaffen war diese neue Weise sozial. Konkret: Wenn ein Individuum mit einem anderen kommunizierte, stellte es sich zugleich auch selbst in der Rolle des Empfängers vor, der versucht, den anderen zu verstehen (Mead, 1934). Und so entstand eine neue Art der Selbstbeobachtung, bei der die Kommunizierenden die Perspektive des Empfängers simulierten, um so zu überprüfen, ob der Kommunikationsakt gut formuliert und daher wahrscheinlich auch verstanden wurde. Das hat eine gewisse Ähnlichkeit mit der Sorge um das Selbstbild, das für die Frühmenschen charakteristisch war (was oben bei der Erörterung der Zusammenarbeit festgehalten wurde), wobei die Individuen simulieren, wie sie von anderen für ihre Kooperativität beurteilt werden – nur daß in diesem Fall die Verständlichkeit bewertet wird. Es gilt zu beachten, daß diese beiden Arten der Selbstbeobachtung »normativ« im zweitpersonalen Sinne sind: Der Akteur bewertet sein eigenes Verhalten aus Sicht dessen, wie andere soziale Akteure es bewerten werden. Von diesem Prozeß sagt Levinson (1995, S. 411): »Es gibt einen außergewöhnlichen Wandel in unserem Denken, wenn wir mit der Absicht zu handeln beginnen, daß die Handlungen der anderen sich mit unseren eigenen koordinieren sollen – dann müssen wir unsere Handlungen so gestalten, daß sie offensichtlich verständlich sind.«[7] Diese auf Verständlichkeit gerichtete soziale Selbstbeobachtung bei der kooperativen Kommunikation legt das Fundament für moderne menschliche Normen sozialer Rationalität, wobei soziale Rationalität bedeutet, sich einem Partner sinnvoll mitzuteilen.

Diese neuen Denkprozesse, die an der kooperativen Kommunikation beteiligt sind, werden von zwei Untersuchungen mit Kleinkindern schön illustriert. Die erste ist – vom Standpunkt des Kommunizierenden – eine Studie von Liszkowski et al. (2009) mit zwölf Monate alten Kindern. In dieser Studie spielte ein Erwachsener mit einem Kind ein Spiel, bei dem das Kind wiederholt einen bestimmten Gegenstand brauchte, der sich immer an derselben Stelle auf einem Teller befand. Irgendwann brauchte das Kind einen dieser Gegenstände, aber es war keiner da. Um einen zu bekommen, gelangten viele Kleinkinder zu der Strategie, dem Erwachsenen gegenüber auf den leeren Teller zu zeigen, das heißt auf den Ort, von dem beide gemäß ihrem gemeinsamen Hintergrund wußten, daß sich dort gewöhnlich diese Art von Gegenständen befindet. Um diesen Kommunikationsakt zu vollziehen, mußte das Kleinkind den Verstehensprozeß des Erwachsenen simulieren: Welchen abduktiven Schluß (über meine Absichten gegenüber seinen intentionalen Zuständen) wird er ziehen, wenn ich auf den Teller zeige? Daß es sich hier nicht um eine einfache Assoziation handelt, wird durch die Tatsache nahegelegt, daß Schimpansen, die zu assoziativem Lernen vollkommen in der Lage sind, bei gleichem Arrangement keinerlei Versuche unternahmen, die Aufmerksamkeit des Menschen auf den leeren Teller zu lenken (obwohl sie in derselben Studie Zeigeversuche in anderen Kontexten unternahmen). Die Kinder simulierten die Schlußfolgerungen des Erwachsenen über ihre auf seine intentionalen Zustände gerichteten Absichten.

Um den Prozeß noch eindrücklicher und vom Standpunkt des Verstehens zu illustrieren, können wir das Phänomen der »Markiertheit« betrachten. Bei manchen Gelegenheiten kann ein Kommunizierender etwas an seinem Kommunikationsakt als ungewöhnlich markieren (etwa via Intonation), so daß der Empfänger nicht den üblichen Schluß zieht, sondern einen anderen. Beispielsweise ließen Liebal et al. (2011) einen Erwachsenen und ein zweijähriges Kind wieder Spielzeuge in einen großen Korb räumen. Wenn der Erwachsene beim normalen Verlauf der Ereignisse auf eine mittelgroße Kiste auf dem Boden zeigte, faßte das Kind diese Geste so auf, daß es diese Kiste auch in den Korb räumen sollte. Aber in einigen Fällen zeigte der Erwachsene mit blitzenden Augen und einer Art insistierender Zeigegeste gegenüber dem Kind auf die Kiste, was offensichtlich nicht die übliche Weise war. Der Erwachsene beabsichtigte eindeutig etwas, das von der Norm abwich. In diesem Fall blickten viele Kinder den Erwachsenen verwirrt an, öffneten dann aber die Kiste und schauten, was sich darin befand (und räumten dann *das* auf). Die einfachste Interpretation dieses Verhaltens ist, daß das Kind verstand, daß der Erwachsene antizipiert hatte, wie es eine normale Zeigegeste auffassen würde, was er aber nicht wollte. Deshalb markierte er seine Zeigegeste so, daß es dazu motiviert wurde, nach einer anderen Interpretation zu suchen. Hier denkt also das Kind darüber nach, was der Erwachsene denkt, was das Kind über sein Denken denkt.

Und daher ist die Art des Denkens, die bei der menschlichen kooperativen Kommunikation vor sich geht, insofern etwas evolutionär Neues, als es perspektivisch und sozial rekursiv ist. Die Individuen müssen denken (simulieren, sich vorstellen, Schlüsse darüber ziehen), wie ihre Kommunikationspartner über ihr Denken denken (es simulieren, es sich vorstellen, Schlüsse darüber ziehen) – allermindestens. Menschenaffen zeigen keine Anzeichen für solche Schlüsse, und ihre Unfähigkeit, auch nur die einfachsten Akte des kooperativen Zeigens zu verstehen, zum Beispiel bei der Objektwahlaufgabe (obwohl sie im selben Aufgabenkontext nichtrekursive Schlüsse ziehen), liefert einen positiven Beleg dafür, daß sie das nicht tun. Das menschliche Denken bei der kooperativen Kommunikation beinhaltet auch eine neue Art der Selbstbeobachtung, bei der der Kommunizierende sich vorstellt, welche Perspektive der Empfänger auf seine Intentionen hinsichtlich der Intentionen des Empfängers einnimmt – und sich daher vorstellt, wie letzterer diese Intentionen verstehen wird. Alles in allem haben wir an dieser Stelle in unserer Evolutionsgeschichte menschlicher Kommunikation Individuen, die versuchen, ihre intentionalen Zustände und damit auch ihre Handlungen zu koordinieren, indem sie einander auf neue und relevante Situationen hinweisen. Das beruht darauf, daß sie einen gewissen Grad und einen gewissen Typ von gemeinsamem Hintergrund haben, und es erfordert außerdem, daß die Interagierenden eine Reihe von wechselseitig miteinander verschränkten und sozial rekursiven Schlußfolgerungen über die Perspektiven und intentionalen Zustände des jeweils anderen vornehmen.

Über die Zeigegeste hinaus besteht die zweite Form der »natürlichen« Kommunikation, die Menschen verwenden, in spontan generierten, nichtkonventionellen ikonischen Gesten bzw. im Gebärdenspiel. Diese Gesten werden benutzt, um die Vorstellung anderer auf abwesende Entitäten, Handlungen oder Situationen zu lenken. Ikonische Gesten gehen über die einfache deiktische Lenkung der Aufmerksamkeit auf Situationen etwa durch Zeigegesten hinaus, indem sie eine Entität, Handlung oder Situation tatsächlich durch ein externes ikonisches Zeichen symbolisieren. Ikonische Gesten sind »natürlich«, weil sie sich in der Regel effektiver intentionaler Handlungen bedienen, nur eben auf besondere Weise. Der sie beobachtende Empfänger kann sich auf dieser Grundlage die wirklichen Handlungen oder Gegenstände vorstellen, die der Kommunizierende pantomimisch darstellt, und dann im Kontext ihres gemeinsamen Hintergrunds entsprechende Schlüsse auf dessen kommunikative Absichten ziehen. Beispiele für den informativen Gebrauch ikonischer Gesten wären: vor einer Schlange warnen, die sich in der Nähe befindet, indem man mit der Hand eine Schlängelbewegung macht, von einem Hirsch am Wasserloch erzählen, indem man auf dem eigenen Kopf ein Geweih (oder die Töne, die er von sich gibt) nachahmt, oder den Aufenthaltsort eines Freundes angeben, indem man sein Schwimmen pantomimisch darstellt. Mit dem geeigneten gemeinsamen Hintergrund sind solche Gesten auf sehr effektive Weise in der Lage, etwas über alle möglichen abwesenden Situationen mitzuteilen.

Es gibt keine nichtmenschlichen Primaten, die ikonische Gesten oder Vokalisierungen benutzen. Den Großen Menschenaffen wäre es leicht möglich, mit ihren Händen so zu gestikulieren, wie Menschen es machen, um Essen oder Trinken nachzuahmen, aber sie tun es nicht.[8] Tatsächlich verstehen Menschenaffen nicht einmal ikonische Zeichen. In einem abgewandelten Objektwahlexperiment hielt ein Mensch eine Kopie desjenigen Gegenstands hoch, unter dem Futter versteckt war. Zweijährige Kinder wußten dies so zu deuten, daß man bei dem ähnlich aussehenden Gegenstand suchen sollte, während Schimpansen und Orang-Utans dazu nicht in der Lage waren

(Tomasello et al., 1997; Herrmann et al., 2006). In derzeit noch laufenden Untersuchungen haben wir versucht, Menschenaffen ikonische Gesten in Situationen zu entlocken, in denen es ihnen nützen würde, wenn sie es täten (zum Beispiel einem Menschen zu zeigen, wie er für sie Futter aus einer Vorrichtung entnehmen könnte, von der nur sie wußten, wie man sie bedient), aber bislang ohne Erfolg. Vermutlich verstehen Menschenaffen ikonische Gesten deshalb nicht, weil sie nicht verstehen, daß der Kommunikationsakt ostensiv als »für dich« (kooperativ) markiert ist. Wenn Affen sehen, wie jemand auf eine Nuß hämmert, wissen sie durchaus, was er tut, aber wenn sie sehen, wie er eine hämmernde Bewegung in Abwesenheit eines Steins oder einer Nuß macht, sind sie einfach verwirrt. Um ikonische Gesten zu verstehen, muß man in der Lage sein, intentionale Handlungen außerhalb ihrer gewöhnlichen instrumentellen Kontexte als Kommunikationsakte zu verstehen – weil sie von dem Kommunizierenden durch verschiedene Arten ostensiver Signale als solche markiert werden (etwa durch Blickkontakt). In Erweiterung einer auf Als-ob-Handlungen bezogenen Analogie von Leslie (1987) können wir sagen, daß die sonderbare Handlung von der unmittelbaren Interpretation als instrumentelle Handlung »abgeschirmt« werden muß, indem sie als »nur für Kommunikationszwecke« markiert wird.

Um eine ikonische Geste hervorzubringen, muß ein Individuum in der Lage sein, mit seinem Körper eine Handlung zu vollziehen, die einer wirklichen Handlung (oder einem Gegenstand) »ähnelt«. Vermutlich leitet sich die Fähigkeit dazu von der Fähigkeit zur Imitation ab, worin Menschen im Vergleich zu anderen Menschenaffen besonders geschickt sind (Tennie et al., 2009). Irgendwie brachten es die Frühmenschen fertig zu verstehen, daß das Imitieren einer Handlung, nicht ihr wirklicher Vollzug, sondern ein Vollzug mit einer ostensiven kommunikativen Absicht (die man handelnd simuliert), einen Empfänger dazu bringen könnte, sich alle möglichen Arten referentieller Situationen vorzustellen, die nicht in der Wahrnehmungsszene enthalten sind. Ein potentiell bedeutender sozialer Kontext in diesem Zusammenhang ist das Unterrichten, das den evolutionären Vorteil besitzt, daß die Urszene einen Erwachsenen darstellt, der seine Nachkommen unterweist. Csibra und Gergely (2009) sprechen diesbezüglich von »natürlicher Pädagogik« und erläutern sie mit Verweis auf deren enge Verbindung zur kooperativen Kommunikation. Die elementarste Form natürlicher Pädagogik ist die Demonstration: Man zeigt jemandem, wie etwas gemacht wird, indem man es entweder unmittelbar tut oder auf irgendeine Weise pantomimisch darstellt. Und wie die Kommunikation wird die Handlung nicht um ihrer selbst willen vollzogen, sondern zum Vorteil des Beobachters oder des Lernenden. Die Kommunikation durch ikonische Gesten erfordert daher sowohl ein Verständnis ostensiver Kommunikation als auch eine gewisse Fähigkeit, Handlungen zu imitieren.

Zu beachten ist, daß ikonische Gesten das Bezugsobjekt oder die Bezugshandlung zwar ganz wahrheitsgetreu wiedergeben können, daß es aber auch, wie bei Zeigegesten, einen großen inferentiellen Sprung zur zugrundeliegenden kommunikativen Absicht geben kann. Um daher die Lücke zu schließen, sind wie im Falle der Zeigegesten ein gemeinsamer Hintergrund und beiderseitige Annahmen mit Bezug auf Kooperation und Relevanz erforderlich. Wenn ich Ihnen gegenüber die Bewegung einer Schlange nachahme, während wir uns einer Höhle nähern, und Sie nicht wissen, daß Schlangen häufig in Höhlen anzutreffen sind, dann könnten Sie sich fragen, warum ich meine Hand auf diese Weise hin- und herbewege. In der zeitgenössischen Welt beobachteten wir vor kurzem ein kleines Mädchen, das durch die Sicherheitskontrolle am Flughafen ging. Der Sicherheitsbeamte, der sie mit seinem Stab scannte, machte mit seiner Hand eine kreisförmige Bewegung, um ihr mitzuteilen, daß sie sich umdrehen sollte, damit er ihre Rückseite scannen konnte. Sie starrte ihn an und begann langsam, ihre Hand auch kreisförmig zu bewegen – sie verstand nicht, daß die Hand des Sicherheitsbeamten ihren Körper repräsentieren sollte. Offensichtlich gehörten Sicherheitskontrollen am Flughafen nicht zu ihrem gemeinsamen Hintergrund.

Während es nur eine elementare Zeigegeste gibt,[9] gibt es unzählige mögliche ikonische Gesten – vielleicht eine »abzählbare Unendlichkeit«. Bei ikonischen Gesten gibt es mehr oder weniger eine Eins-zu-eins-Entsprechung von Gesten und intendiertem Bezugsobjekt, oder zumindest kann es eine solche geben (obwohl typischerweise nur ein Aspekt einer intendierten Bezugssituation nachgeahmt wird). Das bedeutet, daß ikonische Gesten eine Art von semantischem Inhalt haben, auch wenn dieser nicht konventionell ist. Ist der entsprechende gemeinsame Hintergrund gegeben, kann ich Ihnen mit Zeigegesten im Prinzip die Form, die Größe oder das Material eines Papierstücks zu verstehen geben, aber die jeweils einzigartige Perspektive ist nicht in irgendeiner Form »im« ausgestreckten Finger selbst enthalten (siehe Wittgensteins [1955] scharfsinnige, wenn auch kryptische Erörterung dieses Problems). Bediente ich mich statt dessen ikonischer Gesten, würde ich Ihnen gegenüber die Form, die Größe oder das Material eines Papierstücks darstellen – oder daß ich möchte, daß Sie auf das Papier schreiben oder es wegwerfen –, indem ich jeden dieser verschiedenen Aspekte oder jede dieser Handlungen mit verschiedenen ikonischen Gesten beschreibe. Das bedeutsame neue Merkmal ikonischer Gesten ist also, daß die verschiedenen Perspektiven auf Dinge und Situationen, die beim Zeigen nur implizit sind, jetzt offen durch externe symbolische Träger mit semantischem Inhalt ausgedrückt werden.

Im Zusammenhang damit ist zu bemerken, daß die überwältigende Mehrheit kommunikativer Konventionen bei einer natürlichen Sprache Kategoriebegriffe sind. Das heißt, daß Gattungsnamen und die meisten Verben für die Bezugnahme auf Kategorien von Entitäten konventionalisiert sind, wie zum Beispiel *Hund* und *beißen*, was bedeutet, daß wir, um auf einen bestimmten Hund oder ein bestimmtes Vorkommnis von Beißen Bezug zu nehmen, irgendeine pragmatische Verankerung vornehmen müssen (wie etwa durch *er* oder *mein Hund* oder *der Hund von nebenan* im Falle von Substantiven; oder durch Tempus- und Aspektmarker, wie bei *beißt* oder *biß* im Fall von Verben). Ikonische Gesten sind bereits Kategoriebegriffe, weil sie den Empfänger auffordern, sich etwas »wie dieses« vorzustellen. (Es ist auch möglich, auf ein Individuum durch ikonische Gebärden Bezug zu nehmen – etwa indem man seine idiosynkratischen Eigenarten nachahmt –, und daher ist die Unterscheidung zwischen Gattungs- und Eigennamen in dieser Modalität zumindest im Prinzip möglich.) Die kategoriale Dimension ist mit einer Perspektive in dem Sinne verknüpft, daß zwar die Bezeichnung einer Person als Bill oder Mr. Smith nicht perspektivisch ist, weil das keine Kategoriebegriffe sind; ihn als Vater oder Mann oder Polizist zu bezeichnen ist jedoch perspektivisch, weil es ihn »unter eine Beschreibung« bringt, das heißt ihn bei verschiedenen Gelegenheiten für verschiedene Kommunikationszwecke auf verschiedene Weise »perspektiviert«.

Ikonische Gesten sind daher ein wichtiger Schritt auf dem Weg zu sprachlichen Konventionen, da sie symbolisch sind, einen semantischen Gehalt haben und zumindest potentiell kategorial sind. Eine interessante Tatsache, die diesem Punkt Nachdruck verleiht, besteht darin, daß kleine Kinder, obwohl sie schon in einer frühen Phase ihrer Entwicklung einige ikonische Gesten verwenden, diese Gesten im Laufe des zweiten Lebensjahrs, wenn die Kinder sprechen lernen, in ihrer Häufigkeit zurückgehen, während das Zeigen im selben Zeitabschnitt an Häufigkeit zunimmt. Eine Hypothese ist, daß das Zeigen zunimmt, weil es nicht mit der Sprache konkurriert, sondern sie durch eine andere Funktion ergänzt. Als symbolische Vehikel mit semantischem Inhalt konkurrieren ikonische Gesten mit sprachlichen Konventionen, und sie verlieren diesen Wettkampf – aus vielen offensichtlichen Gründen –, der, von einigen wenigen außergewöhnlichen Umständen abgesehen, das Bedürfnis, spontane Gesten ad hoc zu erzeugen, verdrängt. Als evolutionäres Analogon würde man sich konventionelle Formen der Kommunikation vorstellen, die größtenteils die Nachfolge ikonischer Gesten antreten, während das Zeigen fortbestehen würde. Sowohl in der Evolution als auch in der Ontogenese könnte daher die Fähigkeit, aktuell nicht gegebene Situationen auszuagieren, potentiell auch bei anderen Funktionen wiederauftauchen, zum Beispiel bei Als-ob-Handlungen und anderen Formen der Fiktion (siehe Kasten 2).

Ikonische Gesten stellen also eine Art von Zwischenstadium bei der menschlichen Kommunikation und beim Denken dar, das eine Brücke schlägt von informativen und perspektivischen Zeigegesten für andere im Kontext eines gemeinsamen begrifflichen Hintergrunds zur konventionellen sprachlichen Kommunikation. Dieser Überbrückungsschritt beinhaltet äußere Formen symbolischer Repräsentation, die einen kategorisierten semantischen Gehalt haben. Trotzdem weisen ikonische Gesten fast immer eine potentiell problematische Mehrdeutigkeit der Perspektive auf. Wenn ich das Werfen eines Speers pantomimisch darstelle, wer soll ihn geworfen haben – ich, Sie oder jemand anderer? Natürlich wird das typischerweise durch den Kontext unseres gemeinsamen Hintergrunds festgelegt;

normalerweise ist klar, ob ich Sie auffordere, es zu tun, oder ob ich meinen Wunsch äußere, es zu tun, oder ob ich über die Tätigkeit unseres Freundes berichte. Aber in manchen Situationen – beispielsweise bei der Schilderung der Jagdereignisse am Morgen – könnte es unklar sein, wer den Speer geworfen hat. Die einzige Möglichkeit, diese Mehrdeutigkeit aufzulösen, liegt in weiteren Kommunikationsakten, die entweder deiktisch oder ikonisch sind. Und das führt uns zu der komplexesten Art und Weise, wie die Frühmenschen vor der Ausbildung konventioneller Sprachen durch natürliche Gesten kommunizierten: durch die Verknüpfung ihrer Gesten zu Ausdrücken, die aus mehreren Einheiten bestehen.

Kasten 2: Gebärdenspiel als Vorstellung im Raum

Die Kommunikation mit ikonischen Gesten und Gebärdenspiel könnte plausiblerweise zwei große und wichtige kognitive Konsequenzen gehabt haben. Die erste rührt von ihrem innigen Zusammenhang mit – und daher auch der Anregung von – Einbildungskraft und Als-ob-Handlungen her. Ikonische Gesten ermöglichen im Unterschied zu Zeigegesten die Bezugnahme auf Dinge, die räumlich und zeitlich immer weiter entfernt sind, und im Augenblick der Kommunikation müssen diese vorgestellt werden. Wenn ich gestikuliere, um Sie darüber zu informieren, daß es hinter dem Hügel eine gerade nicht zu sehende Antilope gibt, oder um Sie zu warnen, daß in dieser Höhle, die wir gerade betreten, Schlangen sind, oder um mitzuteilen, was uns auf unserem eben beendeten Jagdausflug zustieß, muß ich ganze Szenarien ausagieren, in denen einige der wichtigsten Akteure nicht einmal anwesend und die Handlungen entweder schon lange vergangen oder nur vorhergesagt sind.

Der Vorschlag lautet nun, daß das ikonische Gestikulieren sowohl von bereits vorhandenen Fertigkeiten der Einbildungskraft abhängt als auch diese Fertigkeiten weiter ausbaut. Während eine Schimpansin sich zwar vorstellen könnte, was sie am Wasserloch erwartet, sprechen wir jetzt über die Darstellung solcher vorgestellter Szenen gegenüber einer anderen Person in einer Art schauspielerischer Darbietung – die anhand unseres gemeinsamen Hintergrunds auf das Wissen und die Interessen des Empfängers zugeschnitten ist, so daß er in der Lage und motiviert sein wird zu verstehen. Die Annahme ist also nicht unvernünftig, daß Menschen immer leistungsfähigere Formen der Einbildungskraft entwickelt haben, um imstande zu sein, Szenen für andere aufzuführen – in einer Art gemeinsamer Übung der Vorstellungskraft. Tatsächlich sehen wir dieses Verhalten täglich bei ganz kleinen Kindern, wenn sie gegenüber einem Elternteil oder einem Gleichaltrigen so tun, als ob dieser Stock ein Pferd sei oder daß sie Superman wären. Die evolutionären Ursprünge des Als-ob-Spiels – die etwas mysteriös erscheinen könnten, weil seine Funktion nicht so offensichtlich ist – sind daher nach dem vorliegenden Modell im Gebärdenspiel als einer ernsthaften Kommunikationstätigkeit zu suchen. Bei modernen Menschen wurde das der Kommunikation dienende Gebärdenspiel durch die konventionelle Sprache ersetzt. Wenn Kinder eine konventionelle Sprache lernen, findet ihre Neigung, anderen durch die Generierung von Als-ob-Szenarien anhand von Gesten etwas mitzuteilen, sozusagen keine Anlaufstelle. Daher spielen sie mit dieser Fähigkeit und erschaffen zusammen mit anderen Als-ob-Szenarien im Sinne einer Als-ob-Tätigkeit, die keine andere Motivation hat. Eine Reihe von Forschern hat ebenfalls geltend gemacht, daß die Beschäftigung mit Als-ob-Handlungen eine Quelle für die Unterscheidung zwischen Erscheinung und Wirklichkeit ist (z. B. Perner, 1991), insofern ich X fiktiv aufführe, um das wirkliche X zu repräsentieren, sowie für kontrafaktisches Denken im allgemeinen (Harris, 1991).

Und so besteht der erste überraschende Effekt ikonischer Gesten darin, daß ihre Entstehung in der Evolution des Menschen zu Fertigkeiten des Ausagierens von Als-ob-Szenarien mit anderen und für andere führte, was die Grundlage für den Entwurf all der »imaginären« Situationen und Institutionen sein könnte, innerhalb deren sie sich bewegen. Zudem, und um unsere Geschichte etwas vorwegzunehmen, ist es ebenfalls vernünftig zu vermuten, daß die Schaffung dessen, was Searle (1995) kulturelle »Statusfunktionen« nennt, wie ein Vorsitzender oder ein Ehemann zu sein – und Papierstücke, die für Geld stehen (bzw. es tatsächlich konstituieren) –, ihre phylogenetischen und ontogenetischen Wurzeln im Als-ob-Spiel hat, bei dem Kinder einen Stock gemeinsam in den Status eines Pferdes erheben, was dem Stock besondere Kräfte verleiht, und zwar auf eine Weise, die der Erhebung einer Person zum Vorsitzenden sehr ähnlich ist (Rakoczy und Tomasello, 2007). Wenn das Denken im Grunde eine Form des Vorstellens ist, dann kann man die Bedeutung, die das an andere Menschen adressierte Vorstellen von Dingen, wie es in ikonischen Gesten verkörpert ist, für die Evolution und Entwicklung des einzigartig menschlichen Denkens hat, kaum überschätzen (Donald, 1991).

Der zweite kognitive Effekt ikonischer Gesten und des Gebärdenspiels ist noch spekulativer. Nahezu jeder, der die menschliche Kognition studiert, erkennt die überaus wichtige Rolle räumlicher Vorstellungen. Dafür gibt es zweifellos viele Gründe, von denen einige einfach mit der Bedeutung des Raums für die Primatenkognition im allgemeinen zu tun haben. Es ist beispielsweise bekannt, daß das episodische Gedächtnis enge Verbindungen zur räumlichen Kognition aufweist.

Aber in jüngerer Vergangenheit sind einige Theoretiker dieser Verbindung tiefer auf den Grund gegangen. Um mit der bahnbrechenden Arbeit von Lakoff und Johnson (1979) zu beginnen: Menschen sprechen bekanntlich recht häufig über abstrakte Situationen oder Entitäten auf metaphorische oder analogische Weise in Begriffen konkreter räumlicher Beziehungen. Einige Beispiele mögen genügen: Wir sprechen davon, daß wir Dinge in unsere Vorlesungen einfügen oder aus ihnen herausnehmen, wir fallen in Armut, wir sind auf dem Weg zum Erfolg, oder unsere Laufbahn führt in eine Sackgasse, oder ich bin außer mir, oder sie kommt wieder zur Vernunft usw., usf. Wir sprechen hier nicht bloß über oberflächliche Metaphern, sondern über ganz fundamentale Arten der Konzeptualisierung komplizierter und abstrakter Situationen. So identifizierte Johnson (1987) in seiner Nachfolgearbeit eine Reihe sogenannter Bildschemata, die unser Denken zu durchdringen scheinen, wie z. B. die Relation des *Enthaltens* (etwas in eine Vorlesung einfügen und etwas aus ihr herausnehmen), *Teil-Ganzes* (die Grundlage unserer Beziehung), *Verknüpfung* (wir stehen in Verbindung), *Hindernis* (mein Mangel an Bildung kommt meinem Sozialleben in die Quere) und *Pfad* (wir sind auf dem Weg zur Ehe). Selbst bei der Grammatik von Sprachen hat eine Reihe von Forschern die übermäßige Bedeutung des Raums bemerkt, wobei einige sogar so etwas wie »Raumgrammatiken« entwarfen. Ein Teil der frühen Arbeiten über die Beziehungen syntaktischer Fälle betonte ebenfalls, daß viele Kasusmarker historisch zuerst aus Wörtern für räumliche Beziehungen entstanden (Adpositionen verschiedener Art). Talmy (2003) hat ein menschliches System bildlicher Vorstellungen postuliert, das die Grammatik durch eine sehr starke räumliche Komponente strukturiert. Eines seiner zentralen Schemata ist beispielsweise das Schema der Kraftdynamik, bei dem Akteure Wirkungen bei anderen Entitäten verursachen (z. B. die Ängste der Investoren führten zum Börsencrash), und ein anderes besteht in verschiedenen Arten einer fiktiven Bewegung entlang von Pfaden. Er hat auch festgestellt, daß viele komplexe Beziehungen räumlich ausgedrückt werden, wobei topologische Beziehungen vorherrschen. In einem noch stärkeren Sinne nutzen konventionelle Zeichensprachen den Raum, um alle Arten grammatischer Beziehungen darzustellen, von der anaphorischen Referenz bis zur Kasusrolle (z. B. Liddel, 2003) – was wichtig ist, wenn die frühesten sprachlichen Konventionen der Menschen, wie wir hier annehmen, in der gestischen Modalität stattfanden.

Was die Ontogenese betrifft, so hat Mandler (2012) geltend gemacht und Belege dafür vorgelegt, daß die früheste Sprache von Kindern von einer Menge hauptsächlich räumlicher Bildschemata ermöglicht wird, wie z. B. Bewegung von Lebewesen, verursachte Bewegung, der Pfad der Bewegung, Hindernisse für Bewegungen, Enthaltensein usw. Diese bilden die begriffliche Grundlage für die frühe Rede von Kindern über Akteure, die etwas tun (Slobins [1985] Szene manipulierender Tätigkeit), und über Gegenstände, die sich irgendwohin bewegen (Slobins [1985] Figur-Hintergrund-Szene, in der Gegenstände sich entlang von Pfaden bewegen). Das sind die Dinge, über die Kinder zuerst sprechen, und grundlegende räumliche Beziehungen bei der Bewegung entlang von Pfaden spielen in allen Stadien eine bedeutende Rolle.

Die Spekulation ist also, daß zusätzlich zu zahlreichen anderen Gründen dafür, daß der Raum für die menschliche Kognition wichtig ist, ein entscheidend wichtiger Grund darin besteht, daß Menschen in einem frühen Stadium ihrer Evolution viele Dinge für andere durch ihre gestische Kommunikation in einem fiktiven Raum mit fiktiven Akteuren und Handlungen konzeptualisierten. Im Grunde ist die einzige Möglichkeit, viele Dinge in spontanen, nichtkonventionalisierten Gesten darzustellen, die Bezugsgegenstände und -ereignisse im Raum aufzuführen. Wenn wir also glauben, daß das menschliche Denken aufs engste mit der Kommunikation verknüpft ist – wie wir dazu gelangt sind, Dinge für andere zu konzeptualisieren –, dann könnte die Tatsache, daß wir das eine Zeitlang in unserer Geschichte durch Gebärdenspiel im Raum getan haben, viel dazu beitragen, die ungewöhnlich wichtige Rolle des Raumes für die menschliche Kognition zu erklären.

Die Großen Menschenaffen bringen keine neuen Kommunikationsfunktionen hervor, indem sie ihre Gesten, ihre Vokalisierungen oder ihre Gesten und Vokalisierungen miteinander kombinieren (Liebal et al., 2004; Tomasello, 2008). Aber Menschen tun das, einschließlich kleiner Kinder von den frühesten Stadien ihrer Kommunikationsentwicklung an und sogar Kinder, die überhaupt keinen Kontakt mit einer konventionellen Sprache hatten, gleichgültig ob es sich um eine Laut- oder eine Zeichensprache handelt (Goldin-Meadow, 2003).

Obwohl es keinen prinzipiellen Grund dafür gibt, warum jemand nicht verschiedene Zeigegesten aneinanderreihen könnte – und manche Individuen tun das wohl gelegentlich –, wird so etwas doch im allgemeinen nicht beobachtet. Sprachlernanfänger kombinieren ihre frühesten sprachlichen Konventionen mit Zeigegesten oder anderen Konventionen, und Personen, die anfangen, eine Gebärdensprache zu erlernen, bringen ikonische oder konventionelle Zeichen in Kombination mit Zeigegesten hervor (wie es auch Kinder tun, die überhaupt keinen Kontakt mit einer konventionellen Sprache hatten; Goldin-Meadow, 2003). Als ursprünglichen Kontext in der Evolution kann man sich leicht Situationen vorstellen, in denen ein Individuum etwas pantomimisch darstellt – etwa essen –, und dann unmittelbar danach, in einem zweiten Gedanken, auf ein bestimmtes Stück Nahrung zeigt – etwa die Frucht dort drüben (dieser Prozeß ist daher analog zu den »aufeinanderfolgenden Ein-Wort-Äußerungen« in der frühen Kindersprache oder zu den »gebrochenen« Äußerungen in Pidginsprachen). Aber dann wurden diese aufeinanderfolgenden Gedanken oder Intentionen durch einen Prozeß »mentaler Kombination« (Piaget, 1975) zu einem einzigen Gedanken oder zu einer einzigen Intention integriert und so als eine einzige Äußerung innerhalb einer einzelnen Intonationskontur ausgedrückt. Mit einigen minimalen Kategorisierungskompetenzen konnten die Individuen ein Schema bilden, das beispielsweise eine ikonische Geste für »essen« umfaßt, gefolgt von einem indexikalischen Hinweis auf irgend etwas Eßbares, entweder durch die Person selbst oder durch andere. Die Produktivität des Denkens würde auf diese Weise mit einem Gerüst versehen und durch dieses offene Kommunikationsschema gesteigert werden.

Es sollte betont werden, daß es bei der frühen menschlichen Kommunikation ebenso wie bei der Kindersprache wahrscheinlich eine funktionale Kontinuität zwischen verschiedenen Ausdrücken derselben referentiellen Intention gegeben hat, gleichgültig wie ihre interne Komplexität beschaffen war. Beispielsweise könnte man mitteilen, daß es Schlangen in der Höhle gibt, indem man eine schlangenartige Bewegung macht, wenn wir uns der Höhle nähern, oder indem man eine schlangenartige Bewegung mit einer Zeigegeste auf die Höhle kombiniert (z. B. wenn wir uns ihr nicht nähern) – wobei beides dieselbe kommunikative Absicht oder Funktion hätte. Die Kombination symbolischer und deiktischer Vehikel erzeugt nicht in erster Linie neue kommunikative Absichten, sondern zergliedert vielmehr die vorhandenen in ihre Bestandteile. Das bedeutet, daß eine einzelne Geste innerhalb einer Kombination typischerweise nur auf einen Aspekt einer Situation hindeutet. Während also die schlangenartige Bewegung bei der Annäherung an die Höhle mitteilen soll, daß es Schlangen in der Höhle gibt, weist diese schlangenartige Bewegung in Kombination mit einer Zeigegeste auf die Höhle (oder mit einer ikonischen Darstellung der Höhle) jetzt nur auf die Schlangen selbst hin, da auf die übrige Situation durch andere Kommunikationsmittel Bezug genommen wird. Dieser Fokus auf die Funktion und das Zerlegen von Situationen in Bestandteile mit unterschiedlichen Unterfunktionen ist für die hierarchische Struktur der menschlichen Kommunikation verantwortlich.

Mit der Kombination von Gesten haben wir jetzt auch die Möglichkeit, den Entwicklungsweg zur Subjekt-Prädikat-Struktur zu beschreiben, die für vollständige Propositionen charakteristisch ist.[10] Zwei Zutaten sind hier beteiligt, die beide schon in keimhafter Form in den Zeigegesten innerhalb gemeinschaftlicher Tätigkeiten vorhanden sind. Die erste Zutat ist die spezifische kognitive Unterscheidung zwischen Ereignissen und Mitspielern. Sogar Menschenaffen, die menschenähnliche Kommunikationsformen lernen, unterscheiden in ihren Zeichenkombinationen zwischen Ereignissen und Teilnehmern (siehe Tomasello, 2008, zu Belegen). Die zweite Zutat ist die Unterscheidung zwischen geteilter (oder gegebener) und neuer Information. Wie oben erwähnt, gibt es sogar beim Zeigen eine implizite Unterscheidung zwischen dem geteilten gemeinsamen Hintergrund, auf den typischerweise durch die Zeigegeste nicht speziell hingewiesen wird, und der neuen und beachtenswerten Situation, die deiktisch bezeichnet wird. Aber das ist alles implizit. Bei Kombinationen von Gesten geschieht es häufig, daß zunächst eines oder mehrere Zeichen benutzt werden, um Kontakt zum gemeinsamen Hintergrund herzustellen – typischerweise, um ihn als Perspektive oder »Thema« zu gebrauchen –, und dann durch ein anderes Zeichen die neue und interessante Information mitgeteilt wird. In vielen Situationen kann man sich vorstellen, daß man auf ein für die Wahrnehmung präsentes Bezugsobjekt zeigt – um sicherzustellen, daß es geteilt wird – und dann ikonisch einen Aspekt an ihm bezeichnet, von dem man meint, daß er für den Empfänger neu und beachtenswert ist.

Das Gesamtbild ist somit, daß die Frühmenschen ihre Zeige- und ikonischen Gesten sowohl einzeln als auch in Kombination gebrauchten, um viel komplexer und leistungsfähiger zu kommunizieren als ihre Primatenvettern. Diese neue Form der Kommunikation fand ursprünglich innerhalb gemeinschaftlicher Tätigkeiten statt, die für die Interagierenden sowohl die nötige gemeinsame begriffliche Grundlage als auch die nötigen Gelegenheiten für den Austausch von Rollen und Perspektiven mit ihrem Partner bereitstellten. Die kooperative Kommunikation der Frühmenschen durch natürliche Gesten erforderte daher beide Ebenen unserer Zwei-Ebenen-Konzeption gemeinsamer kooperativer Tätigkeiten: gemeinsame Ziele und Aufmerksamkeit als den geteilten Aspekt sowie individuelle Rollen und Perspektiven als den individuellen Aspekt. Und nichts davon erforderte eine Sprache. Die Tatsache, daß die Kommunizierenden Dinge für verschiedene Kommunikationspartner auf verschiedene Weise konzeptualisierten oder perspektivierten (je nach Beurteilung des gemeinsamen Hintergrunds, der Relevanz und der Neuheit) und daß die Empfänger dann die intendierten Perspektiven durch sozial rekursive Schlüsse verstanden, ist nicht das Ergebnis davon, daß man zu einem Sprachbenutzer geworden war, sondern vielmehr die Voraussetzung dafür.

Zweitpersonales Denken

Unser Ziel ist, zur vollen Entfaltung des objektiv-reflexiv-normativen Denkens im Kontext von Kultur und Sprache zu gelangen, das den modernen Menschen charakterisiert. Wir haben schon die halbe Strecke zurückgelegt. Mit den rekonstruierten Frühmenschen, die wir uns hier vorstellen, haben wir Wesen, die nicht nur wie die Großen Menschenaffen Strategien entwerfen, wie sie besser und schneller an mehr Nahrung oder Fortpflanzungspartner herankommen als andere, sondern die versuchen, ihre Handlungen und intentionalen Zustände mit anderen durch evolutionär neue Formen gemeinschaftlicher Tätigkeit und kooperativer Kommunikation zu koordinieren. Sie strukturieren ihre Handlungen nicht nur durch individuelle Intentionalität; sie strukturieren sie auch durch gemeinsame Intentionalität. Und das veränderte die Art und Weise, wie sie sich die Welt vorstellten, damit sie sie in Akten des Denkens manipulieren konnten.

Perspektivische, symbolische Repräsentationen

Menschenaffen schematisieren kognitive Modelle für die verschiedenen Typen von Situationen, die in ihrem Leben immer wiederkehren und wichtig sind. Als die Frühmenschen begannen, sich an der obligaten kooperativen Nahrungssuche zu beteiligen, schematisierten sie ein kognitives Modell der kooperativen Zwei-Ebenen-Struktur, die ein gemeinsames Ziel mit individuellen Rollen und gemeinsame Aufmerksamkeit mit individuellen Perspektiven umfaßte. Mit der kooperativen Kommunikation begannen frühmenschliche Individuen, einem Partner gegenüber ganz offen auf Situationen hinzuweisen oder sie zu symbolisieren, die vor dem Hintergrund seiner individuellen Rolle und Perspektive bei der gemeinsamen Tätigkeit für ihn relevant waren. Zu diesem Zweck schufen sie evolutionär neue Formen natürlicher Gesten – Zeigegesten und Gebärdenspiel –, deren Gebrauch zu kognitiven Repräsentationen führte, die drei neue und umgestaltende Eigenschaften hatten.

PERSPEKTIVISCH. Dinge aus verschiedenen Perspektiven zu konzeptualisieren ist für Menschen so selbstverständlich, daß wir es als nahezu unvermeidlich betrachten; so funktioniert eben die Kognition. In der Kognitionswissenschaft werden Begriffe typischerweise durch natürlichsprachliche Wörter wie *Auto*, *Fahrzeug* und *Geburtstagsgeschenk* charakterisiert, die bei Bedarf angewendet werden können, auch auf dieselbe Entität, die in der Einfahrt steht. Aber diese Vorgehensweise ist nicht unvermeidlich, ja, sie ist Wesen, die mit einem anderen Individuum nicht gleichzeitig auf dieselbe Entität »triangulieren« können, noch nicht einmal möglich. Menschenaffen können manchmal unterschiedliche schematische Repräsentationen auf ein und dieselbe Entität anwenden: Bei einer Gelegenheit ist ein bestimmter Baum ein Fluchtweg, wohingegen er bei einer anderen ein Ort zum Schlafen ist. Aber jede dieser verschiedenen Konzeptualisierungen ist mit dem gegenwärtigen Zielzustand des Individuums verknüpft; es mag zwar vieles über den Baum wissen, aber es betrachtet diese Dinge nicht gleichzeitig als alternative mögliche Auffassungen, und deshalb handelt es sich bei ihnen nicht um mögliche aufeinander bezogene Perspektiven, wie wir sie hier definiert haben (das gilt selbst dann, wenn der Menschenaffe ein Problem löst, indem er sich nichtaktuelle Entitäten oder Situationen vorstellt, da er das selbst hier nur bezogen auf seine gegenwärtige Problemsituation tut).

Als die Frühmenschen begannen, mit anderen kooperativ zu kommunizieren, übernahmen sie im Gegensatz dazu ständig die Perspektive des anderen auf eine Situation oder Entität, auf die sie selbst schon ihre Aufmerksamkeit gerichtet hatten (sie triangulierten mit dem anderen). Tatsächlich mußten sie jedesmal, wenn sie kommunizierten, ihren Kommunikationsakt als einen gestalten, der für den Empfänger relevant und neu ist, und zwar im Kontext seiner Ziele und Werte, ihres gemeinsamen Hintergrunds, seines vorhandenen Wissens und seiner Erwartungen. Insofern sie sich somit überlegten, wie ihr Kommunikationsakt in das Leben des Empfängers hineinpassen könnte, mußten die Kommunizierenden mehrere alternative Perspektiven gleichzeitig betrachten und erst dann einen Kommunikationsakt auswählen, um eine davon zu instantiieren. Um beispielsweise vor einer Gefahr zu warnen, könnten sie einem Empfänger gegenüber bei der Annäherung an eine Höhle durch Gebärdenspiel entweder eine Schlange oder einen Schlangenbiß ins Bein symbolisieren oder nur ein allgemeines Zeichen für Gefahr darstellen (von dem der Empfänger im Kontext ihres gemeinsamen Hintergrunds mit Bezug auf Höhlen wüßte, daß damit Schlangen gemeint sind).

Der entscheidende Punkt aus der Perspektive kognitiver Repräsentation ist, daß die Kommunizierenden nicht an ihre eigenen Ziele und Perspektiven gebunden waren, sondern vielmehr alternative Perspektiven zugunsten einer anderen Person betrachteten, deren konative und epistemische Zustände sie sich nur vorstellen konnten. Um den abduktiven Sprung zu machen, der notwendig ist, um die kommunikativen Absichten des Kommunizierenden zu erfassen, mußte der Empfänger seinerseits (mindestens) die Perspektive des Kommunizierenden auf seine eigene Perspektive simulieren. Diese Perspektiventransaktion bedeutete, daß die Frühmenschen die Welt nicht nur direkt für sich selbst erlebten, so wie alle Menschenaffen, sondern daß sie zusätzlich zumindest in einigen Hinsichten genau dieselbe Welt gleichzeitig aus verschiedenen sozialen Perspektiven betrachteten. Dieser Triangulationsprozeß trieb zum erstenmal einen kleinen, aber mächtigen Keil zwischen das, was wir jetzt das Subjektive und das Objektive nennen könnten.

Symbolisch. Auch ikonische Gesten oder das Gebärdenspiel scheinen etwas Banales für Menschen zu sein, die die Fähigkeit besitzen, die Handlungen eines anderen zu imitieren und sogar ihre eigenen vergangenen Handlungen außerhalb von deren normalem instrumentellen Kontext nachzuahmen oder zu simulieren. Aber sie sind alles andere als banal, da sie die ersten Akte eines jeden Primaten (vermutlich jeder Tierart) darstellen, die versuchen, gegenüber einem Empfänger in einer manifesten Handlung ein Ereignis oder eine Entität zu *re*-präsentieren, damit dieser sich das Ereignis oder die Entität vorstellt. Ikonische Gesten erfordern außerdem, daß der Empfänger kommunikative Absichten versteht (was in unserer Geschichte bereits beim Verstehen von Zeigegesten geschieht), damit er diese Gesten nicht als wirkliche instrumentelle Akte, sondern vielmehr als Kommunikationsakte »isolieren« kann.

Die Produktion von Kommunikationsakten, die ihren intendierten Bezugsobjekten ähnlich sind (etwa: einen kletternden Affen pantomimisch nachahmen), erzeugt eine symbolische Beziehung, bei der der Akt den intendierten Referenten in der Vorstellung hervorrufen soll (etwa: einen Affen oder einen Kletterakt oder einen kletternden Affen), wovon sich der Kommunizierende erhofft, daß das den Empfänger dazu bringt, die kommunikativen Absichten des Kommunizierenden zu erschließen (etwa: daß beide jetzt auf Affenjagd gehen). Wie Zeigegesten stellen ikonische Gesten eine Situation zwar perspektivisch dar, aber im Unterschied zu Zeigegesten tun sie das auf artikulierte Weise im symbolischen Vehikel selbst. Beispielsweise hätte man bei ikonischen Gesten verschiedene Zeichen für »Affe« und »Nahrung«, selbst wenn sie bei verschiedenen Gelegenheiten für genau dasselbe Tier gebraucht würden, während beim Zeigen der Akt (das Ausstrecken des Fingers) in beiden Fällen derselbe wäre, wobei der gemeinsame Hintergrund der gemeinschaftlichen Tätigkeit (ob wir die lokale Fauna bewundern oder nach Nahrung suchen) das semantische Gewicht trägt. Ein anderes wichtiges Merkmal ikonischer Gesten ist, daß sie größtenteils kategorialer Natur sind, das heißt zur Konzeptualisierung und Perspektivierung von Dingen, Ereignissen oder Situationen »so wie diese« verwendet werden. Bei der Auswahl dessen, was sie für andere im Gebärdenspiel aufführen sollen, fassen die Kommunizierenden die Situation folglich aus einer bestimmten Perspektive kategorial auf, also im Gegensatz zu anderen möglichen kategorialen Perspektiven.

Quasipropositional. Die Kombination von Gesten zu einem einzelnen Kommunikationsakt gliedert die Referenzsituation in so etwas wie eine Ereignis-Mitspieler-Struktur, die die semantische Reichweite jeder Geste begrenzt. Die pantomimische Darstellung eines Affen in Kombination mit dem Zeigen auf einen Speer deutet jetzt noch artikulierter auf den erwünschten Jagdausflug hin, aber die Geste für den Affen beschränkt sich jetzt auf die Symbolisierung des Affen allein und bezieht sich nicht auf den Jagdausflug insgesamt. In Kombination mit der bereits etablierten Tendenz, Wissen im gemeinsamen Hintergrund (Thema) zu verankern und explizit über neue Informationen (Fokus) zu kommunizieren, erzeugt diese Gliederung im Kommunikationsakt den Keim für eine Subjekt-Prädikat-Struktur – was in etwas mündet, das auf dem Weg zu vollständigen Propositionen liegt. (Interessanterweise treffen Menschenaffen, die von Menschen mit einem menschenähnlichen Kommunikationssystem aufgezogen werden, zwar die Ereignis-Mitspieler-Unterscheidung, aber nicht die Thema-Fokus-Unterscheidung [weil sie keinerlei Vorstellung eines geteilten Aufmerksamkeitsfokus oder Themas haben], und deshalb haben sie in ihren aus mehreren Einheiten bestehenden Kommunikationsakten auch keine Subjekt-Prädikat-Struktur [siehe Tomasello, 2008].) Die Hinzufügung eines neuen kooperativen Kommunikationsmotivs sorgte für zwei unterschiedlich markierte Motive (das Aufforderungs- und das Informationsmotiv), die eine erste keimhafte Unterscheidung zwischen kommunikativer Kraft und Inhalt schufen.

Mit dem Aufkommen der frühmenschlichen Zusammenarbeit und kooperativen Kommunikation wurde dann die kognitive Repräsentation von Erfahrungen wie bei den Menschenaffen im Type-Token-Format in die Kooperation eingebettet. Individuen, die im Rahmen gemeinsamer Aufmerksamkeit und eines gemeinsamen begrifflichen Hintergrunds interagierten, konnten dasselbe Ereignis, dieselbe Entität oder dieselbe Situation gleichzeitig aus mehreren Perspektiven konzeptualisieren. Die Symbolisierung dieser Perspektiven in kategorialen ikonischen Gesten sowie in Kombinationen von Gesten mit einer Thema-Fokus-Struktur und einer gewissen Andeutung einer Kraft-Inhalt-Unterscheidung machte sie auch zumindest im Ansatz propositional. Dieser Prozeß läßt sich so verstehen, daß er die Welterfahrung des Individuums effektiv dekontextualisierte (auf die Kooperation bezog oder weniger egozentrisch machte), wenn es sich entscheidet, unter welcher symbolischen Beschreibung eine Situation für einen Kommunikationspartner repräsentiert werden soll. Mit diesem perspektivischen Sprung im Ei der Erfahrung sind wir auf dem Weg zu einem Denken, das in einem gewissen Sinne »objektiv« ist.

Sozial rekursive Schlußfolgerungen

Sozial rekursive Schlußfolgerungen scheinen ebenfalls für Menschen so natürlich zu sein, daß man sie kaum wahrnimmt: Ich frage mich, was sie denkt, daß ich denke. Menschenaffen ziehen Schlüsse aus ihrer Erfahrung – sie simulieren die Ursachen und Wirkungen physischer und sozialer Situationen –, aber sie ziehen keine Schlüsse darüber, was der andere über ihre Gedanken denkt. Solche Schlüsse setzen bei Frühmenschen ein, die versuchen, ihre Handlungen und die Aufmerksamkeit mit anderen bei gemeinschaftlichen Tätigkeiten mit gemeinsamen Zielen und gemeinsamer Aufmerksamkeit zu koordinieren, aber zu voller Blüte kommen sie bei dem Versuch der Frühmenschen, ihre intentionalen Zustände und Perspektiven mit anderen bei der kooperativen Kommunikation zu koordinieren.

Im Kontext einer gemeinsamen kooperativen Tätigkeit begannen frühmenschliche Kommunizierende darüber nachzudenken (das heißt zu simulieren), wie sie ihren Kommunikationsakt für einen Empfänger am besten formulieren sollten, und zwar sowohl mit dem Ziel, Ehrlichkeit zu vermitteln (welches von dem Interesse daran erzeugt wurde, im allgemeinen als kooperativ zu gelten), als auch dem der kommunikativen Wirksamkeit. Die Sorge um Ehrlichkeit – insbesondere vor dem Hintergrund, daß die Empfänger jetzt »epistemisch wachsam« werden (Sperber et al., 2010) – bringt uns auf den Weg zu einer Verpflichtung auf die Wahrheit unserer Kommunikationsakte. Die Sorge um kommunikative Wirksamkeit erforderte, daß sowohl der Kommunizierende als auch der Empfänger die Perspektive ihres Partners vorwegnehmen, wozu sozial rekursive Schlußfolgerungen nötig waren, die die intentionalen Zustände des einen Partners in die des anderen einbetteten. Darüber hinaus erzeugte die Produktion manifester Kombinationen von Gesten, nachdem sie einmal schematisiert waren, beispiellose neue Möglichkeiten für produktive Schlüsse über nichtaktuelle oder gar kontrafaktische Sachverhalte. Die frühmenschlichen Schlußfolgerungen weisen somit zwei neue und umgestaltende Eigenschaften auf.

Sozial rekursiv. Wir können sinnvollerweise die Frage stellen, warum die frühmenschlichen Kommunizierenden überhaupt damit anfingen, sozial rekursive Schlüsse zu ziehen. Die kurze Antwort ist, daß sie anhand ihres gemeinsamen Hintergrunds annahmen, daß der Kommunizierende Kooperationsmotive hatte, und daher arbeiteten sie auf das gemeinsame Ziel des Verstehens des Empfängers hin. In diesem Kontext versuchte jeder von ihnen, dem anderen zu helfen – wie bei allen gemeinsamen kooperativen Tätigkeiten –, und das bedeutete, daß sie simulierten, was der andere über ihr eigenes Denken dachte. Und da Zeigegesten und Gebärdenspiel auf sich gestellt ziemlich schwache Kommunikationsvehikel sind, sind inferentielle Sprünge von zumindest einiger Entfernung immer nötig, um die kommunikative Absicht des Kommunizierenden zu rekonstruieren – so daß zumindest eine gewisse Hilfe fast immer erforderlich ist.

Und so entwickelte sich eine Form der Kommunikation, bei der ein Kommunizierender beabsichtigte, daß eine Empfängerin zu ihrem Vorteil etwas erkennt. Die Empfängerin verstand das und verstand daher zum Beispiel, daß er *beabsichtigt*, daß ich *erkenne*, daß die Banane dort in dem Eimer ist. Der Kommunizierende wußte seinerseits, daß die Empfängerin einen solchen Schluß ziehen würde, wenn er ihr dabei helfen würde, indem er sie auf die Tatsache aufmerksam machte, daß er eine solche Absicht hatte (die Gricesche kommunikative Absicht, daß die Empfängerin bemerken soll, daß der Kommunizierende will, daß sie etwas erkennt). Dabei muß es sich nicht um eine mehrfach eingebettete kommunikative Absicht handeln, wie der Griceschen Analyse zufolge, sondern es könnten auch, wie Moore (im Druck) geltend gemacht hat, zwei einfach eingebettete Absichten sein: Ich beabsichtige, daß Sie erkennen, daß dieser Kommunikationsakt für Sie ist, und ich beabsichtige, daß Sie erkennen, daß die Banane in dem Eimer dort ist. Trotzdem ist die einfache Einbettung in dieser zweiten Absicht schon mehr als das, was Menschenaffen leisten können, und daher stellt sie eine neue Form von rekursiver Schlußfolgerung dar (die Produktionsvariante, die dann stattfindet, wenn der Kommunizierende die intentionalen Zustände der Empfängerin simuliert, um Kommunikationsakte zu formulieren, die für sie ohne weiteres verständlich wären – indem er den Ball nicht *auf sie*, sondern ihr vielmehr *zu*wirft).

Kombinatorisch. Die Kommunikation mit anderen anhand von manifesten Gesten und insbesondere die Fähigkeit, Gesten zu kombinieren, um mit anderen auf komplexere Weise zu kommunizieren, ermöglichte neue Prozesse des produktiven Denkens. In ihrer natürlichen Kommunikation untereinander kombinieren Menschenaffen keine Gesten (und auch keine Vokalisierungen) miteinander, um etwas Neues zu kommunizieren. Ihr Denken ist daher auf die Vorstellung neuer Situationen beschränkt, indem sie ihre vergangenen individuellen Erfahrungen nutzen, die auf neue Weise rekonfiguriert werden. Aber sobald die Frühmenschen begannen, sich Situationen aus der Perspektive des anderen vorzustellen, um durch Kombinationen von Gesten zu kommunizieren, und dann diese Kombinationen schematisierten, hatten sie die Möglichkeit, über ihre eigene Erfahrung hinauszugehen, um über etwas nachzudenken, das die anderen erleben könnten, oder gar über etwas Unmögliches. Beispielsweise könnte ich eine ikonische Geste für Reisen produzieren, gefolgt von einer Zeigegeste auf einen Ort, die ich dann auf jeden Ort verallgemeinere. Mit Hilfe dieses Schemas könnte ich mir dann vorstellen oder kommunizieren, daß unser Kind zur Sonne reist – etwas, das ich für kausal unmöglich halte. Als die Menschen begannen, kommunikative Konstruktionen mit abstrakten Slots auf diese Weise zu schematisieren, schufen sie für sich eine nahezu unbegrenzte kombinatorische Freiheit. Die Schemabildung in Kommunikationsakten und die Zergliederung kommunikativer Absichten in diskrete manifeste Komponenten stellen einen bedeutenden Schritt in Richtung jener Art von »inferentieller Promiskuität« dar, die für das moderne menschliche Denken in einer konventionellen Sprache charakteristisch ist.

Über die neuen Möglichkeiten zur Erzeugung neuer und sogar kontrafaktischer Gedanken anhand externer Kommunikationsvehikel hinaus hat eine Reihe von Theoretikern die notwendige Rolle solcher externer Vehikel betont, damit die Zeichenbenutzer auf ihr eigenes Denken reflektieren können (z. B. Bermudez, 2003). Wenn Individuen einen manifesten Kommunikationsakt formulieren und ihn dann, während sie ihn produzieren, wahrnehmen und verstehen, reflektieren sie in der Tat auf ihr eigenes Denken (ein Prozeß, der internalisiert werden kann, so daß wir über Dinge nachdenken können, die wir potentiell nach außen kommunizieren könnten). Da die

Kombinationen von Gesten an diesem Punkt nur einen begrenzten semantischen Inhalt haben (zum Beispiel kein logisches Vokabular und kein Vokabular für propositionale Einstellungen), konnten die Frühmenschen auch nur auf sehr begrenzte Weise über ihr eigenes Denken reflektieren.

Mit dem Aufkommen der frühmenschlichen Zusammenarbeit und kooperativen Kommunikation wurden also die kausalen Schlußfolgerungen der Menschenaffen ebenso wie ihre kognitiven Repräsentationen auf die Kooperation bezogen – »Kooperativierung«. Das bedeutete, daß die Schlußfolgerungen des Kommunizierenden sich darauf bezogen, wie die Situation aus der Perspektive des Empfängers erschien, und die Schlußfolgerungen des Empfängers bezogen sich darauf, wie der Kommunizierende die auf seine Perspektive bezogenen Simulationen des Empfängers simulierte. Manifeste Kombinationen von Symbolen, besonders wenn sie schematisiert wurden, führten zur Möglichkeit, verschiedene neue und auch kontrafaktische Gedanken zu denken, sowie zu den ersten, ziemlich bescheidenen Reflexionen auf das eigene Denken. Mit all diesen neuen inferentiellen Möglichkeiten sind wir nun also auf gutem Weg zu Denkprozessen, in denen wirklich reflexiv gedacht wird.

Zweitpersonale Selbstbeobachtung

Menschenaffen beobachten ihr zielgerichtetes Verhalten einschließlich seiner psychologischen Grundlagen im Hinblick auf solche Dinge wie Gedächtnis und Entscheidungen. Aber Menschenaffen sind keine normativen Wesen. Sie erfahren beispielsweise einen »instrumentellen Druck«, wenn sie das Ziel haben zu fressen und wissen, daß es Futter am Ort X gibt; das impliziert, daß sie zum Ort X gehen »müssen«. Aber das ist einfach nur die Art und Weise, wie Steuerungssysteme mit individueller Intentionalität funktionieren: Passen Ziel und wahrgenommene Wirklichkeit nicht zusammen, motiviert das zum Handeln. Im Gegensatz dazu begannen die Frühmenschen, sich aus der Perspektive von anderen zu beobachten, und sie regulierten ihre Verhaltensentscheidungen mit den Bewertungen der anderen im Hinterkopf. Jetzt dürfen wir von etwas sozial Reguliertem, das heißt von etwas sozial Normativem sprechen, wenn auch nur im zweitpersonalen Sinne (im Gegensatz zu einem akteursneutralen Sinn). Dabei gab es zwei Ausprägungen.

Kooperative Selbstbeobachtung. Erstens mußte jedes Individuum, auch das dominanteste, die Macht anderer Individuen, auch der rangniedrigsten, respektieren, durch sie von Kooperationschancen ausgeschlossen zu werden, weil die gemeinschaftlichen Tätigkeiten der Frühmenschen wechselseitig voneinander abhängig und über die Partnerwahl vermittelt waren. Die Frühmenschen entwickelten daher nicht nur die Fähigkeit, bewertende Urteile über die kooperativen Neigungen der anderen abzugeben, sondern auch die Fähigkeit, die bewertenden Urteile, die andere über sie abgaben, zu simulieren und somit vorwegzunehmen. Kleine Kinder sorgen sich um die soziale Bewertung durch andere ab dem Vorschulalter, wenn sie versuchen, aktiv den Eindruck zu steuern, den sie auf andere machen (Haun und Tomasello, 2011). Schimpansen hingegen scheinen sich keinerlei derartige Sorgen zu machen (Engelmann et al., 2012).

Daß die Frühmenschen sich dafür interessierten, wie ihre Kooperationspartner sie beurteilten – und ihre aktiven Versuche, diesen Eindruck zu steuern –, lieferte ein neues Motiv für Handlungen, nämlich sich mit den Bewertungserwartungen potentieller Partner zu koordinieren. Die Individuen begannen also, Macht über sich selbst abzugeben, indem sie sich an die zweitpersonalen Bewertungen anderer banden, weil diese Bewertungen ihre zukünftigen Kooperationschancen bestimmten. Vom Standpunkt der Normativität bedeutete das, daß Menschen beim Treffen ihrer Verhaltensentscheidungen nicht nur einen individuellen instrumentellen Druck erlebten, sondern auch einen zweitpersonalen sozialen Druck durch ihre Partner bei sozialen Engagements. Das stellt dem vorliegenden Modell zufolge einen Ursprung für das dar, was später zu sozialen Normen der Moralität werden wird.

Kommunikative Selbstbeobachtung. Zweitens mußten die Frühmenschen aktiv ihre potentiellen Kommunikationsakte in Vorwegnahme dessen beobachten, wie sie vom Empfänger verstanden und/oder interpretiert werden könnten, weil frühmenschliche Kommunizierende das Verstehen des Empfängers unterstützen wollten. Daher beobachteten sie den Kommunikationsprozeß aus der Perspektive des Empfängers, und zwar insbesondere im Hinblick auf Verständlichkeit.

Mead (1934) hat in diesem Zusammenhang auf die wesentliche Rolle der offenen Wahrnehmbarkeit hingewiesen. Während sie mit anderen in offen wahrnehmbaren – entweder deiktischen oder symbolischen – Akten kommunizierten, sahen oder hörten die Frühmenschen sich dabei zu, wie sie selbst diese Akte vollzogen, wobei sie sie dann so wie der Empfänger verstanden (nämlich als füreinander perspektiviert). Die Kommunizierenden paßten also ihren Kommunikationsakt als Teil ihrer Verpflichtung auf den gemeinschaftlichen Akt kooperativer Kommunikation so an, daß das Verständnis des Empfängers maximiert wurde. Solche Anpassungen vorzunehmen erfoderte Selbstbeobachtung und die Bewertung der Kommunikationsakte hinsichtlich ihrer Verständlichkeit aus der Perspektive spezifischer Kommunikationspartner, von denen jeder sein eigenes individuelles Wissen, seine Motive und seinen gemeinsamen Hintergrund mit dem Kommunizierenden hatte. Das stellt dem vorliegenden Modell zufolge einen Ursprung dessen dar, was später zu sozialen Normen der Rationalität werden wird.

Die Frühmenschen, die wir uns hier vorstellen, wären also fähig gewesen, zwei Arten kooperativer und kommunikativer Selbstbeobachtung durchzuführen, zu denen Menschenaffen nicht in der Lage sind – weil Menschenaffen sich nicht an der Art von gemeinsamen kooperativen Tätigkeiten und kooperativer Kommunikation beteiligen, die eine solche soziale Selbstbeobachtung erzeugt. Die Frühmenschen simulierten die bewertenden Urteile, die andere über ihre kooperativen Neigungen fällten – Vorläufer von Normen der Moralität –, sowie über die Verständlichkeit ihrer Kommunikationsakte – Vorläufer von Normen der Rationalität. Man beachte, daß die Bewertungen, über die wir hier sprechen, von bestimmten Individuen ausgehen, weshalb wir noch immer ein Stück von den akteursneutralen, »objektiven« Normen entfernt sind, durch die moderne Menschen andere und sich selbst bewerten. Aber wir haben mit dem Prozeß eines sozial normativierenden individuellen Denkens begonnen.

Es gibt mittlerweile einen breiten Konsens darüber, daß das, was nichtmenschliche Primaten kognitiv am deutlichsten von anderen Säugetierarten unterscheidet, ihre komplexen Fertigkeiten zur sozialen Kognition sind. Dunbar (1998) dokumentierte beispielsweise, daß die Größe des Primatengehirns nicht etwa mit der physischen Ökologie der Primaten am stärksten korreliert, sondern vielmehr mit der Größe ihrer sozialen Gruppe (als Stellvertreter für soziale Komplexität). Aber die besonderen Fertigkeiten zur sozialen Kognition von Primaten sind hauptsächlich auf Konkurrenz ausgerichtet (das heißt, ihre Intelligenz ist eine Machiavellische), bei der sie sich all die verschiedenen Dominanzbeziehungen in der Gruppe ebenso merken wie all die verschiedenen Allianzbeziehungen in der Gruppe, da diese die Konkurrenz um Nahrung und Fortpflanzungspartner beeinflussen könnten.

So erhebt sich die Frage, ob die einzigartig menschlichen Fertigkeiten der Kognition und des Denkens, die wir hier identifiziert haben, nicht auch im Rahmen der Konkurrenz entstanden sein könnten. Auf der Ebene der evolutionären Funktion (der ultimativen Verursachung) ist das fast per definitionem wahr, da der evolutionäre Erfolg dadurch definiert wird, daß man mehr Nachkommen als andere hat. Aber auf der Ebene proximater Mechanismen halten wir es nicht für wahrscheinlich, daß perspektivische kognitive Repräsentationen, sozial rekursive Schlüsse und soziale Selbstbeobachtung direkt aus Kontexten der Konkurrenz entstanden sind. Es ist richtig, daß es theoretisch eine Art Rüstungswettlauf beim Gedankenlesen geben könnte, um mit Konkurrenzsituationen umzugehen. In solchen Situationen könnten die Beteiligten bemerken, daß sowohl ich als auch meine Konkurrentin gleichzeitig auf dieselbe Ressource fokussiert sind (gemeinsame Aufmerksamkeit?), und ich könnte dann versuchen, sie im Hinblick auf diese Ressource aus dem Feld zu schlagen, indem ich mir vorstelle, was sie über meine Gedanken denkt. Was wir jedoch ganz gewiß nicht ausschließlich aus der Konkurrenz gewinnen können, sind die einzigartigen Formen kooperativer Kommunikation, an denen sich Menschen beteiligen. Im Unterschied zu anderen Primaten nutzen Menschen ihre Kommunikationsakte, um andere regelrecht dazu ermuntern, ihr Denken zu erkennen. So nehmen kommunizierende Menschen die Perspektive anderer ein, um deren Ziele und Interessen zu bestimmen, damit sie sie dann über etwas informieren können, das nützlich für sie ist. Diese anderen wollen diese nützliche Information, und deshalb tun sie alles in ihrer Macht Stehende, um dem Kommunizierenden dabei zu helfen, ihre Ziele und Interessen sowie ihr Wissen und ihre Erwartungen zu erkennen, so daß er seinen Kommunikationsakt auf verständliche Weise formulieren kann. Menschen, aber keine anderen Primaten arbeiten also bei ihrer Kommunikation zusammen, um es dem anderen zu erleichtern, ihre Perspektive einzunehmen und diese sogar zu beeinflussen, wenn sie es wünschen.

Ein besonders erhellendes Beispiel für einen ähnlichen Kooperationsprozeß betrifft ein einzigartiges körperliches Merkmal der Menschen. Von den mehr als zweihundert Primatenarten haben nur Menschen eine sehr gut sichtbare Ausrichtung der Augen (wegen der besonders gut sichtbaren weißen, äußeren Augenhaut; Kobayashi und Koshima, 2001). Und nur Menschen nutzen diese Information. Als zwölf Monate alte Kleinkinder unter verschiedenen Bedingungen getestet wurden, bei denen die Kopf- und Augenrichtung gegensätzlich war, neigten sie dazu, der Augenrichtung anstatt der Kopfrichtung anderer zu folgen, während Menschenaffen dazu neigten, nur der Kopfrichtung anderer zu folgen (Tomasello et al., 2007b). Damit Menschen deutlich auffallende Hinweisreize für die Blickrichtung entwickeln konnten, muß es einen Vorteil für das Individuum gegeben haben, für seine Augenrichtung bei anderen »Reklame« zu machen. Das deutet auf vorherrschend kooperative Situationen hin, in denen der einzelne sich darauf verlassen kann, daß andere diese Information gemeinschaftlich oder auf nützliche Weise und nicht kompetitiv oder ausbeuterisch verwenden. Der entscheidende Punkt ist, daß menschliche Kommunikationsakte dazu dienen, die inneren Zustände der Individuen auf dieselbe Weise kundzutun, und deshalb wird dadurch ebenfalls eine Kooperation desselben Typs nahegelegt (zum Beispiel »werben« kooperative Aufforderungen wie »Ich hätte gerne etwas Obst« für meinen inneren Zustand des Begehrens, und informative Äußerungen wie »Dort drüben gibt es etwas Obst« sind öffentliche Angebote nützlicher Information). Eine Kommunikation dieses Typs konnte in Kontexten, die nicht grundlegend kooperativ waren, nie eine Anpassungsstabilität erreichen, und daher konnten sich vollständig menschenähnliche Kompetenzen gemeinsamer Intentionalität niemals allein im Kontext der Konkurrenz entwickeln.

Es kann keinen Zweifel daran geben, daß der letzte gemeinsame Vorfahr von Menschen und anderen Primaten Prozesse des individuellen Denkens bei der Verfolgung individueller Ziele durchlief, und zwar größtenteils, um mit Gruppenmitgliedern um geschätzte Ressourcen zu konkurrieren. Dabei achteten sie auch auf Situationen, die für diese Ziele relevant waren. Die Frühmenschen begannen dann – als Reaktion auf eine sich ändernde Nahrungsökologie –, sich dyadisch mit anderen Individuen bei der Verfolgung gemeinsamer Ziele zusammenzuschließen, und sie achteten gemeinsam auf Situationen, die für dieses gemeinsame Ziel relevant waren. Jeder an der Zusammenarbeit Beteiligte hatte seine eigene individuelle Rolle und seine eigene individuelle Perspektive auf die Situation als Teil der interaktiven Einheit. Diese Zwei-Ebenen-Struktur – gleichzeitige Gemeinsamkeit und Individualität – definiert die Struktur dessen, was wir *gemeinsame Intentionalität* nennen, und sie ist grundlegend für alle nachfolgenden Ausprägungen menschlicher geteilter Intentionalität.

Das Problem bestand darin, wie diese gemeinschaftlichen Tätigkeiten miteinander koordiniert werden konnten, als sie immer komplexer wurden, und zwar sowohl um ein gemeinsames Ziel auszuhandeln als auch um die beiden verschiedenen Rollen zu koordinieren. Die Lösung war die kooperative Kommunikation. Die Frühmenschen richteten die Aufmerksamkeit ihrer Kooperationspartner durch Zeigegesten auf relevante Situationen, was erforderte, daß sie deren Perspektive einnahmen und ihr Denken simulierten (das heißt mittels des abduktiven Sprungs, von dem erwartet wurde, daß sie ihn angesichts verschiedener möglicher Kommunikationsakte machen). Um zu verstehen, mußte die Empfängerin die Perspektive des ihre Perspektive einnehmenden Kommunizierenden einnehmen – woraus eine neue Form sozial rekursiver Schlüsse entstand. Das Anliegen der Frühmenschen, daß ihr Partner sie verstehen sollte, führte zur sozialen Selbstbeobachtung auf dem Wege der antizipierten Bewertungen des Partners im Hinblick auf die Verständlichkeit des Kommunikationsakts.

Die grundlegende kognitive Herausforderung bei alldem bestand darin, die eigene Perspektive mit der Perspektive des Kooperationspartners zu koordinieren. Und so begannen die Frühmenschen, mit ihren Interaktionspartnern Perspektiven durch die Kommunikation – und ihre eigenen, bis zu einem gewissen Grad reflektierenden Perspektiven – auszuhandeln, als sie sich auf den Tauschhandel einließen, gemeinschaftlich den Lebensunterhalt zu bestreiten, und das verlieh den menschlichen kognitiven Repräsentationen und Schlußfolgerungen eine neue Art von Flexibilität und Macht. Jetzt konnten die Frühmenschen, anstatt die Welt nur aus ihrer eigenen Sicht zu betrachten, sie zugleich auch aus der Perspektive des anderen sehen, was möglicherweise auch seine Perspektive auf meine Perspektive einschloß. Die Frühmenschen hatten nicht nur wie Menschenaffen eine Sicht von hier aus, sondern vielmehr eine Sicht gleichzeitig von hier und von dort aus.

Wir wissen zwar nicht genau, wer diese Frühmenschen waren, aber wir können spekulieren, daß es sich um Vertreter von *Homo heidelbergensis* vor etwa 400 000 Jahren handelte, die als locker strukturierte Trüppchen oder Interessengemeinschaften von wiederholt kooperierenden Partnern lebten. Natürlich verfügten die Vertreter von *Homo heidelbergensis* noch über keine modernen menschlichen Formen eines vollständig objektiv-reflexiv-normativen Denkens. Ihr Denken war nicht »objektiv«, sondern vielmehr immer noch an die beiden zweitpersonalen Perspektiven von »ich« und »du« gebunden. Ihr Denken war nur schwach reflexiv, weil sie nur ganz wenige ihrer intentionalen Zustände oder kognitiven Operationen extern durch Kommunikationsvehikel ausdrücken konnten (und daher konnten sie nur als Produzenten und Versteher eines nur begrenzten semantischen Gehalts agieren). Und ihr Denken war nur in dem Sinne sozial normativ, daß es ihnen darum ging, wie ihr Partner ihr Kooperationsverhalten bewertete und ihre Kommunikationsakte verstand, nicht aber um die normativen Maßstäbe der Gruppe. Es steht daher außer Frage, daß wir noch immer ein gutes Stück von der modernen menschlichen kollektiven Intentionalität und ihrem objektiv-reflexiv-normativen Denken entfernt sind. Aber, so würden wir geltend machen, der »Zwischenschritt« frühmenschlicher gemeinsamer Intentionalität und ihres perspektivisch-rekursiv-sozial überwachten Denkens war notwendig, um dorthin zu gelangen. Er war notwendig, weil es beim Übergang zu modernen Menschen allenthalben um die Schaffung kultureller Konventionen ging, und wenn diese eine kooperative Ausrichtung aufweisen sollten – was fast ausnahmslos der Fall war –, dann mußten einige sehr starke kooperative Neigungen bei denjenigen Individuen, die die Konventionalisierung vollzogen, schon vorhanden gewesen sein.

Zusammengenommen stellen also die frühmenschlichen gemeinschaftlichen Tätigkeiten und die kooperative Kommunikation eine Art zweitpersonaler »Kooperativierung« der Lebensweise und des Denkens von Menschenaffen dar. Aber diese evolutionär neuen Formen der zweitpersonalen sozialen Interaktion beinhalteten das gemeinsame Engagement mit spezifischen anderen Personen nur bei besonderen Gelegenheiten, und sie behielten ihre besonderen Merkmale nicht sehr weit über die gemeinschaftlichen Aktivitäten hinaus bei. Trotz des großen Sprungs nach vorn, den diese neue gemeinsam intentionale Weise zu leben, zu kommunizieren und zu denken darstellte, wird daher der nächste Sprung nach vorn diese »kooperativierte« Kognition nehmen und sie »kollektivieren« müssen, und zwar dadurch, daß nahezu alles konventionalisiert und institutionalisiert – und damit normalisiert und objektiviert – wird.

4
KOLLEKTIVE INTENTIONALITÄT

Es gibt kein Denken abseits von gemeinsamen Maßstäben der Richtigkeit und Relevanz, die das, was ich *tatsächlich* denke, mit dem verknüpfen, was jeder denken *sollte*. Der Gegensatz zwischen »ich« und »jeder« ist für das rationale Denken wesentlich.

WILFRID SELLARS, *Philosophy and The Scientific Image of Man*

Eine moderne menschliche Gesellschaft kann anhand von zwei Dimensionen charakterisiert werden. Die erste besteht in ihrer *synchronischen* sozialen Organisation: den koordinierten sozialen Interaktionen, die sie überhaupt erst zu einer Gesellschaft machen. Frühmenschliche Individuen koordinierten sich, wie wir gesehen haben, bei der gemeinschaftlichen Nahrungssuche mit spezifischen Partnern aus einem locker strukturierten Zusammenschluß von Mitwirkenden. Aber mit den modernen Menschen müssen wir die Skala jetzt auf viel größere soziale Gruppen mit einer viel komplexeren gesellschaftlichen Organisation ausdehnen, das heißt auf eine vollständig entwickelte kulturelle Organisation. Die modernen Menschen wurden zu kulturellen Wesen, indem sie sich mit ihrer speziellen Kulturgruppe identifizierten und gemeinsam mit den Gruppenmitgliedern verschiedene Arten kultureller Konventionen, Normen und Institutionen schufen, die nicht auf einem persönlichen, sondern auf einem kulturellen gemeinsamen Hintergrund aufgebaut waren. Auf diese Weise wurden sie durch und durch zu gruppenbewußten Individuen.

Die zweite Dimension einer modernen menschlichen Gesellschaft ist ihre *diachronische* Weitergabe von Fertigkeiten und Wissen über Generationen hinweg. Die gesellschaftliche Weitergabe der einen oder anderen Art war höchstwahrscheinlich schon im Leben der Frühmenschen bedeutsam (und ist es auch im Leben mancher Menschenaffen), da schwer zu erfindende, werkzeugbasierte Subsistenztätigkeiten immer komplexer und für das Überleben wichtiger wurden. Aber mit den modernen Menschen müssen wir jetzt den Maßstab auf eine voll ausgebildete kulturelle Weitergabe vergrößern, die die kumulative kulturelle Evolution unterstützt. Das erforderte, daß die modernen Menschen sich nicht nur instrumentelle Handlungen durch die Beobachtung anderer aneigneten, wie es die Frühmenschen taten, sondern aktiv mit dem Verhalten und den Normen der Gruppe übereinstimmten und diese Übereinstimmung sogar durch Unterricht und die Durchsetzung sozialer Normen erzwangen.

Die Kombination dieser Veränderungen in den beiden Dimensionen menschlicher Sozialität erzeugte einige völlig neue kulturelle Realitäten. Der umgestaltende Prozeß war die Konventionalisierung, die sowohl eine *koordinierende* Komponente aufweist, insofern die Individuen implizit »damit einverstanden sind«, etwas konsequent zu tun (jedermann will es auf diese Weise tun, solange alle anderen es ebenfalls so tun), als auch eine *weitergebende* Komponente, insofern diese Art des Handelns einen Präzedenzfall liefert, der von anderen, die ihre Handlungen ebenfalls koordinieren wollen, imitiert werden soll. Das Ergebnis ist das, was wir *kulturelle Praktiken* nennen könnten, bei denen Einzelpersonen sich faktisch mit der gesamten Kulturgruppe durch kollektiv bekannte kulturelle Konventionen, Normen und Institutionen koordinieren. In der Kommunikation geht es dabei natürlich um sprachliche Konventionen, die ihre koordinierenden Funktionen nur deshalb erfüllen, weil sie als »Vereinbarungen« im kulturellen gemeinsamen Hintergrund der Gruppe existieren.

Im Hinblick auf das Denken stellten sich die Frühmenschen die Welt vor, um sie in Gedanken durch perspektivische kognitive Repräsentationen, sozial rekursive Schlüsse und soziale Selbstbeobachtung zu manipulieren – dies bereitete sie auf die Koordination mit anderen spezifischen Individuen vor. Aber die gruppenorientierten und sprachlich kompetenten modernen Menschen mußten darauf vorbereitet werden, sich mit jedem beliebigen Gruppenmitglied zu koordinieren, mit einer Art von generischem anderen. Das bedeutete, daß die modernen Menschen dahin gelangten, sich die Welt vorzustellen, um sie in Gedanken durch »objektive« Repräsentationen (die Perspektive einer beliebigen Person), reflexive Schlußfolgerungen, die durch (für jede beliebige Person zwingende) Gründe verknüpft sind, und normative Selbststeuerung zu manipulieren, um sich mit den normativen Erwartungen der Gruppe (jeder beliebigen Person) zu koordinieren. Und diese gruppenorientierten Funktions- und Denkweisen waren nicht nur in spezifischen, gelegentlichen gemeinschaftlichen Interaktionen des Augenblicks gegenwärtig; vielmehr erzeugten sie aufgrund der Art und Weise, wie moderne Menschen zu kompetenten Mitgliedern einer Kulturgruppe während der Ontogenese wurden, einen bleibenden Abdruck in der Geisteshaltung des Menschen.

Wir wollen uns also noch einmal zuerst die neuen Formen der Zusammenarbeit ansehen, die an der menschlichen kulturellen Organisation ins Auge stechen, dann einen Blick auf die neuen Formen konventioneller sprachlicher Kommunikation für die Koordination des Kulturlebens werfen und schließlich die sich daraus ergebenden neuen Formen akteursneutralen, normativ gesteuerten Denkens betrachten, die das Kulturleben erforderte.

Die Entstehung der Kultur

Eine Reihe von Tierarten, von Walen bis zu Kapuzineraffen, beteiligt sich an der einen oder anderen Form sozialer Überlieferung, die eine gewisse Art des sozialen Lernens erfordert. Die kulturellsten nichtmenschlichen Tiere sind zweifellos die Großen Menschenaffen, insbesondere Schimpansen und Orang-Utans. Beobachtungen in der Wildnis haben für diese beiden Arten eine relativ große Anzahl populationsspezifischer Verhaltensweisen dokumentiert, die über die Zeit hinweg in der Gruppe fortdauern und die sehr wahrscheinlich soziales Lernen beinhalten (Whiten et al., 1999; van Schaik et al., 2003). Experimentelle Untersuchungen haben ebenfalls einige Kompetenzen sozialen Lernens bei diesen beiden Arten nachgewiesen, beispielsweise beim Erlernen des Gebrauchs neuer Werkzeuge, die sehr wahrscheinlich an der Hervorbringung ihrer kulturellen Muster in der Wildnis beteiligt sind (siehe Whiten, 2010, zu einer Übersicht).

Aber die Kultur von Menschenaffen ist keine menschliche Kultur. Tomasello (2011) charakterisiert die Kultur von Menschenaffen in erster Linie als »ausbeuterisch«, insofern Affen sozial von anderen lernen, die in manchen Fällen nicht einmal wissen, daß sie beobachtet werden. Die moderne menschliche Kultur ist im Gegensatz dazu grundlegend kooperativ, insofern Erwachsene auf altruistische Weise Kinder aktiv unterrichten und die Kinder sich aktiv den Erwachsenen anpassen, was ein Mittel darstellt, um sich kooperativ in die Kulturgruppe einzufügen. Die Hypothese lautet, daß diese kooperative Form der Kultur durch den Zwischenschritt der stark kooperativen Lebensweise der Frühmenschen ermöglicht wurde und daß dadurch das soziale Lernen der Menschenaffen in wahrhaft kulturelles Lernen transformiert wurde. Das Lehren entlehnt seine Grundstruktur aus der kooperativen Kommunikation, bei der wir andere über bestimmte Dinge auf nützliche Weise informieren, und Konformität ist Imitation, die durch den Wunsch gestärkt wird, sich mit den normativen Erwartungen der Gruppe zu koordinieren. Moderne Menschen fingen nicht ganz von vorne an, sondern bauten auf der Kooperation der Frühmenschen auf. Die menschliche Kultur ist frühmenschliche Kooperation im großen Stil.

Identifikation mit der Gruppe

Die ad hoc stattfindende, gemeinschaftliche Nahrungssuche im kleinen Maßstab, die die Frühmenschen kennzeichnete, war – eine Zeitlang – eine stabile adaptive Strategie. Der Hypothese von Tomasello et al. (2012) zufolge wurde sie von zwei im wesentlichen demographischen Faktoren destabilisiert.

Der erste Faktor war die Konkurrenz mit anderen Menschen. Das bedeutete, daß ein lockerer Zusammenschluß von miteinander kooperierenden Individuen sich in eine echte soziale Gruppe verwandeln mußte, um ihre Lebensweise vor Eindringlingen zu schützen. Eine lockere soziale Gruppierung von Frühmenschen stand unter dem Druck, sich in eine kohärente gemeinschaftliche Gruppe zu verwandeln, mit gemeinsamen Zielen, die sich auf das Überleben der Gruppe richteten (wobei jedes Gruppenmitglied die anderen als Kooperationspartner sowohl für die Nahrungssuche als auch für den Kampf brauchte), und mit arbeitsteiligen Rollen, die diesem Zweck dienten. Wie bei den kleinmaßstäblicheren kooperativen Tätigkeiten der Frühmenschen bedeutet dies, daß die Gruppenmitglieder motiviert waren, sich gegenseitig zu helfen, da sie jetzt alle zu jeder Zeit eindeutig voneinander abhingen: »Wir« müssen zusammen gegen »sie« konkurrieren und uns vor »ihnen« schützen. Die einzelnen begannen daher, sich selbst, auf der Grundlage einer Wir-Intentionalität, die die ganze Gruppe umfaßte, als Mitglieder einer bestimmten sozialen Gruppe mit einer bestimmten Gruppenidentität – als Kultur – zu verstehen.

Der zweite Faktor war die zunehmende Populationsgröße. Als die menschlichen Populationen wuchsen, neigten sie dazu, sich in kleinere Gruppierungen aufzuspalten, was zu einer sogenannten Stammesorganisation führte, bei der eine Reihe verschiedener sozialer Gruppierungen noch immer eine einzige Supergruppe oder »Kultur« waren. Das bedeutete, daß das Erkennen von anderen aus unserer eigenen Kulturgruppe alles andere als trivial wurde – und natürlich mußten wir auch sicherstellen, daß sie uns ebenfalls erkennen konnten. Ein solches Erkennen in beiden Richtungen war wichtig, weil man nur bei Mitgliedern unserer Kulturgruppe darauf zählen kann, daß sie unsere Kompetenzen und Werte teilen und deshalb gute und vertrauenswürdige Kooperationspartner sind. Die heutigen Menschen verfügen zwar über vielfältige Mittel, um die Gruppenidentität zu markieren, aber man kann sich vorstellen, daß die ursprünglichen Methoden hauptsächlich das Verhalten betrafen: Leute, die so sprechen wie wir, ihr Essen so zubereiten wie wir und auf die herkömmliche Weise mit Netzen Fische fangen – also diejenigen, die unsere kulturellen Praktiken teilen –, sind sehr wahrscheinlich Mitglieder unserer Kulturgruppe.

Auf diese Weise wurde aus den Nachahmungsfertigkeiten der Frühmenschen die aktive Konformität der modernen Menschen, und zwar sowohl um Tätigkeiten mit Fremden aus der Eigengruppe effektiver zu koordinieren als auch um die Gruppenidentität anzuzeigen, damit andere mich als sachkundigen und vertrauenswürdigen

Partner auswählen. Anderen Dinge beizubringen, vielleicht besonders den eigenen Kindern, wurde zu einem geeigneten Mittel, ihre Funktion in der Gruppe zu unterstützen und dabei eine noch größere Konformität zu sichern. Unterricht und Konformität führten dann zur kumulativen kulturellen Evolution, die durch den »Wagenhebereffekt« (Tomasello et al., 1993; Tennie et al., 2009; Dean et al., 2012) charakterisiert ist, dem zufolge Modifikationen einer kulturellen Praxis in der Population ziemlich getreu erhalten blieben, bis irgendein Individuum eine neue und verbesserte Technik erfand, die dann gelehrt wurde und an die man sich anpaßte, bis eine noch neuere Innovation die Dinge noch weiter anhob. Tomasello (2011) macht geltend, daß Gesellschaften von Menschenaffen keinen Wagenhebereffekt beziehungsweise kumulative kulturelle Evolution aufweisen, weil ihr soziales Lernen grundlegend ausbeuterisch und nicht wie bei den Menschen durch Lehren und Konformität kooperativ strukturiert ist. Lehren und Konformität stellen den Wagenheber dar, der die einzelnen daran hindert, wieder zurückzugleiten.

Das neue Gefühl der Gruppenidentität, das für moderne Menschen charakteristisch ist, wurde somit nicht nur räumlich auf Fremde ausgedehnt, die zur Eigengruppe gehören, sondern auch zeitlich auf die Vorfahren und Nachkommen der Gruppe: so haben »wir« es immer gemacht; das ist ein Teil davon, wer »wir« sind. Als die kulturellen Praktiken über Generationen hinweg durch Kooperation weitergegeben wurden – indem Erwachsene altruistisch lehrten und die Jungen ihnen vertrauten und sich sogar anpaßten –, war der resultierende kumulative Effekt, daß das »Wir« zu einer dauerhaften Kultur wurde, der wir (in Vergangenheit, Gegenwart und Zukunft) alle verpflichtet sind (genauso wie die Frühmenschen ihren laufenden kleinmaßstäblichen gemeinschaftlichen Tätigkeiten verpflichtet waren). Die menschlichen Populationen wurden deshalb zu mehr als einem locker strukturierten Zusammenschluß von Kooperierenden; sie wurden zu selbstidentifizierten Kulturen mit ihren eigenen »Geschichten«. Um es noch einmal zu betonen: Wann genau all das geschah, ist für unsere Geschichte nicht wesentlich, aber die ersten deutlichen Zeichen ausgeprägt menschlicher Kulturen erscheinen mit *Homo sapiens sapiens*, das heißt mit den modernen Menschen, also frühestens vor 200 000 Jahren.

Daß Menschen sich ihre Gruppe tatsächlich als ein »Wir« von wechselseitig voneinander abhängigen Individuen vorstellen – daß Menschen sich mit ihrer Gruppe identifizieren –, ist eine erwiesene psychologische Tatsache. Am grundlegendsten ist, daß Menschen eine ausgeprägte Eigengruppen/Fremdgruppen-Psychologie aufweisen, die aller Wahrscheinlichkeit nach für die Spezies einzigartig ist. Viele Forschungen zeigen, daß Menschen ihre Eigengruppe in allen möglichen Hinsichten bevorzugen, und auch ihr Ruf ist ihnen in ihrer Eigengruppe wichtiger als in allen Fremdgruppen (Engelmann et al., im Druck). Außerdem stellen sie sich die anderen aus anderen Gruppen nicht einfach nur als Fremde vor, wie es Menschenaffen tun und die Frühmenschen taten, sondern als Mitglieder spezifischer Fremdgruppen mit fremdartigen und häufig geringgeschätzten Verhaltensweisen. Das vielleicht auffälligste Phänomen der Gruppenidentität ist kollektive Schuld, kollektive Scham und kollektiver Stolz. Einzelpersonen fühlen sich schuldig, schämen sich oder sind stolz, wenn ein Individuum ihrer Gruppe etwas Bemerkenswertes getan hat, und zwar im Grunde genauso, wie sie es täten, wenn sie es selbst getan hätten (Bennett und Sani, 2008). In der heutigen Welt sieht man eine solche Gruppenidentität und kollektive Schuld, Scham und Stolz ganz deutlich in Auseinandersetzungen über ethnische Identität, sprachliche Identität, kollektive Verantwortung usw. – und selbst bei solchen spielerischen Phänomenen wie der Unterstützung von Sportmannschaften durch ihre Fans. Soweit wir wissen, hatten Menschenaffen und Frühmenschen dieses Gefühl der Gruppenidentität überhaupt nicht.

Der Vorschlag ist daher, daß mit zunehmenden Populationsgrößen und stärkerer Konkurrenz unter den Menschen die Mitglieder menschlicher Gruppen sich selbst und ihre Gruppenmitglieder (bekannte und unbekannte, gegenwärtige und vergangene) als Mitwirkende einer großen, interdependenten, gemeinschaftlichen Tätigkeit betrachten, deren Ziel das Überleben und Gedeihen in Konkurrenz zu anderen Menschengruppen ist. Die Gruppenmitglieder ließen sich am einfachsten durch spezifische kulturelle Praktiken identifizieren, und daher wurden das Lehren und die Konformität mit der Lebensweise der Gruppe zu einem entscheidenden Teil des Prozesses. Diese neuen Formen des Gruppenbewußtseins führten zu dem, was wir die *Kollektivierung* des menschlichen Soziallebens nennen können, wie es in gruppenweiten kulturellen Konventionen, Normen und Institutionen verkörpert ist, die das menschliche Denken noch einmal umgestalteten.

Konventionelle kulturelle Praktiken

Identifikation mit der Gruppe bedeutet, daß menschliche Gruppen jeweils ihren eigenen Bestand konventioneller kultureller Praktiken besitzen. Konventionelle kulturelle Praktiken sind etwas, das »wir« tun, von dem wir alle in unserem kulturellen gemeinsamen Hintergrund wissen, daß wir es tun, und im Hinblick worauf wir alle voneinander erwarten, daß es unter geeigneten Umständen getan wird. Wenn ich beispielsweise auf einem offenen Naturalientauschmarkt, auf dem es eine konventionalisierte Menge von Maßen zur Koordination gibt, meinen Honig in ungewöhnlichen Behältern mitbringe, werden die anderen Händler nicht wissen, was sie mit mir und meinen unbestimmten Honigmengen anstellen sollen. Bei konventionellen kulturellen Praktiken werden Abweichungen nicht per se bestraft; man läßt sie einfach außen vor. Und es gibt einige Konventionen, aus denen man nicht aussteigen kann: Man kann diese oder jene Kleidung tragen oder überhaupt nichts, aber was auch immer man trägt, es handelt sich in jedem Fall um eine kulturelle Entscheidung, die entweder mit den Erwartungen anderer in der Gruppe übereinstimmen oder sie verletzten wird.

Im Unterschied zum zweitpersonalen gemeinsamen Hintergrund, den die Frühmenschen zusammen erzeugten, als sie sich an gemeinschaftlichen Tätigkeiten beteiligten, ist der gemeinsame Hintergrund an diesem Punkt das, was Clark (1996) den *kulturellen* gemeinsamen Hintergrund nennt: Dinge, von denen wir alle in der Gruppe wissen, daß wir alle sie kennen, selbst wenn wir sie nicht gemeinsam als Individuen erlebt haben. Chwe (2003) macht sogar geltend, daß die Hauptfunktion der öffentlichen Ereignisse einer Kultur darin besteht sicherzustellen, daß solche Dinge wie die Krönung des Oberhaupts oder die Hochzeitszeremonie seiner Tochter zu öffentlichem Wissen werden: zu einem Teil des kulturellen gemeinsamen

Hintergrunds, mit Blick auf den sich jeder darauf verlassen kann, daß jeder andere ihn kennt, dessen Kenntnis niemand glaubhaft leugnen kann und dessen Kenntnis als Erkennungszeichen für die Gruppenmitgliedschaft dient. Interessanterweise sind schon zweijährige Kinder auf den kulturellen gemeinsamen Hintergrund eingestellt. Liebal et al. (2013) ließen zwei- und dreijährige Kinder mit einem neuen Erwachsenen zusammentreffen (der eindeutig aus ihrer Gruppe war). Dieser Fremde aus der Eigengruppe fragte sie dann aufrichtig »Wer ist das?«, als sie zusammen ein Nikolausspielzeug sowie ein Spielzeug ansahen, das das Kind gerade hergestellt hatte, bevor der Erwachsene ins Zimmer kam. Die Kinder antworteten, indem sie das neu hergestellte Spielzeug benannten, da selbst so kleine Kinder wissen, daß niemand in der Kultur, nicht einmal jemand, dem sie nie zuvor begegnet sind, zu fragen braucht, wer der Nikolaus ist. (In einer zweiten Bedingung benannten sie den Nikolaus, wenn der Fremde nach dem Namen eines Spielzeugs fragte, das er wiederzuerkennen schien.) Kinder im selben Altersspektrum erwarten auch, daß Fremde, die zur Eigengruppe gehören, zwar den konventionellen Namen eines Gegenstands kennen, aber keine neue, x-beliebige Tatsache, die von demselben Gegenstand gilt (Diesendruck et al., 2010).

Manche konventionellen kulturellen Praktiken sind das Produkt einer ausdrücklichen Übereinkunft. Aber so haben die Dinge nicht angefangen; eine Vertragstheorie der Ursprünge gesellschaftlicher Konventionen würde viele der Dinge voraussetzen, die sie erklären müßte, wie etwa hochentwickelte Kommunikationskompetenzen, durch die man die Übereinkunft trifft. Lewis (1969) schlug daher eine andere Möglichkeit des Anfangs vor. Wir beginnen mit einem Koordinationsproblem, beispielsweise zu welcher Zeit man sich treffen soll, um täglich von unserem neuen Lager aus in der Gruppe fischen zu gehen. Sagen wir, daß wir am ersten Tag zufällig um die Mittagszeit aufbrechen (einfach weil das die Zeit ist, zu der sich genügend Leute für die Aufgabe versammelt haben). Wenn wir keine hochentwickelten Kommunikationskompetenzen annehmen, was machen wir dann am nächsten Tag? Schelling (1960) folgend, schlägt Lewis (1969) vor, daß wir nach etwas suchen, um einen Zeitpunkt aus all den anderen an diesem zweiten Tag auszuwählen, und für Menschen scheinen zu diesem Zweck »Präzedenzfälle« natürlich zu sein – wir tun das, was wir schon zuvor getan haben (was für uns schon zuvor funktioniert hat), und treffen uns wieder zur Mittagszeit. Auf diese Weise gewöhnen wir uns daran, neue Teilnehmer ahmen das nach und passen sich uns an. Jeder, der sich nicht anpaßt, macht einfach nicht mit.

Aber mit der Möglichkeit der Kommunikation können wir die Konvention auch anderen beibringen und sie ermuntern, sich anzupassen und folglich an der kulturellen Praxis teilzuhaben. Wichtig für unser Verständnis kollektiver Intentionalität ist folgende Tatsache: Wenn Erwachsene Kindern beibringen, wie sie kulturelle Praktiken ausführen sollen, verstehen die Kinder das nicht als Mitteilung über das gegenwärtige episodische Ereignis, sondern vielmehr als etwas Allgemeines, das für die Welt gilt und sich auf Dinge und/oder Ereignisse wie diese im allgemeinen bezieht (»Gefischt wird zur Mittagszeit«). So könnte beispielsweise ein Erwachsener einem Kind mitteilen, ohne es zu lehren, daß dort ein Fisch im Wasser ist. Wenn er jedoch zum Lehrmodus übergeht, lautet die Botschaft eher »Diese Art von Fischen findet man an Orten wie diesen«, um die Fischfangfertigkeiten des Kindes im allgemeinen zu fördern (Csibra und Gergely, 2009). Die Implikation dieses pädagogischen Modus kooperativer Kommunikation ist, daß es eine Art objektiver Wirklichkeit gibt, die nach allgemeinen Prinzipien funktioniert (diese Art von Fischen im allgemeinen und diese Art von Orten im allgemeinen), und die gegenwärtige Situation ist nur eine Instanz dieser objektiven Wirklichkeit. Das Lehren wird implizit von der kollektiven und objektiven Perspektive auf Dinge gestützt, die von unserer Kulturgruppe entwickelt wurde.

Moderne Menschenkinder lernen daher von Erwachsenen, daß es bestimmte Weisen gibt, wie die Dinge funktionieren sollten. Dieses »Sollen«, das implizit dem Lehren der Erwachsenen zugrunde liegt, veranlaßt die Kinder dazu, auf Weisen, die wir noch nicht ganz verstehen, die generischen Tatsachen, die ihnen beigebracht werden, zu einer objektiven Wirklichkeit zu objektivieren und reifizieren – zu einer generischen Perspektive, die der letztendliche Schiedsrichter zwischen unterschiedlichen Perspektiven auf die Welt ist. Dieser Prozeß hat zwar viele Implikationen für das menschliche Denken, aber eine hervorstechende betrifft das Verstehen falscher Überzeugungen (was Menschenaffen eindeutig nicht können; zu einer Übersicht siehe Tomasello und Moll, im Druck). Daher beriefen wir uns zuvor auf so etwas wie Davidsons Vorstellung einer sozialen Triangulation, um zu erklären, wie Frühmenschen zu einem Verständnis dessen gelangten, daß andere Perspektiven haben, die sich von ihren eigenen unterscheiden. Um aber zu einem Verständnis von Überzeugungen, einschließlich falscher, zu gelangen, müssen wir irgendeinen Begriff von einer verallgemeinerten Perspektive auf eine objektive Wirklichkeit haben, die unabhängig von jeder besonderen Perspektive ist. Etwas Derartiges ist notwendig, um das Urteil zu fällen, daß eine Überzeugung sich nicht nur von meiner eigenen unterscheidet, sondern daß sie falsch ist – da die objektive Wirklichkeit in letzter Instanz entscheidet. Es ist wahrscheinlich, daß kleine Kinder schon anfangen, im Sinne von mehreren verschiedenen Perspektiven auf Dinge zu denken, sobald sie sich im späten Säuglingsalter an gemeinsamer Aufmerksamkeit mit ihren beiden Perspektiven beteiligen (Onishi und Baillargeon, 2005; Buttelmann et al., 2009), und wir können vermuten, daß das auch für die Frühmenschen galt. Aber erst einige Jahre später gelangen Kinder zu einem vollentwickelten Verständnis von Überzeugungen, einschließlich falscher Überzeugungen, weil sie (und folglich wahrscheinlich auch alle Menschen vor den modernen Menschen) die »objektive Wirklichkeit«[1] noch nicht verstehen.

Soziale Normen und normative Selbstbeobachtung

Bei ihren gemeinschaftlichen Interaktionen im kleinen Maßstab wählten die Frühmenschen aktiv manche Kooperationspartner aus und mieden andere, und in einigen Fällen belohnten und bestraften sie sogar ihre Partner. Aber das vollzog sich alles im zweitpersonalen Modus, das heißt so, daß eine Person eine andere bewertete. Bei modernen, auf die Gruppe ausgerichteten Menschen wurden diese Bewertungen konventionalisiert und auf diese Weise in einem akteursneutralen, transpersonalen Modus angewendet, das heißt von allen auf alle (ja sogar von denen und auf jene, die nicht direkt an einer Interaktion beteiligt waren) und im Hinblick auf objektive, transpersönliche Standards. Obwohl Menschenaffen Vergeltung üben, wenn ihnen etwas angetan wurde, bestrafen sie nicht andere Individuen für Handlungen gegenüber Dritten (Riedl et al., 2012). Im Gegensatz dazu zwingen dreijährige Kinder anderen soziale Normen auf, auch wenn sie nicht persönlich beteiligt oder in irgendeiner Weise betroffen sind, und sie verwenden dabei häufig eine normative Sprache mit Bezug auf das, was man im allgemeinen tun oder nicht tun *sollte* (Rakoczy et al., 2008; siehe Schmidt und Tomasello, 2012, zu einer Übersicht).

Soziale Normen sind folglich wechselseitige Erwartungen im kulturellen gemeinsamen Hintergrund der Gruppe, daß Menschen sich auf bestimmte Weise verhalten, wobei die wechselseitigen Erwartungen nicht bloß statistisch sind, sondern vielmehr sozial normativ, wie etwa bei der Norm »man *erwartet* von dir, daß du deinen Teil tust (sonst setzt's was!)«. Die Kraft der Erwartungen rührt von der Tatsache her, daß Personen, die sich nicht daran anpassen, wie unsere Gruppe bestimmte Dinge tut, häufig Störungen erzeugen, die nicht geduldet werden sollten, und wenn manche Personen sich zu abweichend verhalten, signalisiert das in der Tat, daß sie nicht zu uns gehören (oder nicht zu uns gehören wollen) und daß man ihnen nicht trauen kann. Gruppenorientierte Menschen fassen Unangepaßtheit im allgemeinen als potentiell schädlich für das Gruppenleben im allgemeinen auf. Das Ergebnis ist, daß Menschen sich aus instrumentellen Gründen an soziale Normen anpassen (um sich erfolgreich mit anderen zu koordinieren), des weiteren aus Klugheitsgründen (um die Schmach der Gruppe zu vermeiden) sowie um vom Funktionieren der Gruppe zu profitieren, da Unangepaßtheit dieses Funktionieren potentiell stört (ein Grund, der sich am Wohl der Gruppe orientiert).

Wie Konventionen im allgemeinen funktionieren auch soziale Normen nicht in einem zweitpersonalen, sondern vielmehr in einem akteursneutralen, transpersonalen, generischen Modus. Erstens und am grundlegendsten sind soziale Normen insofern generisch, als sie einen objektiven Maßstab implizieren, anhand dessen das Verhalten einer Person bewertet und beurteilt wird. Bei den sozialen Bewertungen der Frühmenschen wußten die einzelnen lediglich, wer etwas ineffektiv oder unkooperativ getan hatte, aber jetzt sind die Rollen mit spezifischen akteursneutralen Maßstäben verknüpft (die als solche auch gelehrt werden können). Diese objektiven Maßstäbe entstehen aus einem wechselseitigen Verständnis dessen, wie die verschiedenen Funktionen bei bestimmten konventionalisierten kulturellen Praktiken ausgeführt werden müssen, wenn jeder den erwarteten Nutzen genießen soll. Wenn es also beispielsweise zum kulturellen gemeinsamen Hintergrund gehört, daß die Person, die beim Sammeln von Honig die Bienen ausräuchert, dies auf eine bestimmte Weise tun muß, und daß wir alle mit leeren Händen nach Hause gehen werden, wenn sie das nicht tut, dann kann ihr Verhalten relativ zu diesem für die Ausführung der Tätigkeit geltenden objektiven Maßstab bewertet werden.

Auch was ihre Quelle betrifft, sind soziale Normen generisch. Sie entspringen nicht den persönlichen Präferenzen und Bewertungen einer Person, sondern vielmehr den Bewertungen solcher Dinge, auf die sich die Gruppe geeinigt hat. Wenn also eine Person eine soziale Norm durchsetzt, tut sie das eigentlich als Beauftragte der Gruppe als ganzer – wobei sie weiß, daß die Gruppe ihr Rückhalt geben wird. Gruppenorientierte Personen setzen deshalb soziale Normen durch, weil ihre kollektive Verpflichtung auf eine soziale Norm bedeutet, daß sie sich nicht nur darauf verpflichten, selbst die Norm zu befolgen, sondern auch dafür zu sorgen, daß die anderen es ebenfalls tun – sowohl zu unserem eigenen Nutzen als auch dem anderer Gruppenmitglieder, von denen wir wechselseitig abhängen (Gilbert, 1983). Die typische Formulierung, die Personen gebrauchen, um soziale Normen durchzusetzen, wäre etwa »Man kann das nicht so tun; man muß es so tun«, was natürlich dem generischen Modus, der beim Lehren angewendet wird, sehr ähnlich ist. (Die Durchsetzung von Normen und das Lehren könnten in der Tat zwei Varianten desselben Phänomens sein, nämlich Menschen die Art und Weise einzuprägen, wie unsere Gruppe bestimmte Dinge tut und denkt.) Die Voraussetzung für die Durchsetzung einer Norm ist, daß dies die kollektive Perspektive und Bewertung der Gruppe ist oder möglicherweise auch etwas, das darüber hinaus auf eine Gottheit oder gewisse externe normative Tatsachen des Universums verallgemeinert wird: In unserer Welt ist es einfach so, daß dies die richtige und jenes die falsche Handlungsweise ist.

Und schließlich sind soziale Normen auch mit Blick auf ihren Zielgegenstand generisch: Die Mißbilligung der Gruppe zielt im Prinzip akteursneutral auf jede beliebige Person ab, das heißt auf jede Person, die sich mit der Lebensweise unserer Gruppe identifiziert und daher im kulturellen gemeinsamen Hintergrund unsere sozialen Normen wechselseitig kennt und akzeptiert. (Die Annahme des gemeinsamen Hintergrunds befreit Personen einer anderen sozialen Gruppe, kleine Kinder und geistig unfähige Personen von der Kraft unserer sozialen Normen [Schmidt et al., 2012].) Diese angewandte Akteursneutralität ist nirgendwo offensichtlicher als in der Tatsache, daß Menschen soziale Normen auf sich selbst in Form von Gefühlen der Schuld und Scham anwenden. Wenn ich beispielsweise etwas Honig nehme, der von anderen gebraucht wird, werde ich mich aufgrund der Wirkung der Norm gegen Diebstahl schuldig fühlen (was vielleicht von Gefühlen der Sympathie für das Opfer unterstützt wird). Noch bezeichnender ist die Tatsache, daß ich unter den Augen der Gruppennorm Scham empfinden werde, wenn irgendein verbotenes meiner Hobbys an die Öffentlichkeit gerät, auch wenn ich überhaupt nicht das Gefühl habe, daß es schlecht ist. Schuld und Scham demonstrieren daher besonders deutlich, daß das gefällte Urteil nicht meine persönliche Einschätzung der Dinge ist (ich wollte den Honig und jenes Hobby), sondern vielmehr die Sicht der Gruppe – was im Fall der Scham besonders deutlich wird, bei der es sein kann, daß ich nicht einmal mit der Gruppe übereinstimme. Trotzdem sanktioniere ich mich als Beauftragter der Gruppe selbst. Schuld und Scham mögen somit gewisse zweitpersonale Grundlagen haben, insofern ich mich schlecht fühle, weil ich eine andere Person geschädigt habe oder weil ich mich den Erwartungen von mir geschätzter anderer nicht angepaßt habe, aber die vollständigen Varianten erfordern darüber hinaus, daß ich weiß, daß ich eine kollektive Norm verletzt habe. Es ist nicht nur so, daß mein Opfer sich schlecht fühlt oder daß ich das Gefühl von Anstand der anderen verletzt habe, sondern, und viel wichtiger, daß die Gruppe – mich eingeschlossen – mein Verhalten mißbilligt.

Da ich weiß, daß die Dinge so funktionieren, beobachte und reguliere ich meine Handlungen anhand der Gruppennormen, damit ich mit den Erwartungen der Gruppe übereinstimme. Bei dieser normativen Selbstbeobachtung, wie wir sie nennen können, versucht man häufig, einen öffentlichen Ruf zu schützen, das heißt den eigenen

Status als kooperatives Mitglied der Gruppe (Boehm, 2012). Das bedeutet, daß mein Verhalten aufgrund dessen, daß die Zusammenarbeit moderner Menschen auf der Ebene des gesamten kulturellen Kollektivs stattfindet, bis zu einem gewissen Grad im kulturellen gemeinsamen Hintergrund der Gruppe insgesamt bekannt sein könnte (zum Beispiel wegen der Verbreitung von Klatsch, der am besten in einer konventionellen Sprache funktioniert; siehe unten). Das bedeutet, daß die Sorge der Frühmenschen, von anderen beurteilt zu werden, von den modernen Menschen in eine Sorge um öffentliches Ansehen und sozialen Status verwandelt wird. Es ist entscheidend, daß der Status der Reputation mehr als nur die Summe vieler sozialer Bewertungen ist; er ist nichts Geringeres als eine Searlesche Statusfunktion (siehe den nächsten Abschnitt), der zufolge meine öffentliche Person ein verdinglichtes Kulturprodukt ist, hervorgebracht vom Kollektiv, das es auch im Handumdrehen wieder wegnehmen kann, wie jeder moderne Politiker, der in einen Skandal verwickelt war, bestätigen kann.

Die Wirklichkeit von Institutionen

Im äußersten Fall verwandeln sich manche konventionellen Kulturpraktiken in voll ausgebildete Institutionen. Klarerweise ist die Trennlinie zwar verschwommen, aber eine elementare Voraussetzung ist, daß die Kulturpraxis keine Solotätigkeit, sondern in einem gewissen Sinne etwas Gemeinschaftliches mit wohldefinierten, komplementären Rollen ist. Aber das Schlüsselmerkmal, das kulturelle Institutionen auszeichnet, ist, daß sie soziale Normen umfassen, die nicht nur vorhandene Tätigkeiten regulieren, sondern neue kulturelle Entitäten erzeugen (die Normen sind nicht regulativ, sondern konstitutiv). Beispielsweise könnte eine Gruppe von Menschen Entscheidungen darüber treffen, wohin man als nächstes ziehen soll, welche Verteidigungsmaßnahmen gegen potentielle Raubtiere vorgenommen werden sollen usw., indem sie das einfach miteinander besprechen. Aber wenn es Schwierigkeiten beim Treffen von Entscheidungen gibt oder interne Streitigkeiten zwischen verschiedenen Koalitionen, dann könnte die Gruppe den Prozeß in einer Art Regierungsrat institutionalisieren. Die Schaffung dieses Rates würde ansonsten gewöhnlichen Personen einen ungewöhnlichen Status und ungewöhnliche Macht verleihen. Der Rat könnte dann ein Oberhaupt bestimmen, dem er die Macht übertragen würde, noch weitere ungewöhnliche Dinge zu tun, wie zum Beispiel Menschen aus der Gruppe zu verbannen. Der Rat und das Oberhaupt sind also kulturelle Schöpfungen, und ihre Befugnisse und Verpflichtungen werden ihnen von den Mitgliedern der Gruppe verliehen, die sie theoretisch auch wieder wegnehmen und dadurch die Mitglieder des Rates und das Oberhaupt wieder in alltägliche Menschen verwandeln können. Die Rollen in Institutionen sind explizit akteursneutral, weil theoretisch, wenn nicht gar praktisch jeder jede Rolle spielen kann.

Searle (1995) hat sich über die Funktionsweise dieses Prozesses sehr explizit geäußert. An erster Stelle steht offenkundig eine gewisse Art von wechselseitiger Übereinkunft oder gemeinsamer Einwilligung der Gruppenmitglieder, beispielsweise eine Person als Oberhaupt zu bestimmen. Zweitens muß es eine gewisse Fähigkeit zur Symbolisierung geben, um Searles bekannte Formel »X zählt als Y im Kontext K« (X zählt als Oberhaupt im Kontext der Gruppenentscheidung) in Kraft treten zu lassen. Im Zusammenhang damit sollte es ein wirkliches physisches Symbol geben – so etwas wie die Kopfbedeckung oder das Szepter oder das Präsidentensiegel eines Oberhaupts –, um den neuen Status öffentlich zu markieren. Die Tatsache, daß Institutionen öffentlich sind, bedeutet, daß jeder weiß, daß jeder sie kennt und sich angesichts der manifesten symbolischen Markierung nicht auf Unwissenheit berufen kann. Das ist ein Grund, warum neue Institutionen und Amtsträger mit ihren neuen Verpflichtungen und Ansprüchen nicht nur implizit, sondern explizit und öffentlich gesalbt, geweiht, vereidigt etc. werden. Man könnte einem Oberhaupt, das seine offizielle Kopfbedeckung trägt, unmittelbar nach seiner offiziellen Amtseinführung nicht einen Schaden zufügen und sich dann auf Unwissenheit über seinen Status berufen. Ähnlich steht es mit formell niedergeschriebenen Regeln und Gesetzen: Ihre öffentliches Wesen bedeutet im Grunde, daß man sie nicht brechen und dann erwarten kann, entschuldigt zu werden, indem man sich auf Unwissenheit beruft.

Rakoczy und Tomasello (2007) argumentieren dafür, daß ein einfaches Modell für das Verständnis kultureller Institutionen regelgeleitete Spiele sind. Natürlich kann man ein Stück Holz mit der Form eines Pferdes auf einem Schachbrett nach Belieben hin und her bewegen. Wenn man aber Schach spielen will, dann erkennt man an, daß diese Figur mit der Pferdeform ein »Springer« ist, und man bewegt einen Springer nur auf bestimmte Arten und die anderen Figuren auf andere Arten mit dem Ziel, das Spiel zu gewinnen, wobei der Sieg durch bestimmte Anordnungen der Figuren definiert ist, auf die man sich zuvor geeinigt hatte. Die Figuren bekommen ihren Status durch Normen oder Regeln verliehen, deren Existenz sich ausschließlich der expliziten Übereinkunft der Spieler verdankt. Daher würden wir geltend machen, daß die ontogenetische Wiege solcher kultureller Statusfunktionen das gemeinsame Als-ob-Spiel kleiner Kinder ist, wenn sie beispielsweise gemeinsam einen Stock dazu ausersehen, eine Schlange zu sein. Dadurch vollziehen sie den grundlegenden Akt, der einen neuen Status erzeugt, da, so würden wir behaupten, dieses Ausersehen eine soziale, öffentliche Übereinkunft mit dem Spielpartner ist (siehe Wyman et al., 2009). Obwohl die Fähigkeit zum Als-ob-Spiel sich unserer Argumentation zufolge evolutionär von der Art und Weise ableitet, wie die Frühmenschen Als-ob-Wirklichkeiten durch die pantomimische Darstellung von Situationen für andere in Kommunikationsakten schufen, darf nicht übersehen werden, daß die normative Dimension erst mit der Ausrichtung an der Gruppe und der Kollektivität ins Spiel kommt, die für moderne menschliche Kulturen kennzeichnend sind.

Der wichtigste Punkt für die gegenwärtigen Zwecke besteht darin, daß es in der modernen menschlichen Welt soziale oder institutionelle Tatsachen gibt, bei denen es sich um objektive Tatsachen der Welt handelt: Barack Obama ist Präsident der Vereinigten Staaten, das Stück Papier in meiner Hosentasche ist eine 20-Euro-Note und man gewinnt beim Schach, indem man seinen Gegner schachmatt setzt. Obwohl sie objektiv sind, sind diese Tatsachen jedoch zugleich auch beobachterrelativ; das heißt, sie werden von Individuen in sozialen Gruppen geschaffen und können daher auch genauso leicht wieder aufgelöst werden (Searle, 1995). Barack Obama ist zwar Präsident, aber nur solange wir sagen, daß er Präsident ist. Euros sind gesetzliche Zahlungsmittel, aber nur solange wir uns entsprechend verhalten. Und theoretisch können die Schachregeln jederzeit geändert werden. Das absolut Außergewöhnliche an sozialen Tatsachen ist, daß sie sowohl objektiv wirklich als auch sozial geschaffen sind, was abermals für die Macht des Objektivierungs-/Verdinglichungsprozesses spricht. Wenn man fünfjährigen Kindern einige Gegenstände ohne genauere Anweisungen gibt, schaffen sie in der Tat sehr schnell ihre eigenen Regeln dafür, wie mit ihnen gespielt werden soll, und sie wenden dann diese Regeln sowohl auf sich selbst als auch auf neue Mitspieler im Sinne objektiver Tatsachen an: »Zuerst muß man dies tun«, »Das funktioniert so« und so weiter (Goeckeritz et al., unveröffentlichtes Manuskript). Wie beim Unterrichten von Erwachsenen und bei der Durchsetzung von Normen impliziert das »müssen« hier die leitende Hand einer objektiven Wirklichkeit, die unabhängig von der Perspektive oder den Wünschen irgendeines bestimmten Individuums ist.

Zusammenfassung: Gruppenorientierung und Objektivität

Die sozialen Interaktionen der Frühmenschen waren ganz und gar zweitpersonal. Die sozialen Interaktionen moderner Menschen fügten dem eine zusätzliche Schicht der geistigen Ausrichtung auf die Gruppe hinzu, beginnend mit der Identifikation mit der eigenen Gruppe. Die Mitglieder einer bestimmten Kulturgruppe wissen, daß jeder im kulturellen gemeinsamen Hintergrund der Gruppe bestimmte Dinge kennt und auch weiß, daß jeder andere sie kennt, usw. Es gibt kollektiv anerkannte Perspektiven auf Dinge (zum Beispiel wie wir die Tiere des Waldes klassifizieren, wie wir unseren Regierungsrat bilden) und kollektiv bekannte Maßstäbe dafür, wie bestimmte Rollen in bestimmten Kulturpraktiken ausgeführt werden sollten – ja ausgeführt werden müssen –, wenn man ein Mitglied der Gruppe sein will. Die Gruppe hat ihre Perspektiven und Wertmaßstäbe, und ich akzeptiere sie; tatsächlich trage ich selbst zur Konstitution der Perspektive und der Wertmaßstäbe der Gruppe bei, auch wenn ich selbst das Ziel davon bin.

Die Allgemeinheit, die bei dieser neuen Gruppenorientierung zum Vorschein kommt, ist in entscheidender Hinsicht nicht bloß schematisch. Wir sprechen hier nicht über eine individuelle Perspektive, die irgendwie verallgemeinert oder erweitert wird, oder über eine Art einfachen Aufsummierens vieler Perspektiven. Vielmehr sprechen wir über eine Verallgemeinerung, in deren Zuge aus der Existenz vieler Perspektiven so etwas wie »jede mögliche Perspektive« wird, was im Grunde »objektiv« bedeutet. Diese »jede mögliche« oder »objektive« Perspektive geht einher mit einem normativen Standpunkt, um die Schlußfolgerung zu bestärken, daß solche Dinge wie soziale Normen und institutionelle Vereinbarungen objektive Teile einer äußeren Wirklichkeit sind. Die generische Natur der kommunikativen Absicht sowohl beim Durchsetzen von Normen als auch bei der Lehre leitet sich von der wesentlich generischen Gruppenorientierung und von der sozialen Normativität ab, die die Art und Weise bestimmen, in der »wir« von »uns« erwarten, daß wir handeln, was dann dazu objektiviert wird, daß die Dinge in der Welt insgesamt so und so sind oder sein sollten.

Das kognitive Zwei-Ebenen-Modell von Gemeinsamkeit und Individualität der Frühmenschen wird somit von den modernen Menschen zu einem gruppenorientierten kognitiven Modell der Objektivität und Individualität vergrößert. Die menschliche Gruppenorientierung spiegelt somit einen tiefgreifenden Wandel in den Erkenntnis- und Handlungsweisen wieder. Alles unterliegt einem Prozeß der Verallgemeinerung, damit es für jede beliebige Person in der Gruppe auf akteursneutrale Weise paßt, und das führt zu einer bestimmten Art von kollektiver Perspektive auf die Dinge, die als ein Sinn für die »Objektivität« der Dinge, und zwar selbst derjenigen, die wir geschaffen haben, erlebt wird. Auf diese Weise wird die gemeinsame menschliche Intentionalität »kollektiviert«.

Die Entstehung konventioneller Kommunikation

Zusätzlich zur Konventionalisierung ihres Soziallebens im allgemeinen zu kollektiven Kulturpraktiken, Normen und Institutionen konventionalisierten die modernen Menschen auch ihre natürlichen Gesten zu kollektiven sprachlichen Konventionen. Die momentanen, spontanen, natürlichen Gesten der Frühmenschen waren zwar für die Koordination ihrer vielen gemeinschaftlichen Tätigkeiten wichtig, aber konventionalisierte Gesten und Vokalisierungen – die kollektiv allen bekannt sind, die in unserer Kulturgruppe in der Vergangenheit und Gegenwart aufgewachsen sind, aber anderen nicht – ermöglichten deutlich entkontextualisiertere und flexiblere Formen der Kommunikation und sozialen Koordination mit allen Mitgliedern der Kulturgruppe, selbst mit denjenigen, mit denen man nie zuvor interagiert hatte.

Auf Grundlage einer naiven Auffassung des Wesens sprachlicher Kommunikation könnte man annehmen, daß der Gebrauch der Sprache die Notwendigkeit des Denkens bei der kommunikativen Koordination intentionaler Zustände umgeht: Ich kodiere das, was ich ausdrücken will, in der Sprache, und Sie dekodieren es – so wie Telegrafisten gewöhnlich mit dem Morsealphabet arbeiteten. Aber tatsächlich funktioniert die sprachliche Kommunikation anders (Sperber und Wilson, 1996). Beispielsweise besteht ein großer Teil der Wörter in der alltäglichen Rede aus Pronomina (*er*, *sie*, *es*), indexikalischen Ausdrücken (*hier*, *jetzt*) oder Eigennamen (*John*, *Mary*), deren Referenten nicht anhand eines Codebuchs bestimmt werden können, sondern vielmehr durch den Zugriff auf einen nichtsprachlich konstituierten gemeinsamen begrifflichen Hintergrund bestimmt werden müssen. Darüber hinaus ist unsere Alltagsrede übersät mit scheinbar inkohärenten Sequenzen, zum Beispiel: Ich: »Willst du heute abend ins Kino gehen?« Sie: »Ich schreibe morgen früh einen Test.« Damit ich Ihre Antwort als »Nein« interpretieren kann, müssen wir im gemeinsamen Hintergrund die Vorstellung teilen, daß Tests erfordern, daß man vorher lernt, daß man nicht gleichzeitig lernen und einen Film anschauen kann, usw. Dieser gemeinsame Hintergrund ermöglicht dann meinen abduktiven Sprung, daß Sie nicht mit mir ins Kino gehen werden.

Und daher sind die elementarsten Denkprozesse bei der sprachlichen Kommunikation dieselben wie bei dem in Kapitel 3 erörterten Modell von Zeigegesten und Gebärdenspiel. Bei der informierenden sprachlichen Kommunikation beabsichtige ich, daß Sie etwas erkennen, und daher lenke ich Ihre Aufmerksamkeit oder Vorstellungskraft auf eine bestimmte Situation (meinen Akt der Bezugnahme) in der Hoffnung, daß Sie herausfinden werden, was ich beabsichtige, daß Sie erkennen sollen (meine kommunikative Absicht). Indem Sie sich auf unseren gemeinsamen (sowohl persönlichen als auch kulturellen) Hintergrund stützen, erschließen Sie dann abduktiv, was meine kommunikative Absicht sein könnte, und zwar auf der Grundlage dessen, daß ich Ihre Aufmerksamkeit auf diese referentielle Situation lenken will. So könnte ich beispielsweise in Ihr Büro kommen und sagen: »Die Stadt Leipzig veranstaltet diesen Sommer ein zweimonatiges Tenniscamp.« Sie verstehen meinen Referenzakt zwar vollkommen, aber Sie haben keine Ahnung, warum ich Sie über diesen Sachverhalt in Kenntnis setze. Doch dann leuchtet die abduktive Glühbirne auf: Oh, wenn er die Absicht hatte vorzuschlagen, was meine Kinder diesen Sommer tun könnten (da wir letzte Woche darüber gesprochen hatten), dann würde die Lenkung meiner Aufmerksamkeit auf diese Tatsache durchaus Sinn ergeben. In Antizipation dieses Prozesses und um ein effektiv Kommunizierender zu sein, versuche ich, Ihre potentielle abduktive Schlußfolgerung im voraus zu simulieren und meinen Referenzakt daher so zu formulieren, daß er diese Schlußfolgerung in die beabsichtigte Richtung leitet – genau wie beim Zeigen und Gebärdenspiel. Beispielsweise könnte ich antizipieren, daß, wenn ich auf das »Tenniscamp« Bezug nehme, ohne »diesen Sommer« zu erwähnen, Sie denken werden, daß ich ein Tenniscamp für Sie selbst und nicht für Ihre Kinder als Sommeraktivität meine – ein Prozeß, bei dem ich mir im Grunde Gedanken über Ihre Gedanken über meinen Kommunikationsakt mache (was selbst eine Intention ist, die sich auf Ihre intentionalen Zustände richtet).

Es muß nicht eigens betont werden, daß Kommunikationskonventionen dem Kommunikationsakt einen viel stärker gegliederten semantischen Inhalt hinzufügen als Zeigegesten und Gebärdenspiel und die Dinge dadurch vielleicht leichter werden, jedoch: all das Simulieren, Schlußfolgern und Denken, das geleistet werden muß, damit zwei Sprachbenutzer erfolgreich über komplexe Situationen kommunizieren können, machen sie damit nicht unnötig. Trotz dieser Gemeinsamkeit der Prozesse mit dem Gebrauch spontaner Gesten auf einer elementaren Ebene bietet die sprachliche Kommunikation dazu noch einige leistungsfähige neue Ressourcen für das menschliche Denken. Wir können uns auf vier davon konzentrieren, die nachfolgend in einem jeweils eigenen Abschnitt genauer erörtert werden: (1) Kommunikationskonventionen als vererbte Konzeptualisierungen, (2) Sprachkonstruktionen als komplexe Repräsentationsformate, (3) Diskurs und reflexives Denken und (4) das gemeinsame Treffen von Entscheidungen und das Geben von Gründen.

Kommunikationskonventionen als vererbte Konzeptualisierungen

Der frühmenschliche Gebrauch spontaner ikonischer Gesten als Symbole, um die Aufmerksamkeit und Vorstellungskraft anderer auf relevante Situationen zu lenken, wurde bei den modernen Menschen nun in der Gruppe konventionalisiert. Das bedeutete nicht nur, daß die Interpretation einer Geste von einem gewissen momentanen, persönlichen, gemeinsamen Hintergrund zwischen den Kommunikationspartnern abhing wie zuvor, sondern auch, daß sie jetzt von einem gewissen kulturellen gemeinsamen Hintergrund abhing, der davon handelt, wie wir in dieser Gruppe von anderen erwarten, daß sie diese Geste benutzen und interpretieren (und wie wir erwarten, daß andere von uns erwarten, daß ... usw.). So wissen wir beispielsweise alle gemäß unserem kulturellen gemeinsamen Hintergrund, daß man eine wellenartige Handbewegung in der Richtung der potentiellen Gefahr macht, wenn man die Aufmerksamkeit oder Vorstellungskraft eines Partners auf eine Vorsicht-Schlange-Situation lenken will. Solche Konventionen sind Koordinationsmittel in dem Sinne, daß die Individuen sie nur dann benutzen wollen, wenn alle anderen sie ebenfalls benutzen (Lewis, 1969; Clark, 1996). Kommunikationskonventionen werden folglich in dem Sinne durch konstitutive Normen bestimmt, daß ich einfach nicht mitspiele, wenn ich sie nicht der Konvention entsprechend gebrauche. Wie Wittgenstein (1955) so pointiert darlegte, werden die Kriterien für den konventionellen Gebrauch nicht vom Individuum, sondern von der Gemeinschaft der Nutzer bestimmt. Ich kann mich zwar dagegen auflehnen, doch mit welchem Ergebnis?

Diese kulturelle Dimension von Kommunikationskonventionen – von jedem in der Gruppe wird dem kulturellen gemeinsamen Hintergrund gemäß erwartet, daß er sie kennt und sich ihnen anpaßt – bedeutet, daß wir jetzt in Erwägung ziehen können, daß menschliche Kommunikationsakte völlig *explizit* sind. Die Frühmenschen machten die Art und Weise, wie sie Situationen für andere perspektivisch darstellten, beispielsweise dadurch manifest, daß sie auf die relevanten Situationen durch eine Geste hinwiesen, aber der Empfänger konnte das leicht mißverstehen oder gar ein Mißverständnis vortäuschen, und damit wäre die Kommunikation beendet. Wenn nun aber ein moderner Mensch eine Kommunikationskonvention benutzt, zum Beispiel die Vorsicht-Schlange-Geste, kann der Partner nicht behaupten, sie nicht zu kennen oder sie, unter normalen Umständen, nicht zu verstehen. Da wir alle die Konvention im kulturellen gemeinsamen Hintergrund kennen, ist sie explizit, und deshalb muß man reagieren. Der moderne Mensch stand daher nicht nur unter einem vom Kommunikationspartner ausgehenden zweitpersonalen Druck zu verstehen, sondern auch in einem gewissen Sinne unter dem normativen Druck der gesamten Gemeinschaft: Wenn du einer von uns bist, dann weißt du, wie man mit dieser Konvention umgeht. Jeder, der diese Kommunikationskonvention nicht versteht, ist einfach keiner von uns – wodurch sie kulturell normativ wird.

Ikonische Kommunikationskonventionen können rasch zu nicht-ikonischen werden. Das geschieht regelmäßig bei der ursprünglichen Verwendung von Zeichensprachen, wenn gehörlose Personen, die bislang ausschließlich mit hörfähigen Eltern durch spontane ikonische Gesten kommuniziert haben, mit anderen Gehörlosen zusammentreffen und einen Teil dieser »heimischen Zeichen« konventionalisieren. Das führt häufig zu einer Art Stilisierung oder Verkürzung der Zeichen (siehe Senghas et al., 2004). So könnte die wellenförmige Handbewegung für eine Schlangengefahr bis zu einem Punkt abgekürzt werden, an dem es fast keine schlangenförmige Bewegung mehr gibt. Typischerweise geschieht das, weil der Empfänger vorhersagen kann, was in der Kommunikationssituation als nächstes kommt; wenn er zum Beispiel gerade einen Stein umdreht, kann er die Vorsicht-Schlange-Geste antizipieren, sobald jemand seine Hand ausstreckt. Kinder und andere Neueinsteiger würden dann einfach nur die abgekürzte Geste der ausgestreckten Hand (ohne schlangenförmige Bewegung) nachahmen oder sich ihr anpassen, um die Aufmerksamkeit auf Situationen zu lenken, in denen Schlangengefahr besteht.[2] Leistungsfähige Kompetenzen der Imitation und Anpassung untergraben daher die Ikonizität in der Kommunikation, weil diese in einer Gruppe nicht notwendig ist, in der es einen kulturellen gemeinsamen Hintergrund dafür gibt, welche Geste man verwenden soll, um über bestimmte Situationen auf konventionelle Weise zu kommunizieren. Auf diese Weise können Kommunikationskonventionen »arbiträr« werden.

Die Implikationen dieser konventionell-arbiträren Verfahrensweise für das Individuum und seine Denkprozesse waren naturgemäß von großer Tragweite. Zum einen wurden Kinder jetzt in eine Gruppe von Menschen geboren, die eine Menge von Kommunikationskonventionen benutzten, welche ihre Vorfahren früher zur Koordination ihrer referentiellen Akte nützlich fanden, und von jedem wurde erwartet, genau diese Konventionen zu erwerben und zu benutzen. Die Individuen brauchten also nicht ihre eigenen Konzeptualisierungen von Dingen zu erfinden; sie mußten nur die der anderen lernen, die sozusagen die gesamte kollektive Intelligenz der gesamten Kulturgruppe über eine große historische Zeitspanne hinweg verkörperten. Die Individuen »erbten« somit unzählige Weisen, die Welt für andere zu konzeptualisieren und perspektivieren, was die Möglichkeit schuf, sich ein und dieselbe Situation oder Entität gleichzeitig unter verschiedenen Auffassungen vorzustellen, zum Beispiel als Beere, Frucht, Nahrung oder Ressource zum Handeln. Die Art der Auffassung ging nicht auf die Wirklichkeit zurück oder auch nur auf die Ziele des Kommunizierenden, sondern vielmehr auf die Überlegungen des Kommunizierenden darüber, wie man am besten eine Situation oder Entität auffassen sollte, so daß der Empfänger seine kommunikative Absicht am effektivsten erkennen würde.

Zusätzlich zu dieser grundlegend neuen Form konventionell/normativer und perspektivischer, kognitiver Repräsentation erzeugt die konventionelle Kommunikation mit arbiträren Mitteln auch zwei weitere neue Prozesse kognitiver Repräsentation, zumindest erleichtert sie diese. Der erste besteht darin, daß die Arbitrarität auf eine höhere Abstraktheitsstufe führt. Wenn Gesten rein ikonisch sind, ist das Abstraktionsniveau typischerweise niedrig und lokal. Mit spontanen ikonischen Zeichen wird beispielsweise das Öffnen einer Tür pantomimisch mit einer anderen Geste dargestellt als das Öffnen eines Gefäßes. Dieses Muster ist typisch für die individuell zum Hausgebrauch geschaffenen Zeichen gehörloser Kinder, die unter dem Druck stehen, ikonisch zu bleiben, da es keine Gemeinschaft von Benutzern gibt, mit denen sie konventionalisiert werden könnten. In einer Gemeinschaft, in der die Ikonizität für neue Lernende schwindet und arbiträre Konventionen entstehen, ergibt sich jedoch eine stilisiertere Darstellung von *öffnen*, die hochgradig abstrakt ist und keine Ähnlichkeit mit einer speziellen Art des Öffnens mehr hat. Diese Abstraktheit ist für viele Zeichen in konventionellen Zeichensprachen und natürlich auch stimmlichen Sprachen charakteristisch. Infolge einer Tendenz zum Arbiträren bringt die Konventionalisierung Abstraktheit hervor. Man kann sich vorstellen, daß der Erwerb einer großen Zahl arbiträrer Kommunikationskonventionen zu einer Art allgemeiner Erkenntnis führen könnte, daß die meisten der kommunikativen Zeichen, die wir gebrauchen, nur arbiträre Verbindungen mit ihren intendierten Referenten haben und wir folglich bei Bedarf auch kurzerhand neue erfinden können.

Der zweite neue Prozeß kognitiver Repräsentation, der von arbiträren Kommunikationskonventionen erzeugt oder zumindest erleichtert wird, hat ebenfalls mit Abstraktheit, allerdings eines anderen Typs, zu tun. Viele der abstraktesten Konzeptualisierungen in den zeitgenössischen Sprachen sind einzelne Zeichen für hochkomplexe Situationen, die mehrere Akteure umfassen, welche über die Zeit hinweg verschiedene Handlungen vollziehen; um beispielsweise einen Begriff wie *Gerechtigkeit* zu definieren, würde man sehr wahrscheinlich mit einer Art von Erzählung beginnen: Gerechtigkeit liegt dann vor, wenn jemand … und dann jemand … Es ist schwierig, sich vorzustellen, wie man anderen gegenüber komplexe Situationen und Ereignisse wie etwa *Gerechtigkeit* pantomimisch darstellen soll, wenn nicht durch die Präsentation eines solchen umfassenden Narrativs, und das gilt auch für konkretere narrative Ereignisse wie eine Feier oder ein Begräbnis, bei denen man, um sie anderen nahezubringen, ebenfalls ganze Sequenzen durch Gebärdenspiel nachahmen müßte. Aber mit arbiträren Zeichen kann man diese komplexen Situationen einfach durch ein einziges Zeichen benennen. Das bedeutet, daß arbiträre Zeichen im Grunde die neue Möglichkeit der Symbolisierung von Aspekten der relationalen, thematischen oder narrativen

Organisation der menschlichen Kognition eröffnen – zusätzlich zu ihrer unmittelbaren kategorialen oder schematisierten Struktur, symbolisiert durch *Baum* oder *essen* –, wodurch Bandbreite und Komplexität des menschlichen Denkens enorm erweitert werden. Wie in Kasten 1 (Kapitel 3) dargelegt wurde, besteht die Quelle des begrifflichen Zugangs des Menschen zu dieser relational-thematisch-narrativen Struktur – die jetzt durch einfache Zeichen benannt werden kann – in komplexen gemeinschaftlichen Tätigkeiten mit gemeinsamen Zielen und verschiedenen konstitutiven Rollen. Markman und Stillwell (2001) sprechen von »rollenbasierten Begriffen« für die Rollen-Slots (zum Beispiel Aufspürer bei einer Jagd) und »schemabasierten Begriffen« für die Gesamttätigkeit (zum Beispiel den Jagdausflug selbst), und es ist unwahrscheinlich, daß irgendwelche anderen Organismen diese thematische Dimension der Erfahrung konzeptualisieren.

Arbiträre Kommunikationskonventionen erzeugen – nachdem eine »kritische Masse« von ihnen entstanden ist – ebenfalls zwei neue Schlußfolgerungsprozesse. Erstens, da Menschen bei verschiedenen Gelegenheiten zu verschiedenen Zwecken und auf unterschiedlichen Abstraktionsniveaus kommunizieren, erbt der einzelne in einer Gemeinschaft konventionell Kommunizierender ein großes Inventar von Kommunikationskonventionen, die auf komplexe Weise miteinander zusammenhängen. Beispielsweise kann man sich vorstellen, daß Individuen in manchen Kontexten eine Geste oder Vokalisierung zum Hinweis auf eine Gazelle konventionalisieren würden, wohingegen sie bei einer anderen Gelegenheit eine Geste oder Vokalisierung für den Hinweis auf ein Tier im allgemeinen (oder vielleicht eine potentielle Tierbeute irgendeiner Spezies) konventionalisieren würden. Kinder würden in dieser Kultur in verschiedenen Kontexten beide Ausdrücke lernen. Dadurch wird nun die Möglichkeit nicht nur für kausale, sondern auch für formale Schlüsse eröffnet. Wenn ich Ihnen gegenüber darauf hinweise, daß sich eine Gazelle hinter dem Hügel befindet, können Sie anhand Ihres Weltwissens schließen, daß dort hinter dem Hügel eine potentielle Tierbeute ist, aber Sie können keinen ähnlichen Schluß in entgegengesetzter Richtung vom Tier auf die Gazelle ziehen. Obwohl es theoretisch spontane pantomimische Zeichen auf verschiedenen Allgemeinheitsebenen geben könnte, können sich die Kommunizierenden nur bei kollektiv bekannten konventionalisierten Zeichen sicher sein, daß die Empfänger über die nötigen konventionellen Mittel verfügen, um solche formalen Schlüsse zu ziehen – und somit auf diese Schlüsse bei der Formulierung ihrer Kommunikationsakte bauen.

Zweitens ermöglichen arbiträre Kommunikationskonventionen eine Art von »System«, so daß der Referenzbereich der einen gerade wegen ihrer Arbitrarität durch den Referenzbereich der anderen im selben »semantischen Feld« beschränkt wird (Saussure, 1916). Es liegt daher in unserem kulturellen gemeinsamen Hintergrund, daß ich eine Wahl zwischen bestimmten konventionellen Ausdrücken treffe, von denen wir beide wissen, daß sie mir zur Verfügung stehen. Wenn ich beispielsweise einem Freund berichte, daß ich seinen Bruder mit »einer Frau« bei der Nahrungssuche gesehen habe, legt das den Schluß nahe, daß das nicht seine Gattin war, obwohl seine Gattin auch eine Frau ist, weil ich, wenn es seine Gattin gewesen wäre, »Gattin« gesagt hätte und nicht »Frau«. Oder wenn ich sage, daß unser Kind »etwas von dem Fleisch« gegessen hat, dann wird geschlossen, daß es das Fleisch nicht komplett aufgegessen hat, weil ich – zumindest in einem Kontext, in dem wir beide ziemlich hungrig sind –, es gesagt hätte, wenn das der Fall gewesen wäre. Diese Arten pragmatischer Implikaturen durchdringen die Rede heutiger Sprachbenutzer und basieren auf dem gemeinsamen kulturellen Hintergrund, daß wir beide über ein gewisses Inventar konventioneller sprachlicher Ausdrücke verfügen, aus dem wir zu Kommunikationszwekken auswählen können. (Einige dieser Schlußfolgerungen kehren immer wieder und werden dann zu etwas, das häufig konventionelle Implikaturen genannt wird, wobei die Bezeichnung umstritten ist [Grice, 1975; Levinson, 2000].) Schlußfolgerungen dieses Typs werden nicht auf dieselbe Weise durch spontanes Gebärdenspiel oder irgendwelche anderen Arten nichtkonventionalisierter Zeichen generiert, weil es in diesen Fällen nicht Bestandteil des kulturellen gemeinsamen Hintergrunds der Gruppe ist, daß jeder alle Alternativen kennt und deshalb auch Schlußfolgerungen über die Auswahl eines Kommunizierenden ziehen wird.

Mit dem Aufkommen von Kommunikationskonventionen haben wir nun also einige neue Formen der Konzeptualisierung. Die modernen Menschen »erben« einen Satz von Kommunikationskonventionen in ihrem kulturellen gemeinsamen Hintergrund mit anderen in der Gruppe, und der Gebrauch dieser Konventionen wird insofern durch Normen gesteuert, als eine Abweichung davon bedeutet, daß man sich außerhalb der kulturellen Praxis stellt. Die Arbitrarität der Kommunikationskonventionen bedeutet, daß sie verwendet werden können, um Situationen und Entitäten von nahezu unbegrenzter Abstraktheit zu konzeptualisieren, einschließlich thematischer, narrativer und auf Rollen bezogener Schemata. Und mit den Kommunikationskonventionen haben wir jetzt kollektiv bekannte inferentielle Verbindungen zwischen Konzeptualisierungen, die sowohl formal als auch pragmatisch sind und die mit natürlichen Gesten nicht in derselben Weise möglich waren.

Sprachkonstruktionen als komplexe Repräsentationsformate

Wenn wir uns die frühen modernen Menschen mit einem kleinen Inventar von einteiligen (holophrastischen) Kommunikationskonventionen im Verbund mit allgemeinen kognitiven Fähigkeiten zur Erzeugung neuer mentaler Kombinationen (wozu alle Menschenaffen in der Lage sind) vorstellen, können wir uns leicht denken, daß sie auch mehrteilige sprachliche Kombinationen erzeugen. Und so gab es beispielsweise vielleicht eine Kommunikationskonvention für die Bitte um etwas Essen, indem man die Hand zum offenen Mund geführt hat. Und vielleicht gab es auch eine davon unabhängige Kommunikationskonvention für die Aufforderung, auf Beerensuche zu gehen (indem man eine Pflückbewegung nachahmte). Man müßte wohl kein Genie sein, um in einer Situation, in der jemand etwas nicht besonders Schmackhaftes zum Essen anbot, eine Essensgeste gefolgt von der Beerengeste zu vollziehen. Auf der Grundlage einer vorhandenen Fähigkeit zur Schematisierung (über die Menschenaffen und die Frühmenschen verfügten, die nun aber auf Konventionen angewendet wird) könnte man sich vorstellen, daß dieses Individuum die konventionelle Essensgeste auf andere konventionelle Nahrungsgesten verallgemeinert, etwa so wie Kleinkinder es tun, wenn sie erstmals Dinge sagen wie »mehr Saft«, wonach bald

»mehr Milch«, »mehr Beeren« usw. in einem »mehr X«-Schema folgen (sogenannte gegenstandsbasierte Schemata; Tomasello, 2003a).

Sprachkonstruktionen beginnen mit solchen einfachen gegenstandsbasierten Schemata, werden dann aber durch Diskursinteraktionen weiterentwickelt und abstrakter gemacht. Für den vorliegenden Zweck ist der Schlüsselaspekt des Prozesses der kommunikative Druck – das Verlangen nach hinreichenden Informationen –, der vom Empfänger ausgeht. Das zwingt den Kommunizierenden dazu, Dinge explizit zu machen, die er andernfalls implizit gelassen hätte. Kommunizierende stottern eine Abfolge verschiedener Äußerungen, im Pidginstil, und die Empfänger müssen die Lücken durch Schlußfolgerungen füllen. Aber es gibt auch Kommunikationspannen, und die Empfänger verlangen mehr Informationen darüber, wie die Teile aufeinander bezogen werden sollen, und deshalb müssen die Kommunizierenden im Hinblick auf ihre kommunikativen Absichten expliziter sein. Dieser Prozeß – in Kombination mit den Kompetenzen für die Integration und Automatisierung von Sequenzen – verwandelt Äußerungen wie »Ich werfe Speer auf Antilope ... sie tot« in »Ich speerte die Antilope tot«. Wenn andere dem ähnliche Schemata erzeugt werden (etwa »Ich trank die Kalebasse leer«), ist das Ergebnis eine konventionalisierte Sprachkonstruktion, in diesem Beispiel die resultative Konstruktion (Langacker, 2000; Tomasello, 1998, 2003b, 2008). In den Worten von Givón (1995), die Syntax von heute ist die Rede von gestern.[3]

Auf diese Weise entstehen völlig abstrakte Sprachkonstruktionen, die zu gestaltartigen symbolischen Konventionen aus eigenem Recht und mit ihrer eigenen abstrakten kommunikativen Signifikanz werden und verschiedene *Typen* von Situationen anzeigen. Beispielsweise lernen kleine englischsprachige Kinder schon früh abstrakte Konstruktionen für (1) einfache Kausalsituationen (etwa die Transitivkonstruktion: X $\text{VERB}_{\text{Vergangenheit}}$ Y); (2) Kausalsituationen aus der Perspektive des betroffenen Objekts aus betrachtet (zum Beispiel die Passivkonstruktion: Y wurde von X $\text{VERB}_{\text{Partizip}}$); (3) Situationen der Objektbewegung (die intransitive Lokativkonstruktion: X $\text{VERB}_{\text{Vergangenheit}}$ nach/in/auf Y); (4) Situationen der Übertragung von Eigentum (etwa die ditransitive Konstruktion: X $\text{VERB}_{\text{Vergangenheit}}$ Y ein Z); (5) Situationen, in denen ein Akteur ohne ein betroffenes Objekt handelt (etwa die nichtergative Intransitivkonstruktion: X lächelte/weinte/schwamm); (6) Situationen, in denen Objekte ihre Zustände ohne Angabe des Akteurs oder der Ursache ändern (zum Beispiel die nichtakkusative Intransitivkonstruktion: X zerbrach/starb); und so weiter (Goldberg, 1995). Entscheidend ist, daß die Kommunikationsfunktion dieser abstrakten Muster nicht daran hängt, welche konkreten Wörter in ihnen verwendet werden, wie diese schematischen Darstellungen veranschaulichen.

Bei der Verwendung einer Konstruktion laden die Kommunizierenden die Empfänger dazu ein, Situationen aus einer bestimmten Perspektive zu betrachten oder sich vorzustellen. So gibt es in einer konventionellen Sprache verschiedene Möglichkeiten, das, worum es geht, das Subjekt, zu bezeichnen, als ein perspektivisches Thema, unabhängig davon, wer die Handlung vollzieht oder ihr Adressat ist. So kann ein und dieselbe Handlung bezeichnet werden durch »John zerbrach die Fensterscheibe«, »Die Fensterscheibe wurde von John zerbrochen«, »Johns Steinwurf zerbrach die Fensterscheibe«, »Die Fensterscheibe zerbrach durch Johns Steinwurf«, »Der Stein zerbrach die Fensterscheibe«, »Die Fensterscheibe wurde von dem Stein zerbrochen« usw., je nachdem, wie der Sprecher die Situation für den Hörer bei einer bestimmten Gelegenheit konzeptualisieren möchte. Andere Konstruktionen stellen die Situation anhand dessen perspektivisch dar, wie der Kommunizierende das Wissen und die Erwartungen des Empfängers beurteilt. Die Spaltkonstruktion wie in »Es war John, der die Fensterscheibe zerbrach« wird verwendet, um anzuzeigen, daß John für das Zerbrechen der Scheibe verantwortlich war, wenn der Empfänger gegenwärtig glaubt, daß es jemand anders getan hat; das heißt, sie wird als Korrektur für eine falsche Überzeugung verwendet (Sie: »Bill hat die Scheibe zerbrochen.« Ich: »Nein, es war John, der die Scheibe zerbrochen hat.«). MacWhinney (1977) argumentiert dafür, daß diese verschiedenen Deutungen daraus entspringen, was die Kommunizierenden als ihren »Ausgangspunkt« oder ihre »Perspektive« für ihren kognitiven Zugang zu dem Ereignis wählen – was dann zum grammatikalischen Thema oder Subjekt konventionalisiert wird.

Von einem kognitiven Standpunkt aus betrachtet, stellen abstrakte Konstruktionen den Menschen eine neue Art abstraktes, syntagmatisch strukturiertes konventionelles Format für die kognitive Repräsentation zur Verfügung. Diese abstrakten Konstruktionen ermöglichen den erstmaligen und dann den wiederholten Gebrauch sprachlicher Einheiten in einer breiten Vielfalt unterschiedlicher Konstruktionen, die bei verschiedenen Gelegenheiten verschiedene Rollen spielen. Zu beachten ist, daß diese Flexibilität im Gebrauch der Einheiten die Notwendigkeit erzeugt, die Rollen, die die verschiedenen Einheiten spielen, explizit zu markieren. Wenn ich *Mann, Tiger, essen* gestikuliere oder vokalisiere, ist es wichtig, daß man weiß, wer Agent und wer Rezipiens der Essenstätigkeit ist. Moderne Sprachen haben eine Fülle von Mitteln zu diesem Zweck, wie etwa Kasusmarkierungen und kontrastive Wortfolge. Marker, die zur Angabe der Teilnehmerrollen verwendet werden, können als eine Art Symbole zweiter Stufe verstanden werden, weil sie sich auf die Rolle beziehen, die der Mitwirkende in der umfassenderen Konstruktion spielt (Tomasello, 1992).[4] Zudem macht Croft (2001) diesbezüglich geltend, daß die sprachlichen Einheiten in einer Äußerung ihre kommunikativen Funktionen nicht über ihre syntaktischen Beziehungen zu anderen Einheiten gewinnen, sondern vielmehr aus der gemeinschaftlichen syntaktischen Rolle, die sie in der Äußerung bzw. der Konstruktion als ganzer spielen. Eine Sprachkonstruktion kann daher gewissermaßen als symbolische Kooperation verstanden werden.

Abstrakte Konstruktionen sind also die Hauptquelle konventioneller sprachlicher Produktivität und somit auch der begrifflichen Produktivität im Denken. Die einzelnen Personen schematisieren und analogisieren, um abstrakte Konstruktionen zu erzeugen, und dann können sie einfach neue Einheiten in die Slots dieser Konstruktionen auf der Grundlage einer mehr oder weniger guten Übereinstimmung mit der kommunikativen Rolle des betreffenden Slots einfügen. Tatsächlich erzwingt der Gebrauch einer Einheit in einem bestimmten Slot eine Deutung, die für diese Einheit atypisch sein mag; wir sagen beispielsweise häufig solche Dinge wie »Er hörte das Gras wachsen«, »Er schluckte seinen Stolz herunter«, »Er hustete sich die Lunge aus dem Leib« usw., die atypische Deutungen einiger Einheiten erzwingen. Ein solches metaphorisches oder analoges Denken legt Zeugnis für die Tatsache ab, daß die Konstruktion selbst ihre eigene Kommunikationsfunktion besitzt – sozusagen von oben nach unten –, in die die Einheiten bis zu einer bestimmten Grenze hineingezwungen werden müssen (Goldberg, 2006). Insgesamt ermöglicht dieses System konventionalisierter abstrakter Konstruktionen – und von Einheiten, die bei Bedarf in verschiedenen Konstruktionen verwendet und wiederverwendet werden können – die Art von kreativer begrifflicher Kombination, durch die Menschen sich alles mögliche vorstellen oder es zumindest versuchen können, von fliegenden Toastern bis zu farblosen, grünen Ideen, die wütend schlafen.

Alles hängt davon ab, wie der Kommunizierende die referentielle Situation spezifiziert, über die er und der Empfänger während ihrer fortlaufenden zweitpersonalen kommunikativen Interaktion kommunizieren. Außerdem verwenden moderne Menschen die Sprache häufig auch, um Informationen über ihr Kommunikationsmotiv und ihre modale oder epistemische Beziehung zu diesem Referenzmaterial in ihrer fortlaufenden zweitpersonalen kommunikativen Interaktion mitzuteilen. In entscheidender Hinsicht ist das etwas fast gänzlich Neues im Kommunikationsprozeß. Die Frühmenschen bezogen sich zwar in unterschiedlicher Weise auf Dinge in der Welt, aber ihre eigene Beziehung zu diesem Referenzmaterial blieb implizit – und wurde vielleicht unabsichtlich (prozedural) durch einen Gesichtsausdruck oder eine Vokalisierung ausgedrückt, war aber kein intentionaler Bestandteil des Kommunikationsakts, der unter der willentlichen Kontrolle des Kommunizierenden beim Treffen von Entscheidungen stand.

Aber jetzt geben die modernen Menschen als Kommunizierende ihr Kommunikationsmotiv explizit durch Kommunikationskonventionen an. So haben die meisten Sprachen verschiedene Konstruktionen für solche Sprechakte wie Aufforderungen und informierende Akte (Aussagen). Geist- und Sprachphilosophen halten es für sehr wichtig, daß »derselbe« tatsachenartige propositionale Gehalt in verschiedenen Konstruktionen mit unterschiedlichen Kommunikationsmotiven verwendet werden kann, wie zum Beispiel in »Sie fährt zum See«, »Fährt sie zum See?«, »Fahr' zum See!«, »Wenn sie doch nur zum See fahren könnte« usw. Die Grundidee ist, daß diese Unabhängigkeit des propositionalen Gehalts von jeder besonderen »illokutionären Kraft« den propositionalen Gehalt zu einer Art quasiunabhängiger, tatsachenartiger Entität macht, die in einzelnen sprachlichen

Äußerungen frei von bestimmten Instantiierungen ist (siehe zum Beispiel Searle, 2001). Sobald die Sprechaktfunktion konventionell ausgedrückt wurde, entweder durch sprachliche Einheiten oder durch die Konstruktionen als ganze (wie oben), wurden sowohl das Kommunikationsmotiv als auch der propositionale Gehalt in dasselbe Repräsentationsformat von Wörtern und Konstruktionen konventionalisiert. Jetzt, bei diesem völlig neuen Schritt in der Kommunikation, wird auf das Motiv des Kommunizierenden bei der kommunikativen Interaktion selbst Bezug genommen, das damit konventionell konzeptualisiert wird. Diese Tatsache führte unter anderem zu Wittgensteins (1955, Nr. 11) Beobachtung, daß eine Hauptschwierigkeit für das Verständnis der Funktion der Sprache darin bestehe, daß sehr verschiedene Funktionen alle auf dieselbe grundsätzliche Weise durch Wörter und Konstruktionen ausgedrückt werden. »Freilich, was uns verwirrt, ist die Gleichförmigkeit ihrer Erscheinung, wenn die Wörter uns gesprochen [...] entgegentreten. Denn ihre *Verwendung* steht nicht so deutlich vor uns.«

Zusätzlich geben die Kommunizierenden durch verschiedene sprachliche Mittel ihre modale oder epistemische »Einstellung« gegenüber einem bestimmten propositionalen Inhalt in einer Äußerung an. Ein Kommunizierender könnte beispielsweise modal die Auffassung vertreten, daß »sie zum See fahren muß« oder daß »sie zum See fahren kann«, oder epistemisch, daß »ich glaube, daß sie zum See fährt« oder daß »ich bezweifle, daß sie zum See fährt«. Wieder besteht das evolutionäre Rohmaterial für die Konventionalisierung modaler und epistemischer Einstellungen vermutlich in Gesichtsausdrücken und der Prosodie, die gleichzeitig mit einer Äußerung ausgedrückt werden, beispielsweise Unsicherheit, Überraschung oder Empörung. Aber dann wurden diese Dinge konventionalisiert.[5] Die Kommunizierenden schließen jetzt also den propositionalen Gehalt in einer Art von »modal-epistemischer Hülle« ein (Givón, 1995) – wobei wieder alle Einheiten dasselbe konventionalisierte Repräsentationsformat von Wörtern und Konstruktionen haben –, was uns noch mehr darin bestärkt, sie als quasiunabhängige geistige Entitäten aufzufassen. In diesem Fall handelt es sich nicht nur um eine Unabhängigkeit vom Motiv der Sprecher, sondern auch davon, was die Sprecher von diesen Entitäten halten oder wie sie sich diese vorstellen. Diese Unterscheidung zwischen Inhalt und Einstellung ist auch grundlegend für die Vorstellung einer bestimmten Art von zeitlosen, objektiven, propositional strukturierten Tatsachen, die unabhängig davon sind, wie irgend jemand sie sich vorstellt oder was er von ihnen hält, und daher auch für die allgemeine Vorstellung einer unabhängigen »objektiven« Wirklichkeit.

Wenn wir jetzt alle Unterscheidungen, die wir gemacht haben – das heißt diejenigen, die der Kommunizierende aktiv steuert (und die er aus einer Reihe von Alternativen auswählen muß) –, miteinander kombinieren, haben wir die Grundstruktur einer konventionellen sprachlichen Äußerung: die Unterscheidung zwischen Kraft und Gehalt, innerhalb dieser die Unterscheidung zwischen Einstellung und Gehalt und innerhalb dieser die Unterscheidung zwischen Thema und Fokus (Subjekt und Prädikat), wie in Abbildung 4.1 gezeigt.

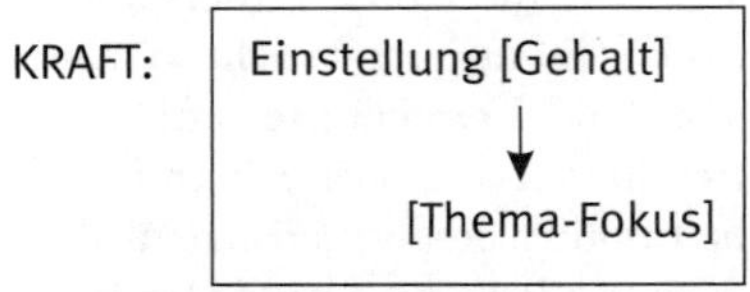

Abbildung 4.1: Die Grundstruktur einer konventionellen sprachlichen Äußerung.

Insgesamt können wir also sagen, daß Sprachkonstruktionen konventionalisierte und automatisierte Redesegmente sind, die die menschliche Erfahrung in abstrakte Muster verschiedener Art strukturieren, wenn Menschen Dinge für andere bei der Kommunikation konzeptualisieren. Konstruktionen enthalten abstrakte Rollen – Akteur, Empfänger, Ort und dergleichen –, die durch Symbole zweiter Stufe wie etwa Kasusmarker, Adpositionen oder kontrastive Wortfolge markiert werden. Die Möglichkeit, ein nahezu unbegrenztes Inventar sprachlicher Einheiten in diese Rollenslots einzufügen, ist eine Hauptquelle kreativer begrifflicher Kombinationen (siehe Clarks [1996] berühmten Satz »The newspaper boy porched the newspaper« [Der Zeitungsjunge verandaisierte die Zeitung (= warf sie auf die Veranda)]). Die Thema-Fokus-(Subjekt-Prädikat)-Struktur innerhalb spezifischer Konstruktionen dient zur Konzeptualisierung von Situationen aus der Perspektive dieser oder jener Rolle. Kommunikationsmittel zur Angabe von Sprechermotiven dienen gemeinsam mit der modal-epistemischen Hülle zur Abtrennung tatsachenartiger propositionaler Gehalte, die auf gewisse zeitlose, objektive Tatsachen mit Bezug auf eine objektive Welt hinweisen, welche unabhängig davon ist, wie irgend jemand sie sich vorstellt oder was er von ihr hält. Das sind alles Aspekte menschlicher sprachlicher Kommunikation, die für die Spezies einzigartig sind (siehe Kasten 3).

Diskurs und reflexives Denken

Sobald wir über sprachliche Kommunikation verfügen, haben wir auch Rede und Antwort, also Unterhaltungen oder Diskurse. Und was in Diskursen recht häufig geschieht, ist, daß der Empfänger auf eine Äußerung mit dem Signalisieren von Unverständnis reagiert und nach Erläuterungen fragt usw. Der Kommunizierende bemüht sich dann, die benötigte Information explizit im Fortgang der Unterhaltung bereitzustellen. Der entscheidende Punkt für das menschliche Denken besteht darin, daß die Erläuterung eines begrifflichen Gehalts in einem konventionellen sprachlichen Format (ein Gehalt, der im ursprünglichen Kommunikationsakt nur implizit enthalten war) diesen Gehalt reif zur Selbstreflexion werden läßt. Wenn wir uns nochmals auf die Analyse von Mead berufen (1934; und bis zu einem gewissen Grad auch auf die von Karmiloff-Smith, 1992), dann bedeutet die kooperative Natur der menschlichen Kommunikation, daß der Kommunizierende seinen eigenen Kommunikationsakt wahrnehmen und verstehen kann, als ob er selbst der Empfänger wäre. Das ermöglicht es ihm, sozusagen von einer Außenperspektive (siehe auch Bermudez, 2003) über sein eigenes Denken nachzudenken. Obwohl ihre Zeigegesten und ihr Gebärdenspiel die Frühmenschen in die Lage versetzten, bis zu einem gewissen Grad über ihre eigenen offen ausgedrückten Gedanken zu reflektieren, konnten nun bei den modernen Menschen und mit konventioneller sprachlicher Kommunikation einige neue Typen von Gedanken ausgedrückt werden. Darüber hinaus ging jetzt der Selbstbeobachtungsprozeß nicht nur von der Perspektive des Empfängers aus, sondern von der normativen Perspektive aller Nutzer dieser Konventionen. Drei besonders wichtige Beispiele sehen folgendermaßen aus.

Erstens bezieht sich eine wichtige Information, die oft der Erläuterung bedarf, auf die intentionalen Zustände (oder propositionalen Einstellungen) des Kommunizierenden. Nehmen wir beispielsweise an, daß ich auf dem Rückweg von einem Jagdausflug Gazellen am Wasserloch Nr. 2 trinken sehe, woraus ich schließe, daß ihr bevorzugtes Wasserloch Nr. 1 gegenwärtig ausgetrocknet ist (angesichts des trockenen Wetters in letzter Zeit).

Kasten 3. Die »Sprache« von Kanzi et al.

In den letzten Jahrzehnten wurde eine Handvoll Menschenaffen von Menschen aufgezogen, die ihnen eine bestimmte Form menschenähnlicher Kommunikation beigebracht haben. Am Ende sind sie zwar in der Lage, sehr interessante Dinge zu tun, aber es ist unklar, in welchen Hinsichten sie menschenähnlich sind, und in welchen nicht. Besonders im Hinblick auf Sprachkonstruktionen besteht kein Zweifel, daß Affen ihre Zeichen miteinander kombinieren können, und zwar manchmal auch auf kreative Weise, aber sie scheinen nichts zu haben, was menschlichen Konstruktionen ähnelt (obwohl sie vollkommen in der Lage sind, begriffliche Inhalte im allgemeinen zu schematisieren). Woran liegt das? Um diese Frage zu beantworten, folgen einige Beispiele für die Art von Äußerungen, die sie entweder mit manuellen Gesten oder mit von Menschen bereitgestellten visuellen Symbolen (die keine Ähnlichkeit mit ihren Referenten haben) hervorbringen:

BEISSEN BALL – dies tun wollen
GUMMI BEEILEN – davon haben wollen
KÄSE ESSEN – wollen
Du (Zeigegeste) JAGEN mich (Zeigegeste) – den anderen dazu auffordern

Als erstes fällt auf, daß es sich ausschließlich um Aufforderungen handelt, was die Tatsache widerspiegelt, daß über 95 Prozent der Kommunikationsakte, die von diesen Individuen produziert werden, die Form von Imperativen haben, wie systematische Untersuchungen festgestellt haben (und die restlichen 5 Prozent sind fragwürdig; Greenfield und Savage-Rumbaugh, 1990, 1991; Rivas, 2005). Das liegt daran, daß Menschenaffen das Motiv, andere einfach über Dinge zu informieren oder Informationen mit ihnen zu teilen, nicht erwerben, und zwar unabhängig davon, wie sie von Menschen trainiert werden (Tomasello, 2008). Und bei ausschließlich imperativer Kommunikation gibt es wenig funktionalen Bedarf an all den Komplexitäten menschlicher sprachlicher Kommunikation (prototypischerweise kein Subjekt, kein Tempus usw.).

Dennoch sind viele der Kommunikationsakte, die von diesen Individuen produziert werden, eindeutig komplex und werden durch eine Art Ereignis-Mitspieler-Struktur gegliedert, was eine Segmentierung der Situationen in diejenigen Mitspieler widerspiegelt, die an den repräsentierten Beziehungen oder Handlungen beteiligt sind. Aber trotz dieser Komplexität fehlen doch einige für die menschliche sprachliche Kommunikation entscheidende Dinge. Im Grunde fehlen all jene Aspekte der menschlichen Grammatik, die begrifflich Konstruktionen für andere und deren Wissen, ihre Erwartungen und ihre Perspektive strukturieren. Über Ereignisse und Mitspieler (und vielleicht Orte) hinaus haben die sprachlichen Menschenaffen Einheiten gelernt, die ihre eigenen Wünsche anzeigen (obwohl es an der menschlichen Wiedergabe nicht erkennbar ist, zeigt beispielsweise ihr Gebrauch der Einheit »beeilen« an, daß sie es jetzt wollen). Was jedoch fehlt, sind all jene Aspekte der Syntax, die darauf abzielen, die Äußerung für den Empfänger verständlich zu machen – ein Schlüsselbestandteil des Kooperationsmotivs. Zum Beispiel:

- Sie »verankern« ihre Referenzakte nicht für den Hörer, um ihm bei der Identifikation des Referenten zu helfen. Das heißt, sie haben keine Nominalphrasen mit solchen Dingen wie Artikeln und Adjektiven, die dazu beitragen, genauer zu spezifizieren, welchen Ball oder welchen Käse man beispielsweise will. Außerdem haben sie keinerlei Tempusmarker, die angeben würden, auf welches Ereignis sie sich im Hinblick auf den Zeitpunkt seines Auftretens beziehen wollen.
- Sie verwenden keine Symbole zweiter Stufe wie etwa Kasusmarker oder Wortfolge, um semantische Rollen zu markieren und dadurch anzugeben, wer in der Äußerung was wem gegenüber tut. Die Kommunizierenden brauchen diese Informationen nicht; sie werden zur Verfügung gestellt, um sicherzustellen, daß der Hörer die Rolle jedes Mitspielers in der umfassenderen Situation oder in dem Ereignis versteht, auf das sich die Mitteilung bezieht.
- Sie haben keine Konstruktionen oder andere Mittel, um die Hörer darauf hinzuweisen, was alt, was neu ist und was ganz anders ist als gedacht. Wenn Sie beispielsweise felsenfest behaupten würden, daß Bill die Fensterscheibe zerbrochen hat, würde ich Sie wahrscheinlich mit einer Spaltkonstruktion korrigieren und sagen: »Nein, es war FRED, der die Fensterscheibe zerbrochen hat.« Menschenaffen haben keine solchen Konstruktionen.
- Sie wählen keine Konstruktionen aufgrund von Perspektiven aus. Beispielsweise könnte ich dasselbe Ereignis anhand Ihres Wissens, Ihrer Erwartungen und meiner kommunikativen Absichten entweder durch »Ich zerbrach die Vase« oder »Die Vase zerbrach« beschreiben, wohingegen sprachliche Menschenaffen Konstruktionsalternativen dieses Typs nicht gelernt haben.
- In ihren Äußerungen drücken sie ihr Kommunikationsmotiv nicht eigens aus (warum sollten sie auch, da es ja immer auffordernd ist) oder irgend etwas von ihren epistemischen oder modalen Einstellungen gegenüber der Referenzsituation.

Der entscheidende theoretische Punkt besteht darin, daß menschliche Sprachkonstruktionen über die Angabe von Reihenfolgepräferenzen für Äußerungen hinaus unter Berücksichtigung von Anpassungen an das Wissen, die Erwartungen und die Perspektive des Empfängers erzeugt werden. Und selbst sehr einfache Konstruktionen wie Nominalphrasen erfordern Anpassungen an das Wissen, die Erwartungen und die Perspektive des Hörers. Menschen konventionalisieren auch Ausdrücke für Motive und epistemische und modale Einstellungen in ihren Konstruktionen. Das alles kann als pragmatische Dimension der Grammatik und als einzigartig menschlich bezeichnet werden.

Als ich wieder zu unserem Lager zurückkomme, teilen Sie mir mit, daß Sie zum Wasserloch Nr. 1 gehen wollen, um Wasser zu holen. Ich möchte Sie darüber informieren, daß es wahrscheinlich kein Wasser enthält, aber ich will nicht einfach als Tatsache aussagen »Es enthält kein Wasser«, weil ich mir nicht sicher bin. Vermutlich war der erste Marker für die Unsicherheit des Sprechers, der in solchen Situationen benutzt wurde, ein unwillkürlicher Gesichtsausdruck (siehe oben). Aber dann konventionalisierten die Menschen Möglichkeiten des Ausdrucks von Zweifel, indem sie beispielsweise so etwas sagten wie »Vielleicht enthält es kein Wasser« oder »Ich glaube, es enthält kein Wasser«. Kleine Kinder – sowohl englisch- als auch deutschsprachige –, die erstmals Wörter für das Denken benutzen, tun das interessanterweise nicht, um auf einen spezifischen geistigen Akt des Denkens hinzuweisen, sondern vielmehr um ihre Unsicherheit in ebendieser Weise durch *vielleicht* auszudrücken (so bedeutet »Ich glaube, es enthält kein Wasser«, daß es vielleicht keines enthält; Diessel und Tomasello, 2001). Erst später nehmen sie ausdrücklich Bezug auf geistige Ereignisse in der dritten Person. Daher lautet eine Hypothese, daß es die Erfordernisse der Rede waren, die Menschen dazu führten, explizit über geistige Zustände zu sprechen. Anfänglich taten sie das nicht in allen möglichen Situationen, sondern nur im Hinblick auf ihre eigenen epistemischen Einstellungen gegenüber propositionalen Inhalten. Später gingen sie dazu über, mit genau derselben

Menge kommunikativer Konventionen auf die geistigen Zustände von allen und jedem Bezug zu nehmen, einschließlich eigener und fremder Zustände. Sobald Menschen explizit auf intentionale Zustände Bezug nehmen konnten, konnten sie auch auf neue Weise reflexiv über sie nachdenken.

Eine zweite Menge kognitiver Prozesse, die häufig der Erläuterung bedarf, sind die logischen Schlußprozesse des Kommunizierenden. Sie umfassen in erster Linie diejenigen, die durch *und* und *oder* angegeben werden, verschiedene Arten der Negation (z. B. *nicht*) und Implikation (*wenn…dann…*). Der Sprecher benötigt solche Begriffe beispielsweise, um in einer von Argumenten geprägten Unterhaltung auf den Druck des Empfängers reagieren zu können, indem er seine Schlußprozesse explizit macht. Und so zwingt der »logische Druck« im argumentativen Diskurs, analog zum kommunikativen Druck in der normalen Unterhaltung, die Streitenden dazu, die logischen Operationen, die bis dahin nur prozedural und nicht repräsentational waren, sprachlich explizit zu machen. Man kann sich einen ersten gestischen/ikonischen Schritt vorstellen, bei dem beispielsweise *oder* in einer Art Gebärdenspiel dadurch ausgedrückt wird, daß jemand entweder *diesen* Gegenstand (der in der einen Hand vorgehalten wird) oder *jenen* Gegenstand (der in der anderen vorgehalten wird) anbietet. Eine »*Wenn…dann…*«-Implikation könnte durch eine pantomimische Darbietung solcher alltäglicher sozialer Interaktionen wie Drohungen oder Warnungen dargestellt werden (wenn X …, dann Y). Aber wie immer hat die Symbolisierung dieser logischen Operatoren durch sprachliche Konventionen sie viel abstrakter und leistungsfähiger und außerdem viel leichter zugänglich für die Selbstbeobachtung und die Selbstreflexion gemacht.

Drittens sind Sprecher häufig gezwungen, einen Teil der Hintergrundannahmen und/oder des gemeinsamen Hintergrunds explizit zu machen, um den Empfänger beim Verstehen zu unterstützen. Nehmen wir zum Beispiel an, daß wir gemeinsam nach Honig suchen, eine kulturelle Praxis, mit der wir beide durch unseren gemeinsamen kulturellen Hintergrund sehr vertraut sind. Das Wissen, das wir hinsichtlich dieser Praxis teilen – nach welcher Art von Bienenstock wir suchen, die Baumhöhe, die wir mit den Augen abtasten würden, die Werkzeuge, die nötig sind, der Behälter, den wir für den Transport brauchen werden, usw. –, steuert viele unserer Tätigkeiten. Wenn Sie losgehen und anfangen, Blätter zu pflücken und zusammenzuflechten, warte ich geduldig auf Sie, da wir beide wissen, daß wir für den Transport ein Gefäß brauchen. Dies alles ist implizit in unserem (kulturellen) gemeinsamen Hintergrund enthalten. Ein Frühmensch könnte dieses geteilte Wissen explizit machen, indem er gegenüber seinem Partner auf das Vorhandensein geeigneter Blätter hinweist. Stellen wir uns jetzt aber vor, daß ich als moderner Mensch mittels geteilter Kommunikationskonventionen meine Absicht ausdrücke, daß Sie das Vorhandensein der Blätter bemerken sollen: »Schau, dort drüben gibt es ein paar gute Blätter.« Dadurch wird Ihre Aufmerksamkeit zwar viel expliziter auf die Blätter gelenkt, aber es gibt immer noch Raum für Mißverständnisse (gut wofür?). Daher schauen Sie vielleicht zu den Blättern hinüber, aber Sie wissen nicht, was Sie damit anfangen sollen. Je nachdem, wie ich einschätze, was Sie nicht verstehen, könnte ich sagen »Es sind Banyanblätter« oder »Wir werden ein Gefäß brauchen« oder »Wir brauchen Banyanblätter, um ein Gefäß herzustellen« oder was auch immer. Ich mache Ihnen gegenüber den Grund explizit, weshalb ich Ihre Aufmerksamkeit auf das Vorhandensein der Blätter lenke (wovon ich fälschlicherweise annahm, daß Sie das aus unserem gemeinsamen Hintergrund erschließen könnten), und dabei mache ich die Grundlagen meines eigenen Denkens im Dienste der Kommunikation explizit. Abermals ermöglicht mir das, auf meine Gedanken und ihre Beziehungen untereinander so zu reflektieren, wie ich es nicht konnte, als sie bloß ein impliziter Bestandteil unseres gemeinsamen Hintergrunds waren.

Und daher konnten solche Dinge wie intentionale Zustände, logische Operationen und Hintergrundannahmen mit dem Auftreten moderner Menschen explizit durch eine relativ abstrakte und von Normen regierte Menge kollektiv bekannter Sprachkonventionen ausgedrückt werden. Aufgrund der konventionellen und normativen Natur der Sprache fanden jetzt neue Reflexionsprozesse nicht nur dann statt, wenn Menschenaffen ihre eigene Unsicherheit beim Treffen einer Entscheidung oder Frühmenschen das Verständnis des Empfängers überwachten, sondern vielmehr weil ein »objektiv« und normativ denkender Kommunizierender seine eigene sprachliche Konzeptualisierung bewertet, als ob sie von einer anderen »objektiv«

und normativ denkenden Person käme. Das Ergebnis ist, daß moderne Menschen sich nicht nur an individueller Selbstbeobachtung oder zweitpersonaler sozialer Bewertung beteiligen, sondern vielmehr an einer vollständig normativen Selbstreflexion.

Gemeinsames Entscheiden und das Geben von Gründen

Schließlich müssen wir einen ganz besonderen diskursiven Kontext in der menschlichen Kommunikation herausgreifen, der bahnbrechende Implikationen für den Prozeß des menschlichen Denkens hat: das gemeinsame Treffen von Entscheidungen. Als prototypisches Beispiel können wir uns Kooperationspartner – oder auch einen Ältestenrat – vorstellen, die versuchen, eine bestimmte Vorgehensweise in Anbetracht der Tatsache zu wählen, daß sie in ihrem gemeinsamen Hintergrund wissen, daß mehrere Vorgehensweisen möglich sind. Unter der Voraussetzung, daß die Macht in ihrer Situation wechselseitiger Abhängigkeit gleich verteilt ist, können sie dem anderen oder den anderen nicht einfach sagen, was zu tun ist; vielmehr müssen sie eine mögliche Vorgehensweise vorschlagen und sie durch Gründe stützen.

Beginnen wir mit den Frühmenschen. Da die frühmenschlichen Kooperationspartner typischerweise vieles in ihrem gemeinsamen Hintergrund hatten, konnten sie auf eine solche Weise Zeigegesten und Gebärdenspiel vollziehen, daß dadurch Gründe implizit angedeutet wurden. So können wir uns beispielsweise zwei Frühmenschen vorstellen, die eine Antilope verfolgen. Sie verlieren das Tier aus den Augen und halten daher auf einer Lichtung an, um gemeinsam zu entscheiden, in welche Richtung sie gehen sollen. Einer der beiden könnte in diesem Zusammenhang auf Spuren am Boden zeigen. Diese sind für die Jäger relevant, weil es Teil ihres gemeinsamen Hintergrunds ist, daß es sich dabei um Antilopenspuren handelt, die möglicherweise von dem Tier stammen, das sie verfolgen. Ebenfalls relevant ist die Richtung der Spuren, weil die beiden in ihrem gemeinsamen Hintergrund wissen, was das für die wahrscheinliche Bewegungsrichtung der Antilope bedeutet. Der springende Punkt ist, daß das Ziel des Kommunizierenden bei der Lenkung der Aufmerksamkeit seines Partners auf die Spuren darin besteht, daß sein Partner mit ihm gemeinsam in eine bestimmte Richtung wandert. Aber er zeigt nicht in diese Richtung; er zeigt nur auf den Boden. Die Handlung des Kommunizierenden liefert somit eine Art impliziten Grund für den Empfänger, den wir folgendermaßen glossieren können: Schau die Spuren an; angesichts dessen, was unser gemeinsamer Hintergrund über ihre Bedeutung für die wahrscheinliche Bewegungsrichtung unserer Beute besagt, geben sie uns einen Grund an die Hand, in diese Richtung zu gehen. Der Empfänger könnte dagegenhalten, indem er in eine andere Richtung zeigt, in der sie den Nachwuchs der Antilope in der Nähe einiger Büsche erspähen, was ein stärkerer Grund ist und dafür spricht, in diese andere Richtung zu gehen. Keiner dieser Gründe ist natürlich explizit, und daher hat das noch nichts mit dem zu tun, was wir voll begründetes Denken nennen könnten. Aber es ist ein Anfang.

Mit den modernen Menschen und ihren Fertigkeiten zur konventionellen sprachlichen Kommunikation erreichen wir das voll ausgebildete schlußfolgernde Denken, wobei »schlußfolgerndes Denken« nicht einfach bedeutet, über etwas nachzudenken, sondern auf konventionelle Weise – für andere oder für sich selbst – die Gründe zu erläutern, warum man denkt, was man denkt. Das steht im Konflikt zu der traditionellen Auffassung, daß das schlußfolgernde Denken des Menschen Privatsache ist. Am deutlichsten äußern sich Mercier und Sperber (2011) über diesen Punkt. Sie fassen den Schlußfolgerungsprozeß in Begriffen der Kommunikation und des Diskurses, insbesondere des argumentativen, in dem Menschen anderen gegenüber ihre Gründe dafür darlegen, warum sie glauben, daß etwas Bestimmtes der Fall ist. Die Grundidee ist folgende: Wenn ein Kommunizierender einen Empfänger über etwas informiert, dann will er, daß man ihm glaubt, und häufig ist das auch der Fall (auf der Grundlage wechselseitiger Annahmen im Hinblick auf Kooperativität). Aber manchmal mangelt es dem Empfänger an genügend Vertrauen (aus welchem Grund auch immer), und daher gibt der Kommunizierende Gründe für seine informative Aussage. In einem solchen Diskurs, in dem Gründe angegeben werden, versuchen Individuen, andere zu überzeugen. Viele unterschiedliche Belege deuten darauf hin, daß die Hauptfunktion des schlußfolgernden Denkens darin besteht, andere zu überzeugen, so zum Beispiel die Neigung der Menschen, nach stützenden anstatt nach entkräftenden Belegen zu suchen (der Bestätigungsbias). Dieser Ansicht zufolge ist das Überzeugen anderer gut für die Fitness eines Individuums, und daher entwickelten Menschen Schlußfolgerungsfähigkeiten nicht, um zur Wahrheit zu gelangen, sondern um andere von ihren Ansichten zu überzeugen.

Der Vorschlag, daß das menschliche Schlußfolgern, einschließlich des individuellen Schlußfolgerns, einen sozial-kommunikativen Ursprung hat, ist höchstwahrscheinlich richtig. Aber Merciers und Sperbers Darstellung neigt dazu, die beteiligten Kooperationsprozesse in den Hintergrund zu schieben, und deshalb möchte ich eine alternative Darstellung vorstellen, die diese Prozesse in den Vordergrund rückt: Der entscheidende soziale Kontext besteht im gemeinsamen oder kollektiven Treffen von Entscheidungen, wie es bei gemeinschaftlichen Tätigkeiten regelmäßig geschah. Auf einem Jagdausflug denken Sie vielleicht, daß wir in dieser Richtung nach Antilopen jagen sollten, und ich meine, daß wir besser in jene Richtung gehen sollten. Um für Ihre Ansicht zu argumentieren, machen Sie Ihre Überlegungen in unserer konventionellen Sprache expliziter, indem sie beispielsweise feststellen, daß es im Süden ein Wasserloch gibt. Ich widerspreche ebenfalls in sprachlicher Form, indem ich meine Überlegung explizit mache, daß zu dieser Tageszeit wahrscheinlich Löwen am Wasserloch sein werden und deshalb keine Antilopen – und außerdem gibt es hier Antilopenspuren, die nach Norden weisen. Sie sagen, daß diese Spuren alt aussehen, aber ich meine, daß das daher kommt, daß sie heute morgen direktem Sonnenlicht ausgesetzt waren und tatsächlich ungefähr zur Zeit des Morgengrauens hinterlassen wurden. Und so weiter und so fort. Der entscheidende Punkt ist, daß eine solche Argumentation einen kooperativen Kontext voraussetzt. Wie Darwall (2006, S. 14) es formuliert: »Nur in bestimmten Kontexten, etwa wenn Sie und ich versuchen herauszufinden, was wir gemeinsam glauben sollen, haben wir beide ein Recht darauf zu verlangen, daß der jeweils andere logische Schlußfolgerungen zieht.«

Eine solche kooperative Argumentation, wie wir das nennen könnten, kann in der Spieltheorie als Kampf der Geschlechter modelliert werden: Unsere höchsten Ziele sind kooperativ – wir werden unter allen Umständen gemeinsam auf die Jagd gehen, weil sonst die Aussicht auf Erfolg gleich null ist –, aber innerhalb dieses kooperativen Rahmens argumentiert jeder von uns für sein eigenes Anliegen. Entscheidend ist, daß in diesem Kontext keiner von uns den anderen überzeugen will, sollten wir uns tatsächlich über den Aufenthaltsort der Antilopen irren; jeder würde lieber den Streit verlieren und heute abend etwas essen, anstatt den Streit zu gewinnen und zu hungern. Und deshalb ist es eine Schlüsseldimension unserer Kooperativität, daß wir beide im voraus implizit übereinkommen, daß wir in diejenige Richtung gehen werden, für die es die »besten« Gründe gibt. Genau darum geht es beim Vernünftigsein.

Die Berufung auf die »besten« Gründe beinhaltet das, was Sellars (1963) als »gemeinsame Maßstäbe für Richtigkeit und Relevanz, die das, was ich meine, mit dem verbinden, was jeder meinen sollte« bezeichnet. Unsere kooperative Argumentation im Kontext gemeinsamer oder kollektiver Entscheidungen setzt also eine gemeinsame Metrik voraus, die wir beide benutzen, um zu bestimmen, welche Gründe wirklich die »besten« sind. Auf diese Weise sind soziale Normen entstanden, die die kooperative Argumentation bei Gruppenentscheidungen leiten und beispielsweise angeben, daß Gründe, die auf direkter Beobachtung beruhen, andere Gründe ausstechen, die auf indirekten Belegen oder Hörensagen beruhen. Ein noch tieferer, begrifflicher Punkt besteht darin, daß man als Infrastruktur gewisse »Spielregeln« akzeptiert, nämlich die sozialen Normen der Gruppe für eine kooperative Argumentation, wenn man sich überhaupt auf eine Argumentation einläßt. Das ist der Unterschied zwischen einem Straßenkampf und einem Boxkampf. Die Griechen der Antike machten einige der wichtigsten dieser Argumentationsnormen in der westlichen Kultur explizit, zum Beispiel das Gesetz vom zu vermeidenden Widerspruch (ein Disputant kann nicht dieselbe Aussage gleichzeitig für wahr und für falsch halten) und das Gesetz der Identität (ein Disputant kann die Identität von A im Verlauf der Argumentation nicht ändern). Wir können uns vorstellen, daß auch vor den Griechen Menschen, die beispielsweise dieselbe Aussage gleichzeitig für wahr und für falsch hielten, von anderen entweder ignoriert oder dazu ermahnt wurden, rational zu argumentieren. Die kooperative Infrastruktur war also entscheidend bei der Bestimmung, was es überhaupt heißt, schlußfolgernd zu denken. Die natürliche Welt mag zwar ganz und gar »deskriptiv« sein – die Antilopen sind eben dort, wo sie sind. Die kulturell eingebetteten Diskursprozesse, anhand deren wir – im Raum der Gründe, um Sellars evokative Formulierung zu gebrauchen – bestimmen, was dieses »Deskriptive« tatsächlich ist, sind vom Sollen durchdrungen.

Die kooperative Argumentation wäre somit der Geburtsort von »assertiven« Sprechakten gewesen. Behauptungen gehen über die informativen Sprechakte, von denen sie sich ableiten, insofern hinaus, als der Behauptende sich auf die Wahrheit einer Aussage verpflichtet (das heißt, ich verpflichte mich nicht nur zur Aufrichtigkeit, sondern auch auf die objektive Wahrheit der Aussage) und, was entscheidend ist, darauf, sie, falls nötig, mit Gründen und Rechtfertigungen zu stützen. Gründe und Rechtfertigungen sollen anderen gegenüber die Grundlagen dafür, warum ich etwas glaube, explizit machen, was ihnen einen Grund dafür geben könnte, es ebenfalls zu glauben, weil sie diese Grundlagen teilen (etwa: wir wissen und akzeptieren alle von vornherein, daß keine Antilopen am Wasserloch sein werden, wenn dort Löwen sind). Man kann ein Argument auch ablehnen, weil es die Normen der Argumentation verletzt (zum Beispiel: »Sie haben sich gerade selbst widersprochen«) oder etwas impliziert, von dem wir beide wissen, daß es nicht wahr ist. Insgesamt ist diese Fähigkeit, Gedanken durch verschiedene inferentielle Beziehungen (prototypischerweise dadurch, daß man Gründe und Rechtfertigungen liefert) mit anderen Gedanken zu verknüpfen (sowohl die der anderen als auch die eigenen), entscheidend für die menschliche Vernunft im allgemeinen, und sie führt zu einer Art wechselseitiger Verknüpfung zwischen allen potentiellen Gedanken einer Person in einem holistischen »Netz von Überzeugungen«.

Der Schlußstein von allem – der von allen modernen Denkern anerkannt wird, die eine soziokulturelle Auffassung des menschlichen Denkens vertreten – ist die Internalisierung dieser verschiedenen interpersonalen Prozesse des Explizitmachens von Dingen in das individuelle rationale Denken oder Schlußfolgern. Das Explizitmachen von Dingen, um das Verständnis eines Empfängers zu erleichtern, führt den Kommunizierenden – vielleicht in einer Art von innerem Dialog – zu einer Simulation dessen, wie sein geplanter Kommunikationsakt wohl verstanden werden könnte, und zwar bevor er tatsächlich eine Äußerung produziert. Das Explizitmachen von Dingen, um jemanden durch ein Argument zu überzeugen, führt den Disputanten im voraus zu einer Simulation dessen, was ein potentieller Opponent auf sein Argument entgegnen könnte, um somit eine wechselseitig miteinander verknüpfte Menge von Gründen und Rechtfertigungen bereitzuhalten – vielleicht ebenfalls in einer Art von innerem Dialog. Brandom (2000, S. 819) beschreibt den Prozeß folgendermaßen: »Wie eingangs dieses Kapitels formuliert, verhalten sich die begrifflichen Gehalte des *monologischen* Begründens [...] parasitär zu und sind intelligibel allein anhand der Art von Gehalt, die beim *dialogischen* Begründen übertragen wird, in dessen Rahmen die Beantwortung der Frage, was woraus folgt, wesentlich Beurteilungen aus den verschiedenen sozialen Perspektiven kontoführender Gesprächspartner mit verschiedenen Hintergrund-Festlegungen beinhaltet.«

Die Normen für menschliches Schlußfolgern haben also zumindest eine implizite Zustimmung in der Gemeinschaft, und Einzelpersonen liefern Gründe und Rechtfertigungen als Mittel, um »jede beliebige rationale Person« zu überzeugen. Menschliches Schlußfolgern – auch wenn es im inneren Dialog mit dem eigenen Selbst geschieht – ist daher von einer bestimmten Art kollektiver Normativität durchsetzt, bei der die Person ihre Handlungen und ihr Denken auf der Grundlage der normativen Konventionen und Maßstäbe der Gruppe reguliert. Manche sprechen diesbezüglich von »normativer Selbststeuerung« (Korsgaard, 2009).

Akteursneutrales Denken

Das zweitpersonale Denken der Frühmenschen zielte auf die Lösung von Koordinationsproblemen ab, die in direkten gemeinschaftlichen und kommunikativen Interaktionen mit spezifischen anderen auftauchten. Die modernen Menschen waren mit anderen Arten von Koordinationsproblemen konfrontiert, nämlich solchen, die unbekannte andere einschlossen, mit denen man nur wenig oder gar keinen gemeinsamen Hintergrund hatte. Die Lösung auf der Verhaltensebene bestand darin, für die ganze Gruppe gültige, akteursneutrale

Konventionen, Normen und Institutionen zu schaffen, bei denen jeder von jedem im kulturellen gemeinsamen Hintergrund erwartete, daß er sich ihnen anpaßte. Um sich mit anderen in einer solchen Welt kommunikativ zu koordinieren, mußte die menschliche Kommunikation auch konventionell sein und wiederum nicht auf einem persönlichen, sondern auf dem kulturellen gemeinsamen Hintergrund beruhen. Und um bei der konventionellen Kommunikation gute Kommunikationspartner zu sein – insbesondere, um ein Kooperationspartner beim Treffen gemeinsamer Entscheidungen zu sein –, mußten die modernen Menschen ihre Gründe dafür, daß sie auf eine bestimmte Weise dachten, explizit sprachlich ausdrücken und dann die normativen Urteile der Kulturgruppe im Hinblick auf die Verständlichkeit und Rationalität dieser sprachlichen Akte und Gründe simulieren. Moderne Menschen haben nicht nur an gemeinsamer Intentionalität mit anderen Individuen teil, sondern auch an kollektiver Intentionalität mit der gesamten Kulturgruppe.

»Objektiv« repräsentieren

Die Frühmenschen repräsentierten für sich kognitiv verschiedene Situationen und Entitäten gleichzeitig aus mehr als einer Perspektive, und dann kennzeichneten oder symbolisierten sie für andere bestimmte Perspektiven auf diese Situationen und Entitäten in ihren deiktischen und ikonischen Kommunikationsakten. Die modernen Menschen fingen dann an, mit manchmal unvertrauten anderen anhand von akteursneutralen Konventionen, Normen und Institutionen zusammenzuarbeiten und zu kommunizieren, so daß die kognitiven Modelle, die sie konstruierten, und die Perspektiven, die sie simulierten, nicht nur besondere andere betrafen, sondern vielmehr eine Art von generischem anderen oder vielleicht die Gruppe insgesamt. Die sprachlichen Konventionen, in die die Individuen hineingeboren wurden, verkörperten die Art und Weise, wie die Gruppe als ganze schon seit vielen Jahren Erfahrungen perspektivierte und schematisierte, so daß diese Art und Weise unausweichlich zu sein schien. Diese neue Art der sozialen Funktion führte zu kognitiven Repräsentationen mit drei wichtigen neuen Merkmalen.

Konventionell. Zum ersten Mal in der Geschichte des Lebens »erbten« die modernen Menschen ein kulturell konstruiertes Repräsentationssystem in Form einer konventionellen Sprache, die ein strukturiertes Inventar von Konzeptualisierungen umfaßt, das Vorfahren in dieser Kultur zu früherer Zeit für die Kommunikation mit anderen nützlich fanden. Der Gebrauch sprachlicher Konventionen wurde innerhalb des kulturellen gemeinsamen Hintergrunds der Gruppe geteilt, und das bedeutete in Anbetracht der Gruppenorientierung und der Konformität, daß sie in »Gemeinschaftsmaßstäben«, die ihren richtigen Gebrauch steuerten, normativ verankert wurden. Dadurch schien es, und zwar insbesondere den Kindern, die die Sprache erwarben, daß die Art und Weise, wie die eigenen sprachlichen Konventionen die Welt aufgliederten, irgendwie natürlich war.

Zusätzlich wurde durch die Arbitrarität sprachlicher Konventionen die Fähigkeit, mit hochgradig abstrakten Konzeptualisierungen wie etwa *Gerechtigkeit* oder *Erpressung* umzugehen, geschaffen oder zumindest gefördert. Diese Begriffsbildungen schematisieren nicht eine taxonomische Klasse, sondern vielmehr eine thematisch oder narrativ definierte Entität. Die Arbitrarität sprachlicher Symbole führte auch zu abstrakteren Konzeptualisierungen relativ konkreter Begriffe wie etwa *öffnen* oder *zerstören* über verschiedene besondere Situationen hinweg. Vor allem ermöglichten sprachliche Konventionen und ihre wechselseitigen Beziehungen aufgrund ihrer konventionellen Eigenart Begriffsbildungen mit explizit kontrastierenden Aspektcharakteren – *Gazelle*, *Tier*, *Abendessen* –, die jeder vom kulturellen gemeinsamen Hintergrund der Gruppe her kannte. Diese kontrastierenden Aspektcharaktere erzeugten für das Individuum eine Lücke zwischen der Welt, wie es sie für seine eigenen instrumentellen Handlungen konzeptualisierte, und der Welt, wie sie in seiner konventionellen Sprache auf unterschiedliche kontrastive Weise konzeptualisiert wurde, eine Lücke, über die sich Menschen von den Griechen der Antike bis zu Benjamin Lee Whorf Gedanken gemacht haben.

Propositional. Die modernen Menschen begannen, sprachliche Konventionen in verschiedenen Mustern miteinander kombiniert zu verwenden, was zur Entstehung abstrakter Sprachkonstruktionen als Arten sprachlicher Gestalten führte. Viele Sprachkonstruktionen konzeptualisieren ganze Propositionen, und zwar anhand von internen Konstituenten, die durch Symbole zweiter Stufe markiert sind, wo sie festgelegte Rollen in der Konstruktion spielen. Sprachkonstruktionen auf der Ebene von Propositionen sind perspektivisch (etwa: aktiv versus passiv), und eines der Elemente (das Subjekt) liefert einen perspektivischen Einstieg in die konzeptualisierte Situation. Die Abstraktheit von Sprachkonstruktionen ermöglicht besonders produktive begriffliche Kombinationen, so daß wir uns alle möglichen imaginären Entitäten und Situationen vorstellen können, von einer glücklichen Sonne bis zum Mann im Mond. Sprachkonstruktionen schaffen somit die Möglichkeit verschiedener Arten metaphorischer Repräsentationen, in denen strukturelle Analogien einen neuen Denkrahmen bereitstellen, angefangen dabei, daß eine Idee eine andere »untergräbt«, bis zu Tätigkeiten, die meine Freizeit »auffressen«. Das Explizitmachen verschiedener Arten von Kommunikationsmotiven und -einstellungen in Sprachkonstruktionen trug zu einer objektivierten Sichtweise der Erfahrung bei, da es einen tatsachenartigen propositionalen Inhalt nahelegte, der unabhängig von den Wünschen oder Einstellungen irgendeines besonderen Individuums war.

Mit ihren Sprachkonstruktionen begannen die modernen Menschen auch, Behauptungen aufzustellen – auf deren objektive Wahrheit sie sich verpflichteten –, die sich entweder auf bestimmte episodische Ereignisse oder aber insbesondere auf generische Ereignisse oder Tatsachen eines bestimmten Typs beziehen konnten. Das taten sie vor allem bei der Durchsetzung von Normen (»Das tut man nicht in der Öffentlichkeit«) und beim Lehren (»So funktioniert das«). Diese Generizität entstand vermutlich aus der normativen »Stimme der Gruppe«, die hinter der Behauptung stand und ihr eine Objektivität verlieh, die über das Individuum hinausging.

»Objektiv«. Die Frühmenschen lebten in einer Welt unterschiedlicher individueller Perspektiven. Die modernen Menschen leben zwar auch in dieser Welt, aber zusätzlich entstand im Kontext gruppenorientierter Kulturen eine Art öffentlicher Welt, die kollektiv geschaffene Entitäten wie Konventionen, Normen und Institutionen umfaßte, von der Ehe über das Geld bis hin zu Regierungen. Diese Entitäten existierten schon, bevor das Individuum auf der Bühne erschien, und sie existierten unabhängig von den Gedanken und Wünschen jeder einzelnen Person, wodurch sie dieselbe Art von »Schon immer da gewesen«-Status erhielten wie die physische Welt. Außerdem hatten diese kollektiven Entitäten vorbestimmte Rollen, in die jeder Akteur theoretisch nahtlos hineinpassen konnte; und in manchen Fällen erzeugten diese Rollen tatsächlich neue Wirklichkeiten, wie etwa Präsidenten und Geld, deren ganz reale deontische Kräfte ohne weiteres beobachtet werden konnten. Sich in dieser öffentlichen Welt zu bewegen erforderte, daß die Menschen in der Lage waren, eine Art akteursneutraler Perspektive auf Dinge einzunehmen, eine Art privilegierter, »transzendentaler« Perspektive, die die Welt »objektiv« konstituierte und dann persönliche Urteile im Hinblick auf wahr und falsch, richtig und verkehrt rechtfertigte.

Als die modernen Menschen ihre kognitiven Modelle der Welt konstruierten, genügte der Gebrauch einfacher kausaler und intentionaler Beziehungen nicht. Um solche Dinge wie Oberhäupter und Ehen zu erklären, ganz zu schweigen von Sprache und Kultur, brauchten sie ein gewisses Verständnis von Sachverhalten, die durch kollektive Vereinbarungen geschaffen und durch kollektive normative Urteile aufrechterhalten wurden. Anders ausgedrückt: Sie brauchten neue Konzeptualisierungen kollektiver Wirklichkeiten, die über die Gedanken und Einstellungen von Einzelpersonen, auch von mehreren Einzelpersonen hinausgehen. Die Konstruktion solcher Modelle führte auf natürliche Weise zu Urteilen wie *wirklich*, *wahr* und *richtig*, die nicht von der Einzelperson selbst, sondern vielmehr von ihrer Aneignung der überpersönlichen, »objektiven« Perspektive ausgehen, die von ihrer kulturellen Welt erzeugt wird. Sprachliche Repräsentationen – insbesondere Behauptungen mit einer Unterscheidung zwischen den zweitpersonalen Einstellungen des Kommunizierenden und einem zeitlosen, generischen propositionalen Gehalt (»Ich glaube, es regnet«) – verstärkten diese objektivierenden und verdinglichenden Tendenzen nur noch mehr. Die modernen Menschen »kollektivierten« also die Lebensweise der Frühmenschen und »objektivierten« dadurch ihre kognitiven Modelle der Welt.

Die Schlußfolgerungen des gemeinsamen Vorfahren von Menschen und Menschenaffen waren einfache kausale und intentionale Schlüsse. Die Schlußfolgerungen der Frühmenschen waren rekursiv strukturiert und ermöglichten es ihnen, kooperative Kommunikationsakte hervorzubringen und zu interpretieren, die nichts anderes umfaßten als einen ausgestreckten Finger. Aber nun eröffnete die sprachliche Kommunikation moderner Menschen ganz neue Horizonte von Überlegungen und Schlüssen. Wir haben jetzt so etwas wie formale und pragmatische Schlußfolgerungen, und der Kommunizierende kann aus einer objektiven und normativen Perspektive auf externe Kommunikationsvehikel reflektieren. Die Mitteilung von Gründen und Rechtfertigungen an andere – und an sich selbst beim internen Schlußfolgern – dient jetzt dazu, die verschiedenen Begriffsbildungen einer Person in einem einzigen Netz von Schlußfolgerungen miteinander zu verknüpfen.

Sprachliche Schlüsse. Die hierarchische Beziehung zwischen dem, worauf sich verschiedene sprachliche Konventionen beziehen, ist Teil des Konventionalisierungsprozesses. So weiß jeder kollektiv, daß jeder *Gazelle* nur für einen bestimmten Typ von Tier verwendet und *Tier* für alle Arten von Tieren, von denen Gazellen nur eine Art sind, und daher haben wir jetzt die Möglichkeit formaler Schlüsse: Wenn wir wissen, daß eine Gazelle hinter dem Hügel ist, dann wissen wir auch, daß ein Tier hinter dem Hügel ist (aber nicht umgekehrt). Ein Großteil der frühen Entwicklung der formalen Logik baute auf Schlüssen dieses Typs auf, und in der zeitgenössischen Begriffsrollensemantik spielen Schlüsse dieses Typs ebenfalls eine wichtige Rolle. Ebenfalls entscheidend ist die Tatsache, daß wir alle kollektiv wissen, daß wir alle die sprachlichen Optionen kennen, die einem Kommunizierenden zur Verfügung stehen, was zu jener Art pragmatischer Schlüsse führt, die Grice (1975) berühmt gemacht hat: Wenn ich jemanden als »Bekannten« bezeichne, dann bedeutet das höchstwahrscheinlich, daß wir keine Freunde sind – weil ich das Wort *Freund* benutzt hätte, wenn wir Freunde wären. Diese Implikaturen und entsprechenden Schlüsse sind genau deshalb möglich, weil die verfügbaren Optionen ein Bestandteil des kulturellen gemeinsamen Hintergrunds der Gruppe sind, so daß wir uns gemeinsam die Frage stellen können, warum ich eine bestimmte Wahl getroffen habe. Durch die konventionelle sprachliche Kommunikation werden also leistungsstarke neue Arten von Schlüssen ermöglicht.

Darüber hinaus ermöglichten die sprachliche Kommunikation und die arbiträre Natur von Sprachkonventionen es den modernen Menschen, bestimmte Begriffsbildungen, beispielsweise intentionale Zustände und logische Operationen, explizit sprachlich auszudrükken, die, wenn überhaupt, durch die natürlichen Gesten der Frühmenschen nicht leicht auszudrücken waren. Auf der Grundlage der Hypothese, daß man über das eigene Denken nur dann reflektieren kann, wenn es in äußerem Verhalten ausgedrückt wird, das sich an einen anderen richtet – weil man nur dann die Rolle des anderen spielen und versuchen kann, das Verhalten aus seiner Perspektive zu verstehen –, stellte die sprachliche Kommunikation den modernen Menschen jetzt viele neue Konzeptualisierungen zur Verfügung, über die sie reflektierend nachdenken konnten. Wichtig ist, daß die modernen Menschen, als sie über ihr eigenes Denken reflektierend nachdachten, das zumindest in manchen Situationen nicht bloß aus ihrer eigenen Perspektive oder auch aus der des anderen taten, sondern aus einer »objektiveren« Perspektive.

Reflektierende Schlüsse. Eine besondere Diskurssituation ist das kooperative Argumentieren, bei dem wir versuchen, zu einer Gruppenentscheidung über Handlungen oder Überzeugungen zu gelangen. Wir tun das nicht nur durch Behauptungen, die auf die Wahrheit verpflichtet sind, sondern auch dadurch, daß wir diese Behauptungen mit Gründen und Rechtfertigungen abstützen, was bedeutet, daß wir Verbindungen zu Dingen herstellen, in bezug auf die eine kollektive Übereinstimmung besteht, daß sie wahr und zuverlässig sind. Das Ergebnis dieses Prozesses ist, daß die verschiedenen Konzeptualisierungen und propositional gegliederten Gedanken moderner Menschen, insofern sie sprachlich ausgedrückt sind, immer stärker in einem riesigen »Netz von Überzeugungen« miteinander verknüpft werden, so daß jedes Element in diesem Netz durch seine inferentiellen Beziehungen mit anderen an Bedeutung gewinnt.

Diese wechselseitige Verknüpftheit ist eine Schlüsselkomponente dafür, daß man ein rationales Wesen ist, das sich in einem ganzen Begriffssystem »zurechtfindet«, in dem propositional strukturierte Gedanken Gründe und Rechtfertigungen füreinander liefern (das heißt, sie können als Prämissen und Konklusionen füreinander in einer Argumentation benutzt werden; Brandom, 2009).

Darüber hinaus entstanden implizit akzeptierte Normen, als die modernen Menschen mit einer solchen kooperativen Argumentation begannen. Diese Normen funktionierten so, daß Personen, die sich von einer Behauptung zur nächsten widersprachen oder die Bedeutung ihrer Begriffe mitten in einem Argument änderten oder eine einzelne Behauptung sowohl für wahr als auch für falsch hielten, im Grunde ignoriert oder vom Entscheidungsprozeß der Gruppe ausgeschlossen wurden. Der Prozeß kooperativer Argumentation war folglich das besondere Sprachspiel, durch das menschliche Rationalitätsnormen für alle diejenigen Geltung erlangten, die eine Stimme bei Kollektiventscheidungen (zum Beispiel politischen, gerichtlichen und epistemischen Entscheidungen) haben wollten.

All das kann auch internalisiert werden. Internalisierung bedeutet einfach, daß man als Kommunizierender einen Kommunikationsakt an sich selbst als Empfänger richtet, und zwar einschließlich dessen, daß man den »anderen« an »objektive« normative Kriterien der Verständlichkeit, kooperativen Beteiligung usw. bindet. Der resultierende innere Dialog ist ein besonders hervorstechender Typ menschlichen Denkens (Vygotskij, 1978). Wenn der Kommunikationskontext in kooperativer Kommunikation besteht, werden nun ganze Argumentationslinien und Rechtfertigungen für Argumente internalisiert. Eine Person kann sich jetzt selbst einen normativ gerechtfertigten Grund dafür angeben, warum sie denkt, was sie denkt, und auf diese Weise werden ihre Begriffsbildungen zum größten Teil durch die normativ sanktionierten inferentiellen Beziehungen zu anderen Begriffsbildungen definiert. Das resultierende Netz von Überzeugungen und die Fähigkeit der Menschen, mühelos durch dieses Netz zu navigieren, sind grundlegend für die Fähigkeit zu individuellem schlußfolgernden Denken.

An diesem Punkt bestehen die Schlußfolgerungen moderner Menschen nicht nur darin, daß sie sich kausale und intentionale Sequenzen vorstellen, wie es die Menschenaffen tun, und auch nicht nur in ihrer perspektivischen Darstellung und Rekursivierung wie bei den Frühmenschen; vielmehr umfassen die Schlußfolgerungen moderner Menschen jetzt neue Arten von Schlüssen, die durch eine konventionelle Sprache ermöglicht werden, und neue Formen der Reflexion auf ihr eigenes Denken, unter anderem solche, die in einer Art von innerem Dialog stattfinden. Wenn diese Prozesse in dem besonderen Kontext kooperativer Argumentation ablaufen, ist das Ergebnis etwas, das wir schlußfolgerndes Denken nennen könnten. Moderne Menschen sind also gelegentlich in der Lage, im Kontext der normativen Maßstäbe der Kulturgruppe eine Art von begründeten oder reflektierenden Schlüssen zu vollziehen.

Normative Selbstbeobachtung

Die Frühmenschen vollzogen zum einen das, was wir kooperative Selbstbeobachtung nannten – indem sie ihre gemeinschaftlichen Tätigkeiten durch bewertende Reaktionen spezifischer Partner regulierten; und zum anderen kommunikative Selbstbeobachtung – indem sie ihre Kommunikationsakte durch die antizipierten Interpretationen spezifischer Partner regulierten. Die maßstäbliche Vergrößerung dieser Prozesse auf die kulturelle Lebensweise, die für moderne Menschen charakteristisch ist, bedeutet, daß Einzelpersonen ihre Verhaltensentscheidungen jetzt statt dessen durch die kollektiv bekannten und akzeptierten Normen der Kulturgruppe regulieren. Moderne Menschen haben also bei ihren Entscheidungen nicht nur einen zweitpersonalen Druck verspürt, sondern darüber hinaus sozusagen auch einen normativen Druck auf Gruppenebene, sich der Gruppe anzupassen. Somit schlage ich meine Verpflichtungen deshalb nicht in den Wind, weil ich erstens meinen Partner nicht enttäuschen will und weil »wir« zweitens in dieser Gruppe andere so nicht behandeln. Diese eher verallgemeinerte Normativität führt also wieder zur Gruppenidentität zurück: Wenn ich ein Mitglied dieser Gruppe sein will, muß ich mich wie die anderen Gruppenmitglieder verhalten, das heißt die Normen befolgen, auf die wir uns alle (mich eingeschlossen) festgelegt haben.

Das Denken und Schlußfolgern moderner Menschen wurde auf verschiedenen Wegen normativ strukturiert und gesteuert. Wenn man mit anderen anhand von Kommunikationskonventionen kommuniziert, muß man es so machen, wie sie es machen, um erfolgreich zu partizipieren. Außerdem muß man im Kontext von Gruppenentscheidungen und kooperativer Argumentation mit bestimmten Argumentationsnormen übereinstimmen. Andere an der Gruppenentscheidung Beteiligte haben ein Interesse daran, daß ich mich auf nützliche Weise daran beteilige, und deshalb hat jeder ein Interesse daran, daß jeder andere wahre Behauptungen macht, die Normen des Schlußfolgerns und der Argumentation befolgt, Rechtfertigungen mit Propositionen und Argumenten verknüpft, die bereits kollektiv akzeptiert sind, usw. Durch Internalisierung wird dieser Kommunikationsprozeß zur individuellen Vernunft.

Normative Selbststeuerung. Die normative Selbststeuerung ergibt sich aus der Internalisierung des Prozesses kollektiver Normativität, da der einzelne seine Handlungen selbst beobachtet und tatsächlich auch selbst reguliert, indem er die sozialen Normen der Gruppe in Betracht zieht, und zwar sowohl die kooperativen als auch die kommunikativen. Moderne Menschen kommunizieren mit sich selbst und reflektieren so auf ihr eigenes Denken und bewerten es anhand der normativen Maßstäbe, die durch die Gruppe vertreten wurden. Diese Reflexion bedeutet, daß Menschen wissen, was sie denken, und daß sie sich selbst normativ sanktionierte Rechtfertigungen und Gründe für diese Denkweise liefern können – wodurch sie ihre vielen und unterschiedlichen Gedanken in einem komplizierten inferentiellen Netz miteinander verknüpfen, das bis zu einem gewissen Grad von »Gemeinschaftsmaßstäben« reguliert wird. Das denkende Subjekt benutzt diese Reflexion außerdem bei der Ausübung exekutiver Kontrolle über sein eigenes Denken und Schlußfolgern. Insbesondere Korsgaard (2009) hat betont, daß Menschen nicht nur auf besondere Weise Ziele haben, Entscheidungen treffen und Schlüsse ziehen, sondern auch im voraus zu bestimmen versuchen, ob es sich um gute Ziele, gute Entscheidungen oder gute Gründe handelt – eindeutig eine zusätzliche Reflexions- und Bewertungsschicht. Das normative Urteil, um das es hier geht, ist nicht einfach allein meines und auch nicht das eines spezifischen anderen Partners, sondern vielmehr ein Urteil darüber, ob es für jede rationale Person ein gutes Ziel, eine gute Entscheidung oder eine gute Schlußfolgerung wäre, also für jedes beliebige Mitglied unserer Gruppe, das die Dinge so tut wie wir.

Die modernen Menschen operieren demnach mit den sozialen Normen der Gruppe als internalisierten Leitfäden des Handelns und Denkens. Das bedeutet, daß sich moderne Menschen in ihren gemeinschaftlichen Interaktionen an die kollektiv akzeptierten Handlungsweisen, die auf Kooperationsnormen beruhen, anpassen; und in ihren kommunikativen Interaktionen passen sie sich auf der Grundlage der Vernunftnormen der Gruppe dem kollektiv akzeptierten Sprachgebrauch und sprachlich formulierten Argumenten an.

Objektivität: Der Blick von nirgendwo

Im Unterschied zu anderen Menschenaffen, die im allgemeinen alle in der Nähe des Äquators leben, haben sich die modernen Menschen über die ganze Erdkugel ausgebreitet. Das taten sie nicht als Individuen, sondern als Kulturgruppen; in keinem ihrer lokalen Lebensräume konnte ein auf sich allein gestellter moderner Mensch sehr lange überleben. Statt dessen haben die Kulturgruppen moderner Menschen in jeder spezifischen Umgebung kollektiv eine Menge spezialisierter und kognitiv komplexer Kulturpraktiken entwickelt, um sich an die lokalen Bedingungen anzupassen, von der Seehundjagd und dem Iglubau bis zum Sammeln von Knollen und zur Herstellung von Pfeil und Bogen – ganz zu schweigen von Wissenschaft und Mathematik. Was wir hier versucht haben, ist eine Spezifikation der Kompetenzen der Kognition und des Denkens, die einzelne moderne Menschen in die Lage versetzen, sich mit ihren Mitmenschen gemeinschaftlich und kommunikativ bei ihren Bemühungen zu koordinieren, sich gemeinsam an die neuen Erfordernisse anzupassen, denen sie in ihrem besonderen Winkel der Welt begegnen.

Ein anschauliches Bild für das Aufkommen moderner Menschen ist folgendes: Frühere Menschen leben ganz ordentlich, indem sie mit anderen auf verschiedene Weise zu vielfältigen kooperativen Zwekken zusammenarbeiten und kommunizieren. Dann schwappt angesichts ernsthafter demographischer Herausforderungen über jeden eine große Welle von Gruppengeist und Konformität hinweg. Menschen, die sich spontan mit Partnern koordinierten, um ihre täglichen Mahlzeiten zu erjagen oder zu sammeln, fingen dann an, eine Reihe konventionalisierter Kulturpraktiken zur Nahrungssuche zu entwickeln. Menschen, die spontan mit ihren Partnern kommunizierten, indem sie ihre komplexen gemeinschaftlichen Tätigkeiten koordinierten und dabei Ad-hoc-Gesten verwendeten, begannen mit der Entwicklung von Kompetenzen für die konventionelle sprachliche Kommunikation. Und Menschen, die einander zweitpersonal in verschiedenen kooperativen Richtungen spontan ermahnten oder rügten, begannen dann, kollektiv bekannte und angewandte soziale Normen der Moral und Rationalität zu entwickeln. Frühmenschen lebten zusammen und interagierten gemeinsam mit anderen; moderne Menschen lebten zusammen und interagierten kollektiv mit anderen.

Ein Effekt dieser großen Welle von Gruppengeist und Konformität bestand in der Selektion von Kulturgruppen, die von einer kumulativen kulturellen Evolution begleitet wurde. Eine Selektion von Kulturgruppen findet statt, wenn Individuen sich ihrer Gruppe in dem Maße anpassen – und sich von anderen Gruppen differenzieren –, daß die Gruppe selbst zu einer Einheit der natürlichen Selektion wird (Richerson und Boyd, 2006). Auf diese Weise bleiben erfolgreiche kulturelle Anpassungen an lokale Bedingungen erhalten, und erfolglose Versuche sterben aus. Die kumulative kulturelle Evolution findet statt, wenn die Erfindungen in einer Kulturgruppe mit einer solchen Genauigkeit weitergegeben werden, daß sie in der Gruppe stabil bleiben, bis eine neue und bessere Erfindung auftritt (der sogenannte Wagenhebereffekt; Tomasello et al., 1993). Die modernen Menschen hatten einen stärkeren Wagenheber als die Frühmenschen und die Menschenaffen, weil sie – zusätzlich zu leistungsfähigen Fertigkeiten zur Imitation – die Neigung hatten, andere etwas zu lehren und sich außerdem anderen anzupassen, wenn sie selbst etwas gelehrt wurden. Und deshalb entsteht mit dieser Welle von Gruppengeist und Konformität die Möglichkeit, daß Kulturgruppen ihre eigenen kognitiven Artefakte erzeugen und ständig verbessern – von Techniken des Walfangs bis hin zu Verfahren zur Lösung von Differentialgleichungen –, welche ihnen dabei helfen, sich sowohl an die lokalen Bedingungen anzupassen als auch sich als verschieden von anderen Kulturgruppen zu kennzeichnen.

Die unterirdische Wirkung dieser Welle von Gruppengeist und Konformität waren sozusagen neue und kulturell kollektive Formen der kognitiven Repräsentation, des Schließens und der Selbstbeobachtung, die zum Denken eingesetzt werden konnten. Die modernen Menschen begannen, die Welt »objektiv« zu repräsentieren, was eine Art generischer, akteursneutraler Perspektive widerspiegelte, die jede rationale Person einnehmen konnte. Außerdem befähigten die neuen Kompetenzen der konventionellen sprachlichen Kommunikation die Menschen dazu, über viele Dinge zu sprechen, über die sie zuvor nicht sprechen konnten (zum Beispiel über geistige Zustände und logische Operationen), und dadurch wurden reflektierende Schlußfolgerungen – die Reflexion auf das eigene Denken – mit einer viel größeren Tiefe und Breite ermöglicht. Im Kontext der kooperativen Argumentation machten moderne Menschen die Gründe für ihre Behauptungen explizit und verknüpften sie auf diese Weise in einem inferentiellen Netz mit ihrem übrigen Wissen, und dann wurde diese soziale Praxis der Angabe von Gründen zur vollständig reflexiven Vernunft internalisiert. Die Selbstbeobachtung der modernen Menschen spiegelte zum ersten Mal nicht nur ihre Erwartungen hinsichtlich der zweitpersonalen Bewertungen spezifischer anderer wider, sondern vielmehr ihre Erwartungen hinsichtlich der normativen Bewertungen von »uns« als einer Kulturgruppe. Vor dem Hintergrund all dieser neuen Verhaltens- und Denkweisen wird der Sprung im Ei der menschlichen Erfahrung jetzt zu einem echten Spalt: Das Individuum kontrastierte seine eigene Perspektive nicht mehr mit der eines spezifischen anderen – der Blick von hier und dort; vielmehr kontrastierte es seine eigene Perspektive mit einer Art generischer Perspektive von jedermann auf Dinge, die objektiv wirklich, wahr und richtig aus jeder beliebigen Perspektive sind – ein nichtperspektivischer Blick von nirgendwo.

Und wenn daher die Kooperation von einem moralischen Gesichtspunkt aus immer impliziert, daß man seine eigenen Interessen aus Rücksicht auf die Interessen anderer oder der Gruppe in den Hintergrund rückt, dann impliziert das kooperative Denken von einem kognitiven Standpunkt aus immer, daß man seine eigene Perspektive aus Rücksicht auf die »objektivere« Perspektive anderer oder der Gruppe hintanstellt (Piaget, 1928). Bei der kooperativen Kommunikation muß ich also immer die Perspektive meines Empfängers respektieren, und bei der kooperativen Argumentation muß ich die Verpflichtung eingehen, die Gründe und Argumente anderer zu akzeptieren, wenn sie besser als meine eigenen sind – nach dem Maßstab unserer vereinbarten normativen Kriterien für Rationalität, die die objektive Wirklichkeit einschließt, in bezug auf die wir übereingekommen sind –, und daher meine Gründe zugunsten der ihren aufzugeben. Mit Nagels Worten (1992, S. 12): »Die Objektivität ist ein Verfahren des Verstandes [...]. Um zu einem objektiveren Verständnis eines Aspekts des Lebens oder der Welt zu gelangen, treten wir von unserer ursprünglichen Sichtweise dieses Aspekts zurück und bilden uns eine neuartige Auffassung, welche die ältere Auffassung und ihre Weltbeziehung zum Gegenstand hat [...]. Wird dieses Verfahren jeweils wiederholt, kommt es zu weiteren, immer objektiveren Weltauffassungen.« In dieser Formulierung ist »Objektivität« das Ergebnis davon, daß man in der Lage ist, sich Dinge aus immer umfassenderen Perspektiven und außerdem rekursiv vorzustellen, wenn man die eigene Perspektive in eine andere, umfassendere einbettet. Der vorliegenden Auffassung zufolge bedeutet »umfassender« einfach: aus der Perspektive eines immer weiter gefaßten, überpersönlicher konstituierten generischen Individuums oder einer sozialen Gruppe – der Blick von jedermann.

Der gewaltige zweite Schritt auf dem Weg zu modernen Menschen nahm also das bereits durch Kooperation geprägte und perspektivische Denken der Frühmenschen auf und kollektivierte und objektivierte es. Während die Frühmenschen die Perspektive dessen, was Mead (1934) den »signifikanten Anderen« nennt, internalisierten und sich darauf bezogen, internalisierten die modernen Menschen die Perspektive der Gruppe als ganzer oder eines beliebigen Gruppenmitglieds und bezogen sich auf sie – Meads »generalisierter Anderer«. Das menschliche Denken ist an diesem Punkt kein rein individueller Prozeß mehr oder auch nur ein zweitpersonaler sozialer

Prozeß; vielmehr ist es ein internalisierter Dialog zwischen dem, »was ich denke«, und dem, »was jeder denken sollte« (Sellars, 1963). Das menschliche Denken ist jetzt kollektiv, objektiv, reflexiv und normativ geworden, das heißt: es ist zum voll ausgebildeten menschlichen Denken geworden.

5
MENSCHLICHES DENKEN ALS KOOPERATION

> Die Internalisierung gesellschaftlich verwurzelter und historisch entwickelter Tätigkeiten ist das charakteristische Merkmal der Psychologie des Menschen
>
> LEV VYGOTSKIJ, *Mind in Society*

Die Kognition und das Denken des Menschen sind viel komplexer als die Kognition und das Denken anderer Primaten. Die soziale Interaktion und die Organisation des Menschen sind auch viel komplexer als die soziale Interaktion und die Organisation anderer Primaten. Wir würden behaupten, daß es höchst unwahrscheinlich ist, daß es sich hierbei um einen Zufall handelt.

Die komplexe menschliche Kognition ist natürlich insofern verantwortlich für komplexe menschliche Gesellschaften, als menschliche Gesellschaften auseinanderfallen würden, wenn es keine menschenähnliche Kognition zu ihrer Unterstützung gäbe. Aber diese Kausalbeziehung von der Kognition zur Gesellschaft ist keine plausible Richtung für eine Erklärung der evolutionären Ursprünge. Für diese Wirkungsrichtung müßte es einen anderen Verhaltensbereich geben, in dem leistungsfähige kognitive Kompetenzen selektiert wurden, woraufhin diese Kompetenzen irgendwie auf die Lösung sozialer Probleme ausgedehnt wurden. Es ist jedoch nicht klar, welcher andere Verhaltensbereich das sein könnte, zumal wir doch gerade versuchen, die vielen Besonderheiten kognitiver Kompetenzen zu erklären, welche die einzigartigen Formen der Zusammenarbeit und Kommunikation der Menschen unterstützen, wozu schlussendlich solche Dinge wie kulturelle Konventionen, Normen und Institutionen gehören. Es scheint sehr unwahrscheinlich zu sein, daß kognitive Kompetenzen, die sich beispielsweise an den individuellen Werkzeuggebrauch oder die Verfolgung einer Jagdbeute angepaßt haben, auf diese Weise für solche komplexen kooperativen Unternehmungen neu angepaßt werden könnten.

Und daher ist der vorliegenden Auffassung zufolge das plausibelste Evolutionsszenario, daß neue ökologische Drücke (beispielsweise das Verschwinden von individuell erhältlichen Nahrungsmitteln, zunehmende Populationsgrößen und die Konkurrenz anderer Gruppen) direkt auf die soziale Interaktion und Organisation der Menschen einwirkten und zur Evolution mehr kooperativer menschlicher Lebensweisen führten (etwa Zusammenarbeit bei der Nahrungssuche und dann kulturelle Organisation zur Koordination und Verteidigung der Gruppe). Die kooperative Koordination dieser neuen gemeinschaftlichen und kulturellen Lebensweisen erforderte neue Fertigkeiten und Motivationen für die *Ko*-operation mit anderen, zuerst über die gemeinsame Intentionalität und dann über die kollektive Intentionalität. Denken, um zu *ko*-operieren: das ist, in gröbsten Zügen, die Hypothese der geteilten Intentionalität.

Aber unsere evolutionäre Geschichte hat zahlreiche kleinteiligere Wendungen genommen, während wir versucht haben, im Detail die vielen verschiedenen Aspekte des einzigartigen menschlichen Denkens zu erklären, indem wir uns, im Detail, ansehen, wie sie mit den vielen verschiedenen Aspekten der einzigartigen menschlichen Zusammenarbeit und Kommunikation zusammenhängen. Da es keine anderen zeitgenössischen Evolutionsgeschichten mit genau diesem Fokus gibt, haben wir bisher nur spärlich auf andere Theorien Bezug genommen. Es gibt jedoch eine Reihe von anderen zeitgenössischen Darstellungen der Evolution der einzigartig menschlichen Kognition und/oder der einzigartigen menschlichen Sozialität im allgemeinen, und ein breiter Überblick darüber wird nützlich sein, um die Hypothese der geteilten Intentionalität innerhalb der gegenwärtigen theoretischen Landschaft zu verorten.

Theorien der kognitiven Evolution des Menschen

Wenn die Frage gestellt wird, was die Kognition und das Denken des Menschen einzigartig macht, würde für viele Kognitionswissenschaftler so etwas wie »allgemeine Intelligenz« eine Standardantwort sein. Da Menschen sehr große Gehirne entwickelt haben (die ungefähr dreimal größer sind als die der anderen Menschenaffen) und da große Gehirne zu mehr Rechenleistung fähig sind, ist die Grundidee, daß Menschen zu allen möglichen Arten der kognitiven Verarbeitung, einschließlich des Denkens, umfassender, besser und schneller in der Lage sind. Aber auch wenn diese Beschreibung in einem gewissen Sinne richtig ist, bleibt doch die Frage, auf welche Weise sich diese Entwicklung vollzog. Es ist äußerst unplausibel, einfach zu sagen, daß klug zu sein adaptiver ist als dumm zu sein und daß die Menschen deshalb klüger wurden. Das ist eine Märchengeschichte der unerhörtesten Art. Fliegen und gehen zu können wäre besser als nur gehen zu können, warum also haben sich die Menschen nicht auch zu fliegenden Wesen entwickelt? Der entscheidende Punkt ist, daß eine plausible evolutionäre Erklärung auf ein Anpassungsszenario gegründet werden muß, das eine spezifische Reihe von Umständen beinhaltet, in der eine spezifische Reihe kognitiver Fertigkeiten eine spezifische Reihe von Vorteilen für die Individuen erbrachte, die sie besaßen.

Mit Blick auf die allgemeine Intelligenz, falls das überhaupt ein nützliches Konstrukt ist, deuten Daten aus der jüngeren Zeit darauf hin, daß eine spezifischere Darstellung höchstwahrscheinlich eine Variante unserer sozialen Theorie wäre. So führten Herrmann et al. (2007, 2010) eine umfassende Reihe kognitiver Tests – die sowohl Kompetenzen für den Umgang mit der physischen als auch solche für den Umgang mit der sozialen Welt erfaßten – mit einer großen Zahl der engsten Primatenverwandten der Menschen, Schimpansen und Orang-Utans, und mit zweieinhalbjährigen Kindern durch. Wenn der Unterschied zwischen der Kognition von Menschen und der von Menschenaffen auf allgemeiner Intelligenz beruhen würde, dann sollten sich die Kinder bei dieser Untersuchung über alle verschiedenen Aufgaben hinweg gleichmäßig von den Affen unterscheiden. Aber das war nicht der Fall. Das Ergebnis war, daß die Kinder und die Menschenaffen sehr ähnliche kognitive Kompetenzen für den Umgang mit der physischen Welt hatten, daß aber die Kinder – die zwar alt genug waren, um ein bißchen zu sprechen, aber immer noch Jahre entfernt vom Lesen, Zählen oder Schulbesuch waren –

bereits raffiniertere kognitive Fertigkeiten für den Umgang mit der sozialen Welt hatten als beide Menschenaffenarten. Die Hypothese war daher, daß erwachsene Menschen nicht deshalb in fast jeder Hinsicht klüger als andere Menschenaffen sind, weil sie eine Anpassung für höhere allgemeine Intelligenz besitzen, sondern vielmehr, weil sie als Kinder aufwuchsen, die ihre besonderen Fertigkeiten der sozialen Kognition nutzten, um zu kooperieren, zu kommunizieren und sozial vermittelt alle möglichen Arten neuer Dinge von anderen in ihrer Kultur zu lernen, einschließlich des Gebrauchs all ihrer verschiedenen Artefakte und Symbole (Herrmann und Tomasello, 2012).

Ein anderes, wenn auch ähnliches Argument gilt für Theorien, die engere, aber immer noch bereichsallgemeine kognitive Prozesse vorschlagen, um Menschen von anderen Primaten zu unterscheiden. Der diesbezüglich systematischste Versuch stammt von Penn et al. (2008). Die Autoren behaupten, daß das, was die Kognition des Menschen von der Kognition nichtmenschlicher Primaten unterscheidet, die Fähigkeit der Menschen ist, anhand verschiedener Arten höherstufiger Beziehungen zu verstehen und Schlüsse zu ziehen. Zusätzlich zu mehreren empirischen Streitfragen bezüglich der Daten, die sie für Menschenaffen zitieren, besteht das allgemeine Problem darin, daß auch dieser Theorie zufolge Menschen durchweg anders abschneiden müssten als andere Menschenaffen, wenn es darum geht, mit verschiedenen Arten von Problemen in verschiedenen Tätigkeitsbereichen umzugehen. Jedoch paßt dies ebenfalls nicht zu den Ergebnissen von Herrmann et al. (2007, 2010). Außerdem haben Penn et al. keine evolutionäre Darstellung, die die adaptiven Kontexte spezifiziert, welche die besonderen Kompetenzen der Menschen hinsichtlich der relationalen Konzeptualisierungen erklären könnte. Die Erörterung im Kasten 1 (Kapitel 3) schlug eine alternative Erklärung vor, nämlich daß das besonders hoch entwickelte relationale Denken der Menschen sich aus dem Verstehen der individuellen Rollen ableitet, die an verschiedenen Typen gemeinsamer und kollektiver Intentionalität beteiligt sind. Diese besondere Form des relationalen Denkens ist daher nur eines von mehreren Ergebnissen des Prozesses der kognitiven Anpassung an neue Formen der sozialen Beteiligung. Und etwas Ähnliches ließe sich über Corbalis' (2011) Vorschlag sagen, daß der Schlüssel zur kognitiven Einzigartigkeit des Menschen in der Rekursion liegt, insbesondere in ihrer sprachlichen Manifestation, in »geistigen Zeitreisen« und in der Theorie des Geistes. Rekursion spielt zwar auch in der vorliegenden Theorie eine Schlüsselrolle, aber auch hier würden wir behaupten, daß sie nicht schon die ganze Wahrheit ist. Vielmehr ist sie ein Ergebnis des Prozesses, durch den die Menschen dahin gelangten, mit anderen auf besondere Weise zusammenzuarbeiten und zu kommunizieren; in diesem Fall ist es insbesondere die spezielle Art und Weise, in der Menschen Schlüsse ziehen mußten, um sich an der kooperativen (ostensiv-inferentiellen) Kommunikation zu beteiligen.

Eine zweite Reihe von Hypothesen zur Erklärung der kognitiven Einzigartigkeit des Menschen beruft sich auf Sprache und/oder Kultur. Bei der Sprache haben einige Theoretiker auf die einzigartigen Berechnungsprozesse hingewiesen, die die Sprache ermöglicht, nämlich verschiedene Arten kombinatorischer/syntaktischer Produktivität einschließlich der Rekursion (siehe Bickerton, 2009, zu einer neueren Variante dieser Auffassung). Theoretiker mit einem stärker philosophischen Interesse haben sich auf die Rolle der Sprache für das schlußfolgernde Denken konzentriert, das heißt auf die Art und Weise, wie Menschen Behauptungen aufstellen, die auf die Wahrheit abzielen, und dann versuchen, sie anderen gegenüber durch klar gegliederte Gründe zu rechtfertigen (wie in der Naturwissenschaft und Mathematik, bei Gerichten und in politischen Auseinandersetzungen), und das ist nur im Medium einer wie auch immer gearteten Sprache möglich (siehe zum Beispiel Brandom, 1994). Natürlich steht die entscheidende Rolle der Sprache für das menschliche Denken außer Frage – außerdem ist die Sprache ein wichtiger Bestandteil des von uns vorgeschlagenen zweiten Schritts in der kognitiven Evolution des Menschen –, aber der vorliegenden Auffassung zufolge kommt sie erst ziemlich spät ins Spiel. Tatsächlich haben wir in der Vergangenheit dafür argumentiert, daß die menschliche Sprache durch eine Reihe von früheren Anpassungen in Richtung auf gemeinsame Intentionalität (gemeinsame Ziele, ein gemeinsamer begrifflicher Hintergrund, rekursive Schlüsse und dergleichen) ermöglicht wurde und daß ihre schlußendliche Entstehung Teil eines größeren Prozesses war, in dem viele menschliche Tätigkeiten konventionalisiert und normativiert wurden (Tomasello, 2008). Unserer Auffassung zufolge ist die Aussage, daß nur Menschen eine Sprache haben, ähnlich der, daß nur Menschen Hochhäuser errichten, während die Tatsache darin besteht, daß nur die Menschen unter den Primaten irgendeine Art von stabilem Obdach bauen. Die Sprache ist der Schlußstein der einzigartig menschlichen Kognition und des Denkens und nicht ihr Fundament.

In einem gewissen Zusammenhang damit haben viele Vertreter der Sozialanthropologie und der kognitiven Anthropologie darauf beharrt, daß das Bemerkenswerteste an der menschlichen Kognition im Vergleich mit der anderer Primaten ihre Variabilität über verschiedene menschliche Populationen hinweg ist, was von ihrer Verankerung in Kulturprozessen zeugt (zum Beispiel Shore, 1995; Chase, 2006). In einem noch radikaleren Sinne haben verschiedene Theoretiker der Postmoderne behauptet, daß im Grunde jegliche menschliche Erfahrung innerhalb der Diskurspraktiken einer menschlichen Kultur stattfindet und daß man sich das einzigartig menschliche Denken nur in diesem kulturellen Rahmen vorstellen kann (etwa Geertz, 1973). Wiederum sind diese Behauptungen über die Schlüsselrolle der Kultur zwar alle in einem gewissen Sinne wahr. Aber wenn unsere Frage sich auf die evolutionären Ursprünge bezieht, sind sie wiederum nicht hinreichend. Das menschliche Denken wurde noch vor dem Aufblühen der Vielfalt menschlicher Kulturen zu etwas Einzigartigem, nämlich insbesondere in der Evolution artumfassender Kompetenzen zur Zusammenarbeit, zur kooperativen Kommunikation und allgemeiner zur gemeinsamen Intentionalität (und das läßt sich heute an arteigenen Fertigkeiten vorsprachlicher Kinder erkennen). Ebenjene Kompetenzen ermöglichten dann später die Evolution und Entwicklung der Kultur. Diese Analyse gilt auch für die Theorie von Richerson und Boyd (2006), die für die entscheidende Rolle kultureller Gruppenselektion bei den meisten Dingen, die für den Menschen einzigartig sind, argumentiert haben. Der zweite (kulturelle) Schritt unserer Darstellung berief sich zwar ebenfalls auf diesen Prozeß, aber auch hier gibt es wieder zahlreiche vorausgesetzte und begleitende einzigartig menschliche Fähigkeiten, die Kulturen und infolgedessen auch die kulturelle Gruppenselektion überhaupt erst ermöglichen (zum Beispiel Konformität, Konventionalisierung und Normativierung). Da eine Kultur konventionalisierte Handlungsweisen umfaßt, müssen einige Dinge bereits »auf natürliche Weise« komplex und im Grunde kooperativ gewesen sein, bevor sie konventionalisiert wurden, damit moderne menschliche Kulturen ihre besondere Prägung erhielten.

Und daher stimmen wir mit nahezu allen darin überein, daß Sprache und Kultur für die evolutionäre Entstehung der modernen menschlichen Kognition und des Denkens notwendig waren. Wir haben einfach nur geltend gemacht, daß sie durch andere einzigartige menschliche soziale und kognitive Prozesse ermöglicht wurden – nämlich diejenigen, die mit gemeinsamer und kollektiver Intentionalität in einem allgemeineren Sinne verknüpft sind –, die in der Evolution des Menschen früher oder gleichzeitig auftraten. Eine vollständige Erklärung muß deshalb die Rolle dieser früheren und/oder begleitenden Prozesse anerkennen, und tatsächlich erfordert unserer eigenen Auffassung zufolge ein Verständnis dessen, wie Sprache und Kultur als Modi sozialer Beteiligung und Interaktion überhaupt funktionieren, eine vollständige Explikation der zugrundeliegenden Prozesse gemeinsamer und kollektiver Intentionalität (Tomasello, 1999, 2008).

Die dritte und letzte Reihe von Hypothesen kommt aus der Evolutionspsychologie. Tooby und Cosmides (1989) haben die Metapher eines Schweizer Taschenmessers vorgeschlagen, der zufolge der menschliche Geist eine vielfältige Sammlung von Spezialmodulen umfaßt, die sich entwickelt haben, um spezifische und voneinander unabhängige Probleme zu lösen, von denen die meisten und wichtigsten mit den Frühmenschen und ihren sozialen Interaktionen in Kleingruppen auftraten. Diese Konzentration auf spezifische adaptive Herausforderungen und die Entwicklung der kognitiven Fähigkeiten zu ihrer Lösung ist zwar eine notwendige und wichtige Propädeutik in dem zumeist evolutionsfreien Gebiet der Kognitionspsychologie. Aber in der Praxis haben Evolutionspsychologen sich hauptsächlich auf nichtkognitive (oder nur schwach kognitive) Probleme wie die Auswahl von Paarungspartnern und die Vermeidung von Inzucht konzentriert. Was die Kognition betrifft, so haben sich Tooby und Cosmides (2013) damit zufriedengegeben, einfach auf diverse Möglichkeiten hinzuweisen, wie die menschliche Kognition auf diversen Gebieten durch ihre Evolutionsgeschichte geprägt ist. Beispielsweise lösen Menschen im Bereich des schlußfolgernden Denkens manche logischen Probleme besser, wenn diese in sozialen Kontexten präsentiert werden, die denen aus der Umwelt der evolutionären Anpassung entsprechen; im Bereich der räumlichen Kognition haben Frauen ein besseres räumliches Gedächtnis als Männer, weil sie sich an das Sammeln von Pflanzen angepaßt haben; und im Bereich der visuellen Aufmerksamkeit achten Menschen besonders auf das Kommen und Gehen von Tieren. Bislang haben diese Theoretiker jedoch keine umfassende Erklärung für die kognitiven Module des Menschen im allgemeinen oder für ihre einzigartigen Aspekte im Verhältnis zu anderen Primaten im besonderen gegeben.

Aus dieser allgemeinen Perspektive – das heißt im Hinblick auf Modularität und Anpassung – gibt es mehrere Theorien, die versuchen, die kognitive Einzigartigkeit des Menschen systematischer zu erklären. Erstens macht Sperber (1996, 2000) geltend, daß Menschen wie alle Tierarten eine Menge hochspezifische kognitive Module besitzen, wie etwa für die Erkennung von Schlangen und Gesichtern, sowie einige allgemeinere Module, etwa für eine intuitive Physik und eine intuitive Psychologie. Diese Module unterstützen das, was er intuitive Überzeugungen nennt (die sich schnell einstellen und resistent gegen Belege sind). Was die menschliche Kognition besonders leistungsfähig macht, ist eine Art Supermodul, das es den Individuen ermöglicht, mit Metarepräsentationen aufzuwarten, das heißt Repräsentationen, die die Welt nicht nur kognitiv repräsentieren, sondern auch die auf die Welt bezogenen Repräsentationen der anderen oder die eigenen repräsentieren. Menschen tun das »propositional« (kompositional und rekursiv), was zu dem führt, was Sperber reflexive Überzeugungen nennt (die entweder durch gute Gründe oder durch die Übernahme von Überzeugungen anderer, denen man vertraut, gebildet werden können). Wenn andere Tiere überhaupt Metarepräsentationen haben, dann nur in sehr rudimentärer Form, ohne Kompositionalität und Rekursivität. Diese metarepräsentationale Fähigkeit (Sperber meint sogar, daß es drei verschiedene Module der Metarepräsentation geben könnte) ermöglicht alles von der kooperativen (ostensiv-inferentiellen) Kommunikation über das Lehren und die kulturelle Weitergabe bis hin zum schlußfolgernden Denken, indem man mit anderen argumentiert. Die Fähigkeit zur

Metarepräsentation entwickelte sich gemeinsam mit einem separaten Sprachmodul und interagiert mit diesem. Dieses Modul ist offenkundig ebenfalls einzigartig menschlich.

Carruthers (2006) schildert die nichtmenschliche Kognition von Primaten als eine, die Repräsentationen und Schlüsse umfaßt, er betont aber auch die Grenzen, die durch die »Abschottung« der nichtmenschlichen kognitiven Module der Primaten gezogen werden. Die menschliche Kognition ist viel kreativer und flexibler, weil im Laufe der Evolution des Menschen zusätzliche Module hinzugefügt wurden, von denen die wichtigsten ein System zum Lesen geistiger Zustände (über das hinausgehend, was Menschenaffen tun), ein Sprachlernsystem und ein normatives Schlußfolgerungssystem sind. Diese Module können gleichzeitig in derselben Situation angewendet werden, was zu einigen Neuheiten führt, und außerdem entwickelten Menschen die Fähigkeit, sich Handlungspläne kreativ im Arbeitsgedächtnis vorzustellen und durchzuspielen, eine Fähigkeit, die allen anderen Modulen ermöglicht, flexibler miteinander zu interagieren.

Mithen (1996) macht einen systematischen Versuch, eine modulare Theorie der kognitiven Evolution des Menschen zu formulieren, die sich eng an den Funden von Artefakten orientiert. Er unterscheidet zwischen Frühmenschen und modernen Menschen und stellt fest, daß Frühmenschen in kognitiver Hinsicht relativ begrenzt waren und jahrtausendelang überall dieselben Werkzeuge benutzten, kein symbolisches Verhalten zeigten usw. Er erklärt diese Begrenzung durch das Postulat, daß die Frühmenschen wie die meisten Tiere mehrere verschiedene kognitive Module besaßen, die nicht ineinander integriert waren. Insbesondere besaßen sie eine technische Intelligenz im Zusammenhang mit Werkzeugen, eine naturgeschichtliche Intelligenz in bezug auf Tiere und eine soziale Intelligenz in bezug auf ihre Artgenossen, von denen keiner mit irgendeinem anderen Modul interagierte. Mit den modernen Menschen erhalten wir symbolische Fähigkeiten und die Sprache, wodurch die Zusammenarbeit der Module ermöglicht und diejenige Art »kognitiver Fluidität« erzeugt wurde, die mit dem Denken moderner Menschen verbunden ist.

All diesen spezifischeren evolutionspsychologischen Erklärungen ist der Vorschlag gemeinsam, daß nichtmenschliche Primaten und vielleicht auch die Frühmenschen von stark abgeschotteten Modulen beherrscht wurden, und das bedeutet, daß ihre kognitiven Prozesse relativ eng und unflexibel waren. Im Gegensatz dazu ist die menschliche Kognition breiter und flexibler angelegt, weil Menschen Module besitzen, darunter einige neue, die irgendwie zusammenarbeiten oder miteinander kommunizieren (über Metarepräsentation, Symbole und Sprache oder horizontale Prozesse wie etwa die kreative Einbildungskraft im Arbeitsgedächtnis). Das bedeutet, daß nichtmenschliche Tiere (und vielleicht auch die Frühmenschen) nur mit intuitiven Schlüssen von System 1 operieren, während die modernen Menschen zusätzlich mit reflexiven Schlüssen von System 2 operieren, die auf eigentlichem Denken beruhen. Aber diese Sichtweise – eine Art strenger Modularitätsauffassung im Hinblick auf alle Tiere außer modernen Menschen – ist keineswegs kompatibel mit den Daten zum Denken der Menschenaffen. Es gibt keine Belege dafür, daß Menschenaffen nur mit stark voneinander abgeschotteten Modulen operieren, und tatsächlich haben wir in Kapitel 2 Belege dafür angeführt, daß sie das nicht tun; sie benutzen häufig System-2-Prozesse, um vor dem Handeln sowohl im physischen als auch im sozialen Bereich zu denken. In beiden Fällen verwenden sie abstrakte Repräsentationen, einfache Schlüsse und protologische Paradigmen (die durch physische Kausalität oder soziale Intentionalität strukturiert werden). Unseres Erachtens stimmen diese Versuche, der Modularitätstheorie Rechnung zu tragen und einen Spielraum für das flexible Denken des Menschen zu lassen, einfach nicht mit den verfügbaren empirischen Belegen überein.

Es ist auch befremdlich zu sehen, wie verschieden die spezifischen Module sind, die von den verschiedenen Theoretikern postuliert werden – ja, sehr häufig arbeiten sie auf ganz verschiedenen Analyseebenen (und vergleichen die Erkennung von Schlangen und Gesichtern mit technischer Intelligenz und normativem Denken). Vielleicht könnte man eine systematischere und umfassendere Liste zusammenstellen, aber das wirkliche Problem liegt darin, daß Modularitätstheoretiker jenseits dessen, daß sie nach einer einzigen evolutionären Funktion eines Moduls suchen (wofür es »gut« ist), nicht oft die Frage nach den Ursprüngen stellen. Bekanntlich werden in der Evolution neue Funktionen häufig von existierenden Strukturen ausgeführt, die vielleicht auf neue Weise zusammengesetzt werden. So müßte beispielsweise das vorgeschlagene Modul für normatives Denken höchstwahrscheinlich aus bereits vorhandenen Fertigkeiten und Motivationen für solche Dinge wie individuelle Schlußfolgerungen, die Anpassung an andere und die Gruppe, die Bewertung anderer und die Empfänglichkeit für deren Bewertungen, kooperative Kommunikation und anderen Fertigkeiten aufgebaut worden sein. Wenn man bei der Architektur der zeitgenössischen menschlichen Kognition nach einer einzigen evolutionären Funktion sucht (via »Reverse Engineering«), dann läßt man die Dynamik der Evolution aus, das heißt die Art und Weise, wie neue Funktionen durch das Zusammenschustern bereits existierender Strukturen beim Fortschreiten der Evolution erzeugt werden. Diese Dynamik bedeutet, daß es tiefe Beziehungen zwischen vielen kognitiven Funktionen über die »gemeinsame Abstammung« gibt. Ein komplexes adaptives Verhalten wie etwa die gemeinschaftliche Nahrungssuche kann viele Komponentenprozesse beinhalten, zum Beispiel schnelles Laufen, genaues Werfen und geschicktes Verfolgen – ganz zu schweigen von den Fertigkeiten gemeinsamer Intentionalität –, die jeweils andere adaptive Funktionen haben können, entweder für sich genommen oder innerhalb von anderen komplexen Verhaltensweisen. Sobald wir einmal über eng definierte Probleme mit unmittelbaren und vorrangigen Fitnessvorteilen hinausgehen (etwa die Auswahl von Paarungspartnern und das Erkennen von Raubtieren), ist diese hierarchische Struktur entscheidend für ein Verständnis dessen, wie verschiedene kognitive Kompetenzen mit anderen verbunden sind.

Wir würden es daher vorziehen, nicht das Wort *Modul* zu verwenden, das eine statische architektonische oder Ingenieursperspektive nahelegt. Vielmehr würden wir das Wort *Anpassung* bevorzugen, das auf dynamische Evolutionsprozesse hindeutet. Anpassungen können ganz enge Ziele haben, und wir selbst haben uns auf den ethologischen Begriff der adaptiven Spezialisierung (am Beispiel von Spinnen, die Netze bauen) berufen, der dem Sinn nach dem Begriff eines Moduls sehr nahesteht. Aber andere Anpassungen können eine breitere Anwendung haben, entweder schon von vornherein oder im Lauf der Zeit durch Erweiterungen. Beispielsweise scheinen Menschenaffen nicht besonders für den Werkzeuggebrauch angepaßt zu sein, da weder Gorillas noch Bonobos (und nur manche Populationen von Orang-Utans) Werkzeuge in der Wildnis benutzen. Aber alle Menschenaffen benutzen unter geeigneten Umständen Werkzeuge in der Gefangenschaft, und zwar auf ziemlich geschickte Weise. Die Anpassung scheint sich daher eher auf das kausale Verständnis bei der Manipulation von Gegenständen zu beziehen, das dann auf den Gebrauch von Werkzeugen angewendet werden kann, wenn sich für ein Individuum die Notwendigkeit ergibt (im Gegensatz zu manchen Vogelarten, die spezifisch für den Werkzeuggebrauch angepaßt zu sein scheinen).

In diesem Zusammenhang läßt sich die Frage noch allgemeiner stellen, ob es überhaupt irgendwelche wirklich bereichsneutralen horizontalen Fähigkeiten gibt. (Die Metapher ist, daß spezifische Inhalte wie Raum oder Quantität vertikal sind, während allgemeine Prozesse wie Repräsentation, Gedächtnis und Schlußfolgerungen horizontal sind.) Manche Modularitätstheoretiker vertreten die Auffassung, daß anscheinend horizontale Fähigkeiten keine einzelnen bereichsneutralen Prozesse repräsentieren; vielmehr hat jedes Modul seine eigenen Berechnungsverfahren, die nichts mit denen in anderen Modulen gemein haben. Unseres Erachtens verfehlt dies wiederum die Bedeutung der hierarchischen Organisation bei komplexen Anpassungen. Prozesse wie kognitive Repräsentation, Schlußfolgerungen und Selbstbeobachtung könnten sich ursprünglich – in einem uralten Wirbeltiervorfahren – im Kontext von relativ engen Verhaltensspezialisierungen entwickelt haben. Als jedoch neue Arten entstanden, wurden diese Prozesse angesichts neuer und komplexer Probleme bei vielen verschiedenen Anpassungen, von denen einige ziemlich breit gefächert waren, sozusagen als Subkomponenten benutzt. Dieser Kooptationsprozeß ist besonders wichtig bei hochflexiblen Organismen wie Menschenaffen und Menschen, und tatsächlich ist das weitverbreitete Auftreten dieses Prozesses eine Schlüsselkomponente kognitiver Flexibilität.

Schließlich müssen wir auch festhalten, daß es sich bei den menschlichen Fertigkeiten und Motivationen zur geteilten Intentionalität unserer Auffassung nach nicht um typische kognitive Anpassungen handelt, die innerhalb von Individuen auftreten. Die Frühmenschen hatten ihre eigenen individuellen kognitiven Fertigkeiten, aber dann begannen sie zu versuchen, sich durch gemeinsame Aufmerksamkeit mit anderen auf gemeinsame Ziele hin zu koordinieren. Die Lösung dieser Koordinationsprobleme bedeutete jedoch nicht das Ende dieses Prozesses; statt dessen eröffnete sie den Frühmenschen eine ganz neue Funktionsweise, insbesondere die Möglichkeit, mit modifizierten Repräsentations- und Schlußprozessen über grundsätzlich alles, was in ihrer Erfahrung vorkam, referentiell zu kommunizieren. Das Entstehen gemeinsamer Intentionalität bewirkte daher eine Restrukturierung, eine Umwandlung, eine Sozialisierung aller Prozesse, die an der individuellen Intentionalität und am individuellen Denken beteiligt waren – ein ungewöhnliches, wenn nicht gar beispielloses evolutionäres Ereignis. Das bedeutet nicht, daß Menschen nicht auch mit vielen System-1-Prozessen operieren, die gegen diese Umwandlung immun sind; recht häufig treffen sie »Bauchentscheidungen« mit Blick auf Ereigniswahrscheinlichkeiten, moralische Dilemmata, gefährliche Situationen usw. (siehe z. B. Gigerenzer und Selton, 2001; Haidt, 2012). Aber dennoch können Menschen alle diese Dinge in ihrem System-2-Denken erwägen und auch darüber kommunizieren, selbst wenn das ihre letztendliche Verhaltensentscheidung nicht beeinflußt. Fertigkeiten und Motivationen zur geteilten Intentionalität transformieren daher die Art und Weise, wie Menschen sich nahezu alles gedanklich vorstellen – weil sie über nahezu alles kommunizieren können.

Wie eingangs erwähnt, ist keine dieser verschiedenen Hypothesen – in allen drei Gruppen, die wir gerade besprochen haben – ein direkter Konkurrent der Hypothese geteilter Intentionalität, da keine von ihnen sich spezifisch auf das menschliche Denken und seine Komponentenprozesse konzentriert. Jede hat zwar ihren eigenen Anteil an der Wahrheit über die einzigartige menschliche Kognition und das Denken, würden wir behaupten, aber die vorliegende Erklärung ist sowohl umfassender, insofern sie all die vielen verschiedenen Aspekte des menschlichen Denkens abdeckt, als auch näher an der Art und Weise, wie Evolutionsprozesse beim Zusammenschustern komplexer Verhaltensfunktionen aus bereits vorhandenen Komponentenprozessen operieren. Wie wir nun sehen werden, paßt die Hypothese geteilter Intentionalität außerdem sehr gut zu zeitgenössischen Theorien der Evolution menschlicher Sozialität.

Es gibt eine Reihe verschiedener Theorien der Evolution menschlicher Sozialität, aber in einem Punkt stimmen sie alle überein: Die allgemeine Richtung ist durch eine immer stärkere Kooperation geprägt (zumindest bis zum Aufstieg von Landwirtschaft, Städten und stratifizierten Gesellschaften vor etwa 10 000 Jahren). Im Unterschied zu anderen Menschenaffen begannen die Frühmenschen, sich via Paarbindung fortzupflanzen, was dazu führte, daß Kernfamilien die neuen kooperierenden sozialen Einheiten wurden (Chapais, 2008). Im Zusammenhang damit begannen die Menschen – wieder im Gegensatz zu anderen Menschenaffen – verschiedene Formen kooperativer Kinderbetreuung auszubilden, bei denen andere Erwachsene als nur die Mütter sich um den Nachwuchs kümmerten (Hrdy, 2009). Diese neue Form der Kinderbetreuung könnte ein Vorläufer gemeinschaftlicher Nahrungssuche gewesen sein, könnte sich aber auch gemeinsam damit entwickelt haben, als die Großmütter und andere Frauen mit den Kindern zu Hause blieben, während die gesündesten Frauen loszogen und dann die gefundene Nahrung zurückbrachten, um sie zu teilen – was das Netzwerk der beteiligten Familien in neue kooperierende Einheiten verwandelte (Hawkes, 2003). Und mit dem Aufstieg moderner Menschen wurden ganze Kulturgruppen – die möglicherweise ganze Clans oder Stämme von Individuen umfaßten, die einander wahrscheinlich nicht einmal gekannt haben – zu kooperierenden Einheiten, als sie mit anderen Gruppen von Menschen um wertvolle Ressourcen im Rahmen der Selektion von Kulturgruppen konkurrierten (Richerson und Boyd, 2006). Wie dieser Trend zur Kooperation mit den stetig zunehmenden kognitiven Kompetenzen der Menschen interagiert haben könnte, wurde wenig erforscht, ja, es wurde noch nicht einmal viel darüber spekuliert. Es gibt jedoch zwei wichtige Ausnahmen. Erstens hat Dunbar (1998) zur Stützung der Hypothese des sozialen Gehirns eine starke positive Korrelation zwischen der Gehirngröße (die vermutlich die kognitive Komplexität widerspiegelt) und der Populationsgröße (die vermutlich die soziale Komplexität widerspiegelt) bei allen Primatenarten dokumentiert. Die modernen Menschen stellen den Extremfall dar: Die Größe des menschlichen Gehirns und die Populationsgröße sind beide um vieles größer als die der nächsten Menschenaffenverwandten. Gowlett et al. (2012) versuchten diese Beziehung über die Evolution des Menschen hinweg nachzuverfolgen und stellten einen besonders großen Sprung sowohl bei der Gehirngröße (geschätzt anhand des Schädelvolumens) als auch bei der geschätzten Gruppengröße vor etwa 400 000 Jahren bei *Homo heidelbergensis* fest, was natürlich genau die Zeit unseres hypothetischen ersten Schritts in der Evolution des menschlichen Denkens durch gemeinsame Intentionalität ist. Die Gruppengröße ist jedoch nur ein sehr grober Indikator für die soziale Komplexität (Dunbar konzentriert sich auf die größere Anzahl sozialer Beziehungen und der Reputationen, die man im Auge behalten mußte), und die Größe des Gehirns ist nur ein sehr grober Indikator für die kognitiven Fähigkeiten, weshalb die Hypothese des sozialen Gehirns uns auch nur einen sehr allgemeinen Hinweis auf die tatsächlichen Prozesse gibt, die auf beiden Seiten der Korrelation am Werk waren.

Ein mehr ins Detail gehender Versuch, menschliche Sozialität und Kognition miteinander zu verknüpfen, stammt von Sterelny (2012), der sich auf die menschliche Kooperation und ihre vielen Facetten konzentriert hat, unter anderem kooperative Kinderbetreuung, gemeinschaftliche Nahrungssuche und kooperative Kommunikation und Lehre. Der menschliche kooperative Lebensstil hängt davon ab, daß Menschen während der Ontogenese gewaltige Informationsmengen erwerben – alles mögliche, angefangen damit, wie man einer Antilope nachstellt, über die Herstellung eines Speers bis hin dazu, wie die Verwandtschaftsbeziehungen der Gruppe gebildet werden –, und daher ist die kooperative Weitergabe von Informationen durch erfahrene Erwachsene an einzuführende Kinder für das individuelle Überleben entscheidend. Menschen haben daher Lernumgebungen hergestellt, in denen sich ihr eigener Nachwuchs entwickelt, wodurch garantiert wird, daß dieser Nachwuchs die Informationen erwirbt, die er braucht, um entscheidende Subsistenztätigkeiten wie etwa die Herstellung von Werkzeugen und die gemeinschaftliche Nahrungssuche durchzuführen. Tomasello (1999) bietet ebenfalls eine Variante dieser Theorie an, die sich vor allem auf die Art und Weise konzentriert, wie die menschliche kognitive Ontogenese ermöglicht wird, indem Kinder die materiellen und symbolischen Artefakte (einschließlich der Sprache) erwerben, die von ihren Vorfahren geschaffen wurden. In ähnlicher Weise konzentriert sich Levinson (2006) auf den einzigartig menschlichen »Interaktionsmotor« der kooperativen sozialen Beteiligung sowie darauf, wie dessen Evolution einzigartig menschliche Formen multimodaler Kommunikation erzeugt hat. Hrdy (2009) hebt hervor, daß sich einige der hier auftretenden Anpassungen auf das Verhalten von Kleinkindern selbst bezogen haben könnten, beispielsweise besondere Fertigkeiten der Kooperation und Kommunikation, die es Kleinkindern ermöglichten, sich in der neuen komplexen Welt mehrerer Betreuer von einem frühen Alter an zurechtzufinden.

Aus unserer Sicht sind diese beiden Darstellungen der Wechselbeziehung zwischen menschlicher Sozialität und Kognition sowohl nützlich als auch im allgemeinen richtig. Allerdings haben wir uns hier insbesondere auf die zugrundeliegenden Prozesse des daran beteiligten Denkens konzentriert, und dies so detailliert, daß relativ genau gezeigt werden konnte, wie sich den Menschen spezifische Probleme bei der Koordination von Handlungen (Zusammenarbeit) und der Koordination intentionaler Zustände (kooperative Kommunikation) in zwei verschiedenen Phasen der Evolution gestellt und wie sie diese Probleme durch neue Formen des Denkens gelöst haben könnten (indem sie neue Formen kognitiver Repräsentation, Schlußfolgerungen und Selbstbeobachtung angewendet haben). Die Frühmenschen mußten nicht nur die sozialen Beziehungen im Auge behalten und nützliche Informationen an ihren Nachwuchs weitergeben, sondern außerdem und am dringendsten mußten sie auch die vielen und unterschiedlichen Subsistenzprobleme auf dem Wege der sozialen Koordination lösen – was sie durch die Entwicklung der vielen und unterschiedlichen Kompetenzen und Motivationen geteilter Intentionalität taten, einschließlich der Fähigkeit, Situationen anderen gegenüber rekursiv durch kooperative und konventionelle Kommunikation zu konzeptualisieren. Die Untrennbarkeit von sozialer Koordination und menschlichem Denken wird ganz treffend von Sellars (1962 / 2007, S. 385) erfaßt, wenn er schreibt: »Begriffliches Denken ist nicht zufällig das, was anderen *mitgeteilt* wird, genausowenig wie die Entscheidung, eine Schachfigur zu bewegen, zufällig dasjenige ist, was seinen Ausdruck in einem Zug auf einem Schachbrett zwischen zwei Menschen findet.«

Daher wollen wir uns bei der allgemeinen Zusammenfassung unserer Theorie auf die spezifische Frage nach der Beziehung zwischen Sozialität und Denken konzentrieren, wie sie bei jedem Schritt der vorgeschlagenen Naturgeschichte entsteht. Die wichtigsten Schlußfolgerungen lassen sich in vier sehr allgemeinen Aussagen ausdrükken.

1. Die Konkurrenz unter den Gruppenmitgliedern führte zu ausgeklügelten Formen der sozialen Kognition und des Denkens nichtmenschlicher Primaten ohne menschenähnliche Formen der Sozialität oder Kommunikation. Die elementare Sozialität von Säugetieren liegt einfach in der Motivation, in einer sozialen Gruppe zu leben. Konkurrenz innerhalb der Gruppe erzeugt soziale Beziehungen der Dominanz und – gemeinsam mit anderen Faktoren – des Anschlusses. Menschenaffen und vielleicht auch andere Primaten beteiligen sich an einer mehr als durchschnittlichen sozialen Konkurrenz und haben deshalb Fertigkeiten zum Verstehen der Ziele und Wahrnehmungen anderer als Methode zur flexiblen Vorhersage ihres Verhaltens entwickelt. Außerdem sind sie besonders geschickt in der Manipulation physischer Ursachen beim Gebrauch von Werkzeugen und in der Manipulation intentionaler Zustände anderer bei der Kommunikation durch Gesten. Menschenaffen arbeiten nur sehr wenig zusammen, und wenn sie es tun, dann läßt sich diese Zusammenarbeit am besten als das charakterisieren, was Tuomela (2007) »Gruppenverhalten im Ich-Modus« nennt, wie es bei der Gruppenjagd von Schimpansen zu beobachten ist, bei der jedes Individuum versucht, das Äffchen für sich selbst zu fangen. Die Kommunikation der Menschenaffen dient beinahe ausschließlich dem Versuch, die Aufmerksamkeit und das Verhalten des Empfängers in eine erwünschte Richtung zu lenken, und nicht, um ihn über Dinge zu informieren, die für ihn nützlich sind. Es gibt keine menschenähnlichen gemeinsamen Ziele; es gibt keine kooperative Kommunikation zur Koordination von Handlungen.

Die Kognition und das Denken von Menschenaffen sind an diese zwar soziale, aber nicht sehr kooperative Lebensweise angepaßt. Menschenaffen achten auf Situationen, die für ihre Ziele und Werte relevant sind, und in gewissen Problemsituationen simulieren sie oder stellen sich die Wirkungen verschiedener Ursachen auf das Problem vor, bevor sie handeln, was eine Möglichkeit darstellt, eine effektive Verhaltensentscheidung zu treffen. Sie tun das mit Hilfe von kognitiven Repräsentationen, die bildhaft und schematisch sind, wobei sie verstehen, daß »dies ein weiteres Exemplar von jenen ist«. Sie verstehen in vielen Fällen auch, wie Situationen (und ihre Komponenten) sich kausal oder intentional aufeinander beziehen, wodurch sie imstande sind, nichtaktuelle Situationen zu simulieren und alle möglichen kausalen und intentionalen Schlüsse über sie zu ziehen, einschließlich logischer Schlüsse, die in Form von Paradigmen organisiert sind. Beispielsweise schließen sie nicht nur »wenn X da ist, dann wird Y nicht da sein«, sondern auch »wenn hier nur Stille wahrzunehmen ist, dann muß X dort sein« und sogar »wenn X Y will und es am Ort Z wahrnimmt, dann wird X an den Ort Z gehen«. Diese kausalen und intentionalen Schlüsse bewirken auch eine Art instrumenteller Rationalität beim Treffen von Entscheidungen, wenn das Individuum schließt »wenn Situation X vorliegt, dann ist Y die beste Handlung«. Zudem überwachen Menschenaffen ihre eigenen Entscheidungsprozesse, indem sie nicht nur beobachten, wie sehr die Ergebnisse den Zielen entsprechen, sondern auch, indem sie die ihnen verfügbaren Informationen und deren Zuverlässigkeit kontrollieren, bevor sie eine Entscheidung treffen.

Daher lautet das Fazit, daß die Sozialität der Menschenaffen zu einigen bemerkenswerten Fertigkeiten sozialer Kognition geführt hat, um die hochentwickelten Fertigkeiten der physischen Kognition zu ergänzen, die wir als Kompetenzen individueller Intentionalität bezeichnet haben. Aber diese Form der Sozialität hat nicht zu einem Wandel der Art und Weise geführt, wie Individuen die Welt konzeptualisieren oder über Probleme im allgemeinen nachdenken. Die individuelle Intentionalität hat die Menschenaffen und vielleicht auch andere nichtmenschliche Primaten in die Lage versetzt, in spezifischen Situationen tatsächlich über Probleme nachzudenken, und zwar ohne irgendwelche der einzigartigen menschlichen Formen der Sozialität oder Kommunikation. Individuelle Intentionalität und instrumentelle Rationalität können daher als die allgemeine Primatenversion des »Denkens in einer feindlichen Welt« (Sterelny, 2003) verstanden werden.

2. Die gemeinschaftlichen Tätigkeiten und die kooperative Kommunikation der Frühmenschen führten – unter Anwendung neuer Formen sozialer Koordination – ohne Kultur und Sprache zu neuen Formen des menschlichen Denkens. Mehr als fünf von den sechs Millionen Jahren, die Menschen auf ihrem eigenen Evolutionspfad verbrachten, war ihr Denken in der Hauptsache den Menschenaffen ähnlich (obwohl ihre Fertigkeiten zur Werkzeugherstellung wahrscheinlich ihr Kausalverständnis verbessert haben). Aber dann änderten sich die ökologischen Bedingungen und zwangen einige Frühmenschen dazu, auf neue Weise zusammenzuarbeiten, um sich Nahrung zu verschaffen. Dadurch wurden die einzelnen besonders akut voneinander abhängig. Bei mutualistischen Tätigkeiten wie diesen konnte die Kommunikation vollkommen kooperativ werden, da es im Interesse jedes einzelnen lag, sich mit anderen auf ihr beiderseitiges Ziel hin zu koordinieren und sie über Dinge zu informieren, die in ihrer Rolle für sie nützlich waren. So wurden Frühmenschen geboren, die nur durch Zusammenarbeit und kooperative Kommunikation mit Sozialpartnern überleben und sich fortpflanzen konnten.

Die gemeinschaftliche Nahrungssuche warf eine Reihe schwieriger Probleme der sozialen Koordination auf. Die Grundlösung bestand darin, mit anderen gemeinsame Ziele zu bilden, um bestimmte Dinge, auf die beide Beteiligten gemeinsam verpflichtet waren, zusammen zu tun. Das erzeugte die Zwei-Ebenen-Struktur: gemeinsame Ziele mit individuellen Rollen neben gemeinsamer Aufmerksamkeit mit individuellen Perspektiven. Bei der kooperativen Kommunikation, die zur Koordination der Perspektiven (und damit auch der Handlungen) der einzelnen innerhalb dieser Tätigkeiten benutzt wurde – ursprünglich durch Zeigegesten und Gebärdenspiel –, war der Kommunizierende zur Kooperation in Form eines ehrlichen informierenden Akts verpflichtet, und der Kommunizierende und der Empfänger arbeiteten zusammen, um eine erfolgreiche Kommunikation zu gewährleisten. Der Empfänger folgte der Zeigegeste oder bildete eine Vorstellung von dem, worauf sich das Gebärdenspiel bezog, und schloß davon dann abduktiv auf das, was der Kommunizierende angesichts ihres gemeinsamen Hintergrunds mitzuteilen beabsichtigte. Der Kommunizierende wußte seinerseits, daß der Empfänger das tun würde, und versuchte deshalb, die Situation für ihn bei seiner Wahl der Referenten so zu konzeptualisieren, daß der abduktive Sprung des Empfängers erleichtert wurde – wobei er dessen Perspektive auf seine eigene Perspektive auf dessen Perspektive rekursiv vorwegnahm. Außerdem wiesen frühmenschliche Kommunizierende im besonderen Kontext gemeinsamer Entscheidungen manchmal gegenüber ihrem Partner auf relevante Situationen hin, die ihnen (implizit) Gründe lieferten, gemeinsam über einen bestimmten Handlungsverlauf zu entscheiden, der auf ihrem am gemeinsamen Hintergrund orientierten Verständnis der kausalen und/oder intentionalen Implikationen der dargestellten Situation beruhte.

Um all dies effektiv zu tun, war ein Denken erforderlich, welches Menschenaffen und ihrer individuellen Intentionalität nicht möglich war: Der Kommunizierende mußte nicht nur Urteile über seinen gemeinsamen begrifflichen Hintergrund mit dem Empfänger bilden, sondern auch darüber, welche Aspekte der gegenwärtigen Situation der Empfänger sowohl relevant als auch neu finden würde – und daher, welchen abduktiven Schluß er bei den verschiedenen möglichen Referenzakten vornehmen würde. Das führte zu dem, was wir zweitpersonales Denken genannt haben, das (1) kognitive Repräsentationen umfaßte, die perspektivisch und symbolisch waren, (2) Schlüsse mit einer rekursiven Struktur, um intentionale Zustände in intentionale Zustände einzubetten, und (3) die Selbstbeobachtung, die die vorgestellte soziale Bewertung und/oder das Verständnis des kooperativen und/oder Kommunikationspartners einschließt. Diese Veränderungen dienten im Grunde alle dazu, die individuelle Intentionalität der Menschenaffen in eine an der zweiten Person orientierte, gemeinsame Intentionalität und in ein gemeinsames Denken kooperativ einzugliedern.

Und so stellten die gemeinsame Intentionalität und das zweitpersonale Denken der Frühmenschen einen radikalen Bruch, einen neuen Typ von Beziehung zwischen Sozialität und Denken dar. Die kooperative und rekursive Sozialität der Frühmenschen erzeugte einen adaptiven Kontext, der von den einzelnen verlangte, ihre Handlungen und intentionalen Zustände mit anderen zu koordinieren, wenn sie überleben und sich fortpflanzen wollten. Das wiederum erforderte, daß sie ihre kognitiven Repräsentationen, ihre Schlüsse und ihre Selbstbeobachtung, und daher auch die Denkprozesse, die dem zugrunde lagen, an der Kooperation zu orientieren. Entscheidend für Theorien der Beziehung von Sozialität und Denken ist, daß dieser neue Typ des zweitpersonalen Denkens ohne Konventionalisierung, Kultur, Sprache oder irgend etwas anderes stattfand, das über direkte, auf die zweite Person bezogene, soziale Interaktionen hinausging.

3. Die Prozesse der konventionalisierten Kultur und Sprache moderner Menschen führten zu all den einzigartigen Komplexitäten des Denkens und Schlussfolgerns moderner Menschen. Die modernen Menschen waren aufgrund der Zunahme der Gruppengröße mit einigen neuen sozialen Herausforderungen konfrontiert, die von einer Konkurrenz zwischen den Gruppen begleitet wurde. Um zu überleben, mußten die Gruppen moderner Menschen damit beginnen, als relativ zusammenhängende kooperative gemeinschaftliche Einheiten mit verschiedenen arbeitsteiligen Rollen zu operieren (siehe Wilson, 2012). Dadurch entstand das Problem, wie die einzelnen sich mit Fremden aus der Eigengruppe koordinieren konnten, mit denen sie keinen persönlichen gemeinsamen Hintergrund hatten. Die Lösung bestand in der Konventionalisierung kultureller Praktiken: Jeder paßte sich dem an, was jeder andere tat, und erwartete von anderen, daß sie sich ebenfalls anpaßten (und erwarteten von ihnen, daß diese von ihnen erwarteten, daß ... etc.), wodurch eine Art von kulturellem gemeinsamen Hintergrund geschaffen wurde, der bei allen Gruppenmitgliedern (aber nicht bei anderen Gruppen) vorausgesetzt werden konnte. Die Kommunikationsformen der modernen Menschen wurden ebenfalls auf dieselbe Weise konventionalisiert, was bedeutete, daß die einzelnen innerhalb eines kulturellen gemeinsamen Hintergrunds operierten, der eine Art Gruppenperspektive und konventionalisierte sprachliche Einheiten und Konstruktionen umfaßte, die gegenüber jedem in der Gruppe effektiv benutzt werden konnten.

Diese gruppenorientierte Strukturierung der Tätigkeiten und Interaktionen moderner Menschen zusammen mit ihren konventionellen Kommunikationsmitteln bedeutete, daß moderne Menschen eine Art überpersönlicher, »objektiver« Perspektive auf die Welt aufbauten. Die konventionelle Kommunikation wurde nicht nur wegen ihres konventionellen, normativen, »objektiven« Formats und ihrer Thema-Fokus-Struktur vollkommen propositional, sondern auch deshalb, weil die Kommunikationsmotive und epistemischen/modalen Einstellungen des Sprechers durch konventionelle Zeichen separat ausgedrückt werden konnten, was bedeutete, daß der propositionale Gehalt unabhängig von den Motiven und Einstellungen bestimmter Individuen konzeptualisiert worden war. Sprachkonstruktionen ermöglichten eine beispiellose Kreativität begrifflicher Kombination und zudem vollständige Propositionen, die eine Art generischer, zeitloser, »objektiver« Sachverhalte repräsentieren, wie beim Unterricht (»So funktioniert das«) und bei der Durchsetzung sozialer Normen (»Das darf man nicht«). Auf diese Weise konstruierten gruppenbewußte Individuen eine »objektive« Welt.

Die konventionelle sprachliche Kommunikation versorgte in der Entwicklung begriffene Kinder mit einem bereits vorhandenen Repräsentationssystem alternativer Mittel der Konzeptualisierung, und jeder kannte gemeinsam mit den anderen die verfügbaren Alternativen im gemeinsamen kulturellen Hintergrund. Das eröffnete eine ganze neue Welt formaler und pragmatischer Schlüsse. Diskursprozesse, die auf effektive Kommunikation abzielten, ermunterten die Kommunizierenden dazu, viele Aspekte ihrer eigenen psychologischen Prozesse explizit zu machen, die bei vorherigen Formen der Kommunikation implizit gelassen wurden (intentionale Zustände zum Beispiel oder logische Operationen), so daß nun neue Möglichkeiten der Reflexion auf das Denken eröffnet wurden. Zusätzlich erforderte die kooperative Argumentation im Dienste gemeinsamer Entscheidungen, daß die Individuen ihre Gründe und Rechtfertigungen anderen gegenüber explizit machen, um sie von ihrer Wahrheit zu überzeugen; um effektiv zu sein, mußten sie daher die normativen Erwartungen der Gruppe hinsichtlich eines rationalen Diskurses erfüllen. Die Internalisierung dieses Prozesses der Angabe von Gründen bedeutete, daß die Individuen jetzt wußten, warum, das heißt aus welchem von der Gruppe anerkannten Grund, sie das dachten, was sie dachten. Dieser Prozeß lieferte begriffliche Verknüpfungen zwischen den unzähligen Gedanken und propositionalen Repräsentationen des Individuums, und dies führte zu einer Art von holistischem Begriffsnetz. Jedes Individuum praktizierte jetzt auch eine Art normativer Selbststeuerung, bei der es als Emissär der Gruppe, deren verpflichtetes Mitglied es war, seine eigenen Handlungen und Gedanken im Sinne der normativen Maßstäbe der Gruppe regulierte.

So führte die Schaffung der verschiedenen Formen kollektiver Intentionalität durch die modernen Menschen – die kulturelle Konventionen, Normen und Institutionen einschließlich der Sprache umfaßte – zu einer Art von akteursneutralem, »objektivem« Denken, das konventionelle und objektive Repräsentationen einschloß; zu Schlußprozessen, die begründet, reflektierend und auf die Wahrheit gerichtet waren; und zu normativer Selbststeuerung, bei der die einzelnen ihr Denken überwachten und anpaßten, um es mit dem Denken der Gruppe in Einklang zu bringen. Kultur und Sprache stellen daher als akteursneutrale konventionelle Phänomene einen weiteren Kontext bereit, in dessen Rahmen eine neue Form menschlicher Sozialität zu einer neuen Form des menschlichen Denkens führen kann, insbesondere zum objektiv-reflexiv-normativen Denken.

Von einem evolutionären Standpunkt aus betrachtet, ist unser übergreifendes Argument also eine Erweiterung des Arguments von Maynard Smith und Szathmáry (1995): Menschen haben echte evolutionäre Neuheiten auf dem Wege neuer Formen der Kooperation geschaffen, die von neuen Formen der Kommunikation unterstützt und erweitert wurden. Das hat darüber hinaus zu neuen Formen der kognitiven Repräsentation, des Schlußfolgerns und der Selbstbeobachtung geführt, die zusammen neue Formen des Denkens konstituieren. Und Menschen haben das zweimal getan, wobei der zweite Schritt auf dem ersten aufbaute. Abbildung 5.1 faßt die drei Komponentenprozesse des menschlichen Denkens bei jedem der drei Schritte der Hypothese geteilter Intentionalität zusammen (also einschließlich der Menschenaffen als Schritt 0).

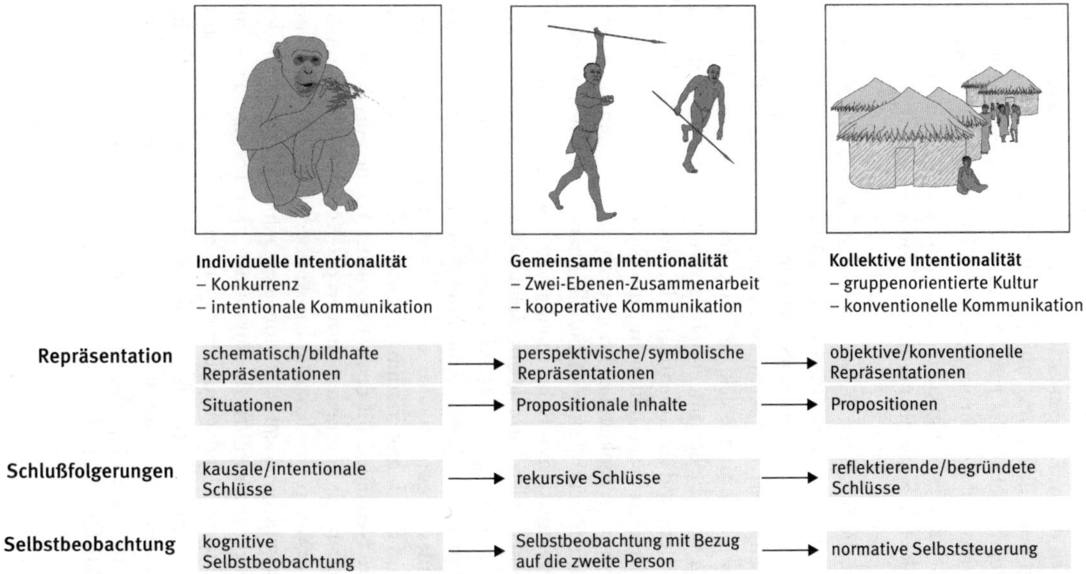

Abbildung 5.1: Zusammenfassung der Hypothese geteilter Intentionalität.

4. Die kumulative kulturelle Evolution führte zu einer Vielzahl kulturspezifischer kognitiver Fertigkeiten und Typen des Denkens. Alle diese Prozesse gemeinsamer und kollektiver Intentionalität sind in der menschlichen Spezies universal. Am wahrscheinlichsten ist, daß der erste Schritt gemeinsamer Intentionalität sich in Afrika vor der Trennung der Entwicklungslinie zu den Neandertalern einerseits und den modernen Menschen andererseits entwickelte und daher für beide Arten charakteristisch war. Der zweite Schritt kollektiver Intentionalität entwickelte sich wahrscheinlich in einer Population moderner Menschen in Afrika, bevor sie vor etwa 100 000 Jahren in andere Teile der Welt auswanderten. Aber sobald sie einmal begonnen hatten auszuwandern und sich in sehr unterschiedlichen lokalen Umwelten niederzulassen, wurden Unterschiede in den kulturellen Praktiken ausgeprägt. Verschiedene menschliche Kulturen schufen ganz verschiedene Gruppen besonderer kognitiver Fertigkeiten, beispielsweise zur Navigation über große Entfernungen, zur Herstellung wichtiger Werkzeuge und Artefakte und auch zur sprachlichen Kommunikation. Das bedeutete, daß verschiedene Kulturen über ihre speziesuniversalen kognitiven Fertigkeiten individueller, gemeinsamer und kollektiver Intentionalität hinaus viele kulturell spezifische kognitive Fertigkeiten und Denkmethoden für ihre eigenen lokalen Zwecke schufen.

Wesentlich ist, daß diese kulturell spezifischen Fertigkeiten über historische Zeitspannen hinweg innerhalb einer Kultur durch eine Art Wagenhebereffekt aufeinander aufbauen, was zu einer kumulativen kulturellen Evolution führt. Aufgrund der besonders leistungsfähigen Fertigkeiten der Menschen zum kulturellen Lernen in Kombination mit dem Unterricht Erwachsener und der Neigung der Kinder, sich anzupassen, erhalten die Artefakte und Praktiken einer Kultur eine »Geschichte«. Die Individuen vermitteln von der frühen Ontogenese an ihre Interaktionen mit der Welt durch die Artefakte und Symbole der Kultur (Vygotskij, 1978; Tomasello, 1999) und eignen sich auf diese Weise einen Teil der Weisheit der gesamten Kulturgruppe und ihrer Geschichte an. Die kumulative kulturelle Evolution ermöglichte den Menschen, alle möglichen ansonsten unbewohnbaren Orte überall auf der Welt zu erobern.

Als ein dramatisches Beispiel aus der zeitgenössischen Welt können wir diejenigen Formen des menschlichen Denkens anführen, die wohl am abstraktesten und komplexesten sind, nämlich jene, die in der abendländischen Naturwissenschaft und Mathematik zum Zug kommen. Der entscheidende Punkt ist hier, daß diese Formen des Denkens einfach nicht ohne die besonderen Formen sozial konstruierter Konventionen möglich sind, nämlich diejenigen, die in schriftlicher Form existieren und sich in der abendländischen Kultur in einer historischen Zeitspanne entwickelten. Dieser Punkt wird besonders von Peirce (1931-1958) betont und ist in dem klassischen Text der modernen Logik von Lewis und Langford zusammengefaßt (1932, S. 4): »Wären die neuen und vielseitigeren ideographischen Symbole nicht akzeptiert worden, hätten sich viele Zweige der Mathematik nie entwickeln können, weil kein menschlicher Geist das Wesen ihrer Verwendungsweise anhand der Phonogramme der Umgangssprache erfassen könnte.« Viele Bildungswissenschaftler würden auch geltend machen, daß die Schriftsprache bestimmte Formen des schlußfolgernden Denkens zugänglicher macht, wenn nicht gar ermöglicht (Olson, 1994). Das Schreiben erleichtert auch sehr das metasprachliche Denken und die Möglichkeit, unsere eigenen sprachlichen Mitteilungen sowie die von anderen zu analysieren, zu kritisieren und zu bewerten. Bilder und andere graphische Symbole, die als Kommunikationsmittel genutzt werden, sind kollektive Repräsentationen, die ebenfalls entscheidend zu dem Prozeß beitragen.

Diese modernen Kulturen, die aktive Gemeinschaften von Naturwissenschaftlern, Mathematikern, Sprachwissenschaftlern und anderen Gelehrten hervorgebracht haben, sind ohne Schriftsprache, schriftliche mathematische Zahlzeichen und Operationen sowie andere Formen visuell gestützter und halbwegs beständiger Symbole so gut wie undenkbar. Kulturen, die keinerlei solche graphischen Symbole geschaffen haben oder gegenwärtig keine besitzen, können derzeit auch nicht an diesen Tätigkeiten teilhaben. Das zeigt recht deutlich, daß viele der komplexesten und am höchsten entwickelten kognitiven Prozesse des Menschen tatsächlich kulturell und historisch konstruiert sind. Es eröffnet auch die Möglichkeit, daß manche anderen kognitiven Leistungen des Menschen eine Art koevolutionärer Mischung darstellen. Unsere eigene Auffassung wäre, daß viele der Komplexitäten der menschlichen Sprache folgender Natur sind: Sie bauen auf universellen kognitiven Prozessen auf, haben jedoch kulturell konstruierte konkrete Manifestationen (Tomasello, 2008).

Es ist theoretisch möglich, daß diese gesamte Theorie nicht für das menschliche Denken im allgemeinen, sondern nur für eine bestimmte Art modularisierten Denkens im Dienste der Zusammenarbeit und Kommunikation gilt (siehe Sperber, 1994, zu einer Auffassung, die in diese allgemeine Richtung geht). Aber das scheint nicht der Fall zu sein. Die perspektivischen und objektiven Repräsentationen der Menschen, die rekursiven und reflexiven Schlüsse und die normative Selbstbeobachtung – die wesentlichen Komponenten des einzigartig menschlichen Denkens – verschwinden nicht einfach, wenn Menschen nicht miteinander zusammenarbeiten oder kommunizieren. Im Gegenteil, sie strukturieren fast alle menschlichen Handlungen mit der möglichen Ausnahme sensomotorischer Aktivitäten. So verwenden Menschen beispielsweise rekursive Schlüsse in den Grammatikstrukturen ihrer Sprachen, beim Gedankenlesen in nichtkommunikativen Kontexten, in der Mathematik und in der Musik, um nur die offensichtlichsten Beispiele zu nennen. Menschen benutzen perspektivische und objektive Repräsentationen bei all ihrem Denken, selbst in ihren einsamsten Träumereien, und sie greifen immer dann zur normativen Selbstbeobachtung, wenn sie um ihren Ruf besorgt sind – was so gut wie dauernd der Fall ist. Wir können uns hier auch die Fertigkeiten des relationalen Denkens ins Gedächtnis rufen, die Produkte der Zwei-Ebenen-Zusammenarbeit sind, aber eine breitere Anwendung finden, sowie die Fertigkeiten der Einbildung und des Als-ob-Verhaltens, die Erzeugnisse der Einbildungskraft beim Gebärdenspiel sind, jetzt aber bei allen möglichen Formen des künstlerischen Schaffens angewendet werden. Zusammenarbeit und Kommunikation mögen zwar die entscheidenden anregenden Rollen in unserer Geschichte spielen, aber ihre Auswirkungen auf die kognitive Repräsentation, auf Schlußfolgerungen und die Selbstbeobachtung dehnen sich viel weiter auf im Grunde alle begrifflich vermittelten Tätigkeiten der Menschen aus.

Im selben Sinne sollte uns auch klar sein, daß die neuen Formen der sozialen Kognition, die diese Theorie vorschlägt, nicht nur modularisierte Fähigkeiten einer Theorie des Geistes sind. Vielmehr entwickelten sich solche Dinge wie perspektivische Repräsentationen, rekursive Schlüsse und die soziale Selbstbeobachtung so, daß die Individuen die Welt jetzt auf neue Weise verstehen konnten, wenn sie ihre Köpfe mit anderen in Akten geteilter Intentionalität zusammensteckten. Dazu ist mehr als nur eine spezifische kognitive Fertigkeit in einem spezifischen inhaltlichen Bereich nötig, weil die Koordination von Handlungen und intentionalen Zuständen mit anderen im Hinblick auf äußere Referenten durchweg neue Funktionsweisen erfordert. Die Fertigkeiten und Motivationen für die geteilte Intentionalität haben daher nicht nur die Art und Weise verändert, wie Menschen über andere denken, sondern auch die Art und Weise, wie sie sich die gesamte Welt und ihren eigenen Platz darin in der Zusammenarbeit mit anderen begrifflich vorstellen.

Die Rolle der Ontogenese

Obwohl wir in der vorliegenden Darstellung verschiedentlich auf ontogenetische Daten zurückgegriffen haben, lag unser Hauptaugenmerk nicht auf der menschlichen Ontogenese an sich. Daher ist es wichtig, zwei entscheidende Punkte zur Rolle der Ontogenese für den Ursprung des einzigartig menschlichen Denkens festzuhalten.

Erstens, obwohl die Ontogenese die Phylogenese nicht zu rekapitulieren braucht, ist im vorliegenden Fall die Beziehung zwischen gemeinsamer Intentionalität und kollektiver Intentionalität zum Teil eine logische – man muß bestimmte Fertigkeiten zur Koordination mit anderen Individuen haben, bevor man sich mit der Gruppe koordiniert –, und deshalb ist die ontogenetische Abfolge im Grunde dieselbe wie unsere hypothetische phylogenetische Abfolge (Tomasello und Hamann, 2012). Tatsächlich sind die Dinge jedoch noch komplizierter, weil, wie wir festgestellt haben, kleine Kinder moderne Menschen sind und mit vielen kulturellen Artefakten, darunter einer konventionellen Sprache, praktisch von Geburt an in Berührung kommen. Aber wir würden behaupten, daß die sozialen Interaktionen kleiner Kinder mit anderen etwa bis zu ihrem dritten Geburtstag im Grunde zweitpersonal sind und nicht gruppenbezogen.

Außerdem haben sie noch kein vollständiges Verständnis davon, wie solche Dinge wie Sprache, Artefakte und soziale Normen als konventionelle Erzeugnisse funktionieren.

Und daher ist die Abfolge nach der vorliegenden Auffassung ungefähr folgende: Kleinkinder beginnen um ihren ersten Geburtstag herum mit der kooperativen Zusammenarbeit und Kommunikation mit anderen im zweitpersonalen Modus – durch direkte Partizipation mit spezifischen anderen Individuen. Das beinhaltet die Interaktion mit anderen durch gemeinsame Aufmerksamkeit, die Übernahme der Perspektive der anderen auf einfache Weisen und den kreativen Gebrauch der Zeigegeste gegenüber anderen (Carpenter et al., 1998; siehe Moll und Tomasello, im Druck, zu einer Übersicht). Dieser Zeitverlauf der Entwicklung ist für Kinder aus einer breiten Vielfalt kultureller Kontexte – einschließlich kleiner analphabetischer Gesellschaften (Callaghan et al, 2011) – charakteristisch, aber er ist nicht charakteristisch für die Ontogenese der Schimpansen, auch nicht für diejenigen, die von Menschen großgezogen werden (Tomasello und Carpenter, 2005; Wobber et al., im Druck). Diese Tatsachen deuten auf einen stark kanalisierten und speziesspezifischen Entwicklungspfad für das erste Auftreten der Fertigkeiten gemeinsamer Intentionalität hin.

Fertigkeiten zur kollektiven Intentionalität beginnen ungefähr um den dritten Geburtstag herum, in Erscheinung zu treten. Zu dieser Zeit beginnen die kleinen Kinder erstmals, soziale Normen und andere konventionelle Phänomene als Ergebnisse einer gewissen kollektiven Übereinkunft zu verstehen. Mit etwa drei Jahren befolgen kleine Kinder daher nicht einfach nur soziale Normen, sondern fangen an, sie aktiv gegenüber anderen durchzusetzen (und sich schuldig zu fühlen, wenn sie selbst Normen verletzen.) Sie tun das auf eine Weise, die zeigt, daß sie verstehen, daß bestimmte Normen nur in bestimmten Kontexten gelten und nur für die Individuen aus der Gruppe, die sie konventionalisiert haben. Sie verstehen auch, daß bestimmte Bestandteile der Sprache, zum Beispiel Gattungsnamen, für alle in der Gruppe konventionell sind, während Eigennamen nur für diejenigen konventionell sind, die die Person kennen (siehe Schmidt und Tomasello, 2012, zu einer Übersicht). Fertigkeiten der kollektiven Intentionalität wurden außerhalb der westlichen Kultur der Mittelschicht nicht gründlich erforscht, und daher wissen wir nicht, ob dieser Zeitverlauf der Entwicklung kulturübergreifend allgemein ist.

Der zweite Punkt zur Rolle der Ontogenese ist folgender: Weder die gemeinsame noch die kollektive Intentionalität würden ohne sie existieren. Das gilt für viele Merkmale des Menschen, da die menschliche Spezies für alle möglichen Dinge, die andere Tierarten in reifer oder nahezu reifer Form von Geburt an besitzen, eine ausgedehnte Ontogenese entwickelt hat. Während beispielsweise viele kleine Primaten ein Gehirn haben, das sich in den ersten Lebensmonaten sehr schnell entwickelt und in weniger als einem Jahr ausreift, und Schimpansen ein Gehirn haben, das sich in nur fünf Jahren zur Reife entwickelt, braucht das menschliche Gehirn mehr als zehn Jahre, um sein vollständig ausgereiftes Erwachsenenvolumen zu erreichen (Coqueugniot et al., 2004). Da diese ausgedehnte Ontogenese sowohl für die Kinder als auch ihre Mütter hochriskant ist, muß es ausgleichende Vorteile geben, die vermutlich solche Dinge betreffen wie eine besonders flexible Organisation des Verhaltens, Kognition und das Treffen von Entscheidungen – sowie Zeit, um sich die kulturellen Artefakte, Symbole und Praktiken der lokalen Gruppe anzueignen (Bruner, 1972).

Die menschlichen Fertigkeiten gemeinsamer und kollektiver Intentionalität entstanden also im Verlauf einer ausgedehnten Ontogenese, in der das Kind und sein sich entwickelndes Gehirn ständig mit der Umwelt, insbesondere der sozialen Umwelt interagieren. Unsere Hypothese ist, daß sie ohne diese Interaktion nicht entstehen würden. Um diesen Punkt so konkret wie möglich zu machen, wollen wir uns auf ein Gedankenexperiment stützen, von dem wir schon früher Gebrauch gemacht haben, und ihm dann noch eine neue Wendung geben. Stellen wir uns ein Kind vor, das auf einer einsamen Insel geboren wurde, auf wundersame Weise bis zum Erwachsenenalter lebendig und gesund blieb, aber völlig allein war. Die Hypothese lautet, daß dieses Kind als Erwachsener weder über Fertigkeiten gemeinsamer noch über Fertigkeiten kollektiver Intentionalität verfügen würde. Dieses sozial isolierte Wesen könnte als Erwachsener nicht in eine menschliche Gruppe eintreten und anfangen, mit ihren Mitgliedern durch die Bildung gemeinsamer Ziele mit individuellen Rollen zusammenzuarbeiten, oder kooperativ im Kontext gemeinsamer

Aufmerksamkeit mit individuellen Perspektiven kommunizieren. Dieses Individuum würde also während seiner isolierten Lebenszeit kein zweitpersonales Denken mit perspektivischen und symbolischen Repräsentationen, rekursiven Schlüssen und sozialer Selbstbeobachtung entwickeln. Wie könnte es auch ein Verständnis für Perspektiven entwickeln, die sich von seiner eigenen unterscheiden, ohne überhaupt verschiedene Perspektiven zu erleben? Wie könnte es sozial rekursive Schlüsse entwickeln ohne Sozialpartner, mit denen es kommunizieren könnte? Wie könnte es sich darüber sorgen, daß andere es bewerten, wenn es keine solchen anderen gibt? Nein, die Fertigkeiten geteilter Intentionalität sind nicht einfach angeboren oder ein Produkt von Reifeprozessen; sie sind biologische Anpassungen, die entstehen, wenn sie während der Ontogenese benutzt werden, um mit anderen zusammenzuarbeiten und zu kommunizieren.

Dieses Gedankenexperiment könnte als Robinson-Crusoe-Szenario bezeichnet werden, da das Kind allein auf einer einsamen Insel ist. Aber stellen wir uns jetzt ein Herr-der-Fliegen-Szenario vor. In diesem Fall wären es mehrere Kinder, die auf einer einsamen Insel geboren wurden und heranwachsen, wobei sie mit niemandem außer miteinander interagieren können. Die Hypothese lautet hier, was vielleicht überrascht, daß diese Kinder tatsächlich die Art von sozialen Interaktionen vollziehen würden, die notwendig für die Entwicklung gemeinsamer Intentionalität – aber nicht kollektiver Intentionalität – sind. Das bedeutet, daß diese gleichaltrigen Waisen durch ihre sozialen Interaktionen miteinander Fertigkeiten der zweitpersonalen, rekursiven Sozialität entwickeln sollten. Sie würden Möglichkeiten finden, miteinander mit gemeinsamen Zielen und geteilter Aufmerksamkeit zusammenzuarbeiten, miteinander anhand der Übernahme verschiedener Perspektiven zu kommunizieren (durch Zeigegesten und Gebärdenspiel) und ihr Verhalten durch die Augen ihres Partners, mit dem sie in einer Beziehung wechselseitiger Abhängigkeit stehen, zu beobachten. Um sich auf diese Weise zu entwickeln, sind keine welterfahrenen Erwachsenen und all ihr kultureller Zierat notwendig.

Aber wir glauben nicht, daß die Interaktion Gleichaltriger allein ausreichen würde, damit unsere Waisen Fertigkeiten der kollektiven Intentionalität während ihrer Lebenszeit entwickeln. Sie könnten zwar selbständig einige Konventionen und gewisse Normen entwickeln, da die Fertigkeiten gemeinsamer Intentionalität plus Imitation dafür hinreichend sein könnten, und über viele Generationen hinweg könnten sie auch so etwas wie eine Kultur schaffen. Aber während ihres eigenen Lebens würden sie keine ausgereifte Kultur oder konventionelle Sprache entwickeln, da hierfür viele Generationen über historische Zeitspannen hinweg nötig sind. Und dasselbe ließe sich über kulturelle Institutionen mit ständigen Statusfunktionen wie Oberhäupter und Geld sagen. Im allgemeinen erfordern vollentwickelte Fertigkeiten kollektiver Intentionalität und akteursneutralen Denkens unserer Hypothese zufolge eine Ontogenese inmitten eines schon existierenden kulturellen Kollektivs mit bereits existierenden Konventionen, Normen und Institutionen, einschließlich einer konventionellen Sprache. Wie könnte man seinen Geist auf die Gruppe ausrichten, Dinge objektiv repräsentieren und sein Verhalten und Schlußfolgern anhand der Kooperations- und Kommunikationsnormen der sozialen Gruppe regulieren, wenn es tatsächlich keine soziale Gruppe gäbe, die der eigenen sozialen und kognitiven Entwicklung vorausging? Nein, Fertigkeiten zur kollektiven Intentionalität sind nicht einfach angeboren oder eine Frage der Reifung; sie sind biologische Anpassungen, die nur durch eine ausgedehnte Ontogenese in einer kollektiv geschaffenen und weitergegebenen kulturellen Umgebung entstehen – wofür mehrere Generationen nötig sind, damit sie in Erscheinung treten können. In diesem Fall sind dann die Erwachsenen und all ihr kulturelles Drum und Dran tatsächlich für die ontogenetische Entwicklung der Fertigkeiten kollektiver Intentionalität notwendig.

Die Annahme, daß alle kognitiven und gedanklichen Fertigkeiten, die wir beschrieben haben, angeboren sein könnten – bis zu dem Grad, daß unser wildes Kind oder die verwaisten Gleichaltrigen, wenn sie als Erwachsene entdeckt werden würden, sofort vollkommen reife Formen menschlichen Denkens auf beiden Ebenen an den Tag legen könnten –, ist nicht inkohärent. Unserer Ansicht nach ist das nur äußerst unwahrscheinlich. Menschen erben biologisch ihre elementaren Fähigkeiten zur Konstruktion einzigartig menschlicher kognitiver Repräsentationen, Schlußformen und zur Selbstbeobachtung unabhängig von ihren kooperativen und kommunikativen Interaktionen mit anderen sozialen Wesen. Bei fehlender sozialer Umwelt würden diese Fähigkeiten aufgrund des Nichtgebrauchs verkümmern wie die Fähigkeit zum Sehen bei einer Person, die in Dunkelheit geboren und ausschließlich darin aufgewachsen ist.

Im Prinzip könnte man Daten über die Rolle der Ontogenese bei der Entstehung des einzigartig menschlichen Denkens sammeln – aber nur wenn man keine moralischen Skrupel hätte. Man müßte bereit sein, neugeborene Kinder zufällig auf unterschiedliche Umwelten zu verteilen, in denen sie aufwachsen könnten. Natürliche Experimente wie zum Beispiel das wild aufgewachsene Kind Victor von Aveyron und andere »Wolfskinder« geben aus vielen Gründen keine eindeutige Antwort auf die Frage, von denen ein nicht geringer darin besteht, daß manche dieser Kinder gerade deshalb von ihren Eltern ausgesetzt wurden, weil sie nicht normal funktionierten (Candland, 1995) – und es wurde auch keines von ihnen auf die relevanten kognitiven Fertigkeiten hin getestet. Interessante indirekte Belege für die wichtige Rolle einer menschenähnlichen sozialen Umwelt stammen von sogenannten enkulturierten Menschenaffen. Wenn Menschenaffen inmitten aller möglichen menschenähnlichen sozialen Interaktion und Artefakten von Menschen aufgezogen werden, entwickeln sie keine menschenähnlicheren Fertigkeiten der physischen Kognition (Raum, Objektpermanenz, Werkzeuggebrauch und dergleichen), aber sie entwickeln menschenähnlichere Fertigkeiten der Imitation und Kommunikation (Call und Tomasello, 1996; Tomasello und Call, 2004). Die Bedeutung dieser Befunde für die menschliche Ontogenese ist jedoch nicht ohne weiteres klar.

Obwohl jedermann auch weiterhin von wild aufwachsenden Kindern und von der Frage fasziniert sein wird, wieviel und welche Formen sozialer Erfahrung notwendig sind, damit Menschen ihre einzigartigen Formen der Kognition und des Denkens entwickeln, wird die Frage sehr wahrscheinlich für absehbare Zeit ein tiefes Rätsel bleiben. In der Zwischenzeit lautet unsere Hypothese, daß ebenso wie viele Anpassungen des Menschen auch die zur geteilten Intentionalität so angelegt sind, daß sie nur inmitten von reichhaltigen sozialen und kulturellen Umwelten bestimmter Arten wachsen und gedeihen können.

6
SCHLUSS

> Sowohl im Rahmen der menschheitsgeschichtlichen Evolution des Denkens als auch im Rahmen der individuellen Evolution des Denkens gibt es ein Stadium, in dem kein Denken gegeben ist, sowie ein daran anschließendes Stadium, in dem es tatsächlich Denken gibt. […] Was uns fehlt, ist ein befriedigendes Vokabular zur Beschreibung der Zwischenschritte.
> DONALD DAVIDSON, *Subjektiv, intersubjektiv, objektiv*

Spätestens seit Aristoteles haben Menschen sich die Frage gestellt, wie sie sich von anderen Arten von Lebewesen unterscheiden. Aber während fast dieser gesamten Zeit standen die geeigneten Informationen für diesen Vergleich nicht zur Verfügung – der wichtigste Grund bestand darin, daß es in den ersten paar tausend Jahren der abendländischen Zivilisation keine nichtmenschlichen Primaten in Europa gab. Aristoteles und Descartes konnten ohne weiteres solche Dinge postulieren wie »Nur Menschen haben Vernunft« oder »Nur Menschen haben einen freien Willen«, weil sie Menschen mit Vögeln, Ratten, verschiedenen Haustieren und gelegentlich mit Füchsen oder Wölfen verglichen.

Im 19. Jahrhundert kamen nichtmenschliche Primaten, darunter auch Menschenaffen, aufgrund der jüngst entstandenen zoologischen Gärten nach Europa. Darwin selbst verschlug es die Sprache, als er 1838 im Londoner Zoo einem Orang-Utan-Weibchen namens Jenny (das Königin Viktoria als »widerlich menschlich« bezeichnete) gegenüberstand. Nach der Veröffentlichung von *Die Entstehung der Arten* etwa zwanzig Jahre später und *Die Abstammung des Menschen* etwa zwölf Jahre danach wurde es viel schwerer, die Unterschiede zwischen Menschen und anderen Tieren – wie sie nun von unseren engsten lebenden Verwandten dargestellt werden – genau zu bestimmen. Viele Philosophen reagierten darauf, indem sie das Problem einfach wegdefinierten: Denken ist ein Prozeß, der ausschließlich im Medium der Sprache stattfindet, und daher können andere Tierarten per definitionem nicht denken (die prominentesten modernen Vertreter dieser Auffassung sind Davidson [2001/2013] und Brandom [1994/2000]). Jüngere Forschungen zur Kognition und zum Denken von Menschenaffen, wie beispielsweise die hier besprochenen, sollten diese Auffassung einer »radikalen Diskontinuität« bereits in Frage stellen. Menschenaffen repräsentieren die Welt kognitiv in einem abstrakten Format, sie vollziehen komplexe kausale und intentionale Schlußfolgerungen mit einer logischen Struktur, und sie scheinen zumindest in einem gewissen Sinn zu wissen, was sie tun, während sie es tun. Obwohl das noch kein vollentwickeltes menschliches Denken sein mag, enthält es doch sicherlich einige Schlüsselkomponenten.

Das Problem liegt jedoch tiefer und besteht nicht nur darin, eine Trennlinie zu finden. Der entscheidende Punkt ist, daß der Abstand zwischen den Arten der heute lebenden Menschenaffen und den Menschen willkürlich ist und einfach damit zu tun hat, wer überlebte und wer nicht. Was wäre also, wenn wir in einem fernen Dschungel überlebende Angehörige der Spezies *Homo heidelbergensis* oder *Homo neanderthalensis* entdeckten? Wie würden wir entscheiden, ob sie über vollentwickelte, menschliche Denkprozesse verfügen – ja oder nein –, unter der Voraussetzung, daß sie sich aller Wahrscheinlichkeit nach irgendwo zwischen zeitgenössischen Menschen und Menschenaffen befänden? Noch radikaler gefragt: Was wäre, wenn wir gewisse frühere Seitenzweige des Evolutionsstammbaums der Menschen entdeckten, die ihre eigene Weise des Handelns und Denkens hatten, welche sich nur teilweise mit dem Denken moderner Menschen überschnitt? Vielleicht entwickelten diese Wesen nie Zeigegesten und deshalb auch keine Fertigkeiten zu rekursiven Schlußfolgerungen. Oder vielleicht war ihre Nachahmung nicht hinreichend für Gebärden, und deshalb symbolisierten sie ihre Erfahrung für andere nicht durch Gesten. Oder vielleicht arbeiteten sie zwar zusammen, kümmerten sich aber nicht um die Bewertungen der anderen und wurden daher nicht sozial normativ. Oder vielleicht gab es für sie nie Situationen, in denen sie Gruppenentscheidungen treffen mußten, so daß sie nie dazu gelangten, einander Gründe und Rechtfertigungen für ihre Behauptungen anzugeben. Unsere Frage ist: Wie würde das Denken dieser Wesen aussehen, wenn es einen Schlüsselbestandteil des modernen menschlichen Denkens (zusammen mit all seinen nachgeschalteten Wirkungen) ausließe? Am Ende könnten wir es mit etwas zu tun haben, das viele Merkmale mit dem modernen menschlichen Denken teilt, aber auch seine eigenen einzigartigen Merkmale hat. Der entscheidende Punkt ist, daß das menschliche Denken aus evolutionärer Perspektive kein Monolith, sondern eine bunte Mischung ist – und anders ausgesehen haben könnte, als es tatsächlich der Fall ist.

In der vorliegenden Naturgeschichte haben wir uns ein »missing link« in der Evolution des menschlichen Denkens von den Menschenaffen zu den modernen Menschen auf der Grundlage ausgewählter Aspekte der Lebensweise zeitgenössischer Jäger und Sammler und ausgewählter Aspekte des Denkens von Kleinkindern vorgestellt (in Verbindung mit einigen, zugegebenermaßen keine endgültige Entscheidung ermöglichenden, paläoanthropologischen Tatsachen). Wichtig ist jedoch, daß unsere Behauptung nicht einfach darin besteht, daß ein solcher Zwischenschritt vorstellbar ist und daß er wahrscheinlich auch stattfand, sondern daß er *notwendig* war. Er war notwendig, weil man sich nicht einmal vorstellen kann, wie man direkt von menschenaffenähnlichen konkurrierenden Interaktionen und imperativer Kommunikation zur modernen menschlichen Kultur und Sprache ohne evolutionäres Zwischenglied übergehen kann. Die menschliche Kultur und Sprache sind einfach nur Konventionalisierungen existierender sozialer Interaktionen, und um das geeignete Rohmaterial zur Verfügung zu stellen, mußten diese Interaktionen bereits hochkooperativ sein. Im Sinne unserer beiden historischen Stränge ausgedrückt: wir können nicht zu Prozessen der Kultur und Sprache gelangen (wie von Vygotskij und anderen Kulturtheoretikern diskutiert wurde), ohne über irgendeine Art bereits existierender und kooperativer sozialer Infrastruktur zu verfügen (wie sie von Mead, Wittgenstein und anderen Theoretikern der sozialen Infrastruktur beschrieben wurde). Wir brauchen daher unseren Zwischenschritt – wir wären auch mit mehreren Zwischenschritten ganz zufrieden, wenn unserer weiter unterteilt werden könnte –, um den Weg für Kultur und Sprache und all deren einzigartig wirkmächtige Strukturierung des menschlichen Denkens zu bereiten. Dieser Zwischenschritt löst zwar nicht Davidsons (1982) Problem eines gemeinsamen theoretischen Vokabulars, das sich von »kein Denken« zum »Denken« erstreckt, aber es verringert die durch irgendeinen Schritt zu überbrückende Entfernung doch beträchtlich.

Gleichgültig was die genaue Anzahl der Schritte auch sein mag, so setzt doch unsere Darstellung jedenfalls voraus, daß wir das einzigartige menschliche Denken in seinem evolutionären Kontext verorten müssen, um es zu verstehen. Wittgenstein (1955, Nr. 132) sagt über die Sprache, daß die »Verwirrungen, die uns beschäftigen, [gleichsam] entstehen [...], wenn die Sprache leerläuft, nicht wenn sie arbeitet«. Uns scheint, daß viele der Verwirrungen über das menschliche Denken, auf die von Philosophen hingewiesen wurde, genau dann entstehen, wenn wir versuchen, es im Abstrakten, außerhalb seiner Funktion bei der Lösung von Anpassungsproblemen, zu verstehen. Es ist natürlich, so etwas in der zeitgenössischen Welt zu tun, weil ein so großer Teil des gegenwärtigen Denkens in gewisser Weise leerläuft. Aber das einzigartig menschliche Denken wurde so gut wie sicher wegen seiner Rolle für die Organisation und Regulation adaptiver Handlungen in der Evolution selektiert, und deshalb müssen wir die relevanten Probleme identifizieren, um es vollständig zu verstehen. Wenn Wesen aus dem Weltraum auf ein komplexes menschliches Artefakt wie zum Beispiel eine Ampelanlage stießen, die leerläuft, das heißt ohne Verkehr, könnten sie sie auseinandernehmen und ihre Struktur ewig analysieren, ohne zu verstehen, warum sie sich so verhält, wie sie es tut. Die Drähte und Birnen, für sich genommen, könnten nie (nicht einmal mit Hilfe von fMRT) Aufschluß darüber geben, warum das rote Licht auf der einen Seite nur dann aktiviert wird, wenn das grüne Licht auf der anderen Seite aktiviert wird. Um diese Funktionsweise zu verstehen, müssen wir zuerst den Straßenverkehr verstehen und wie Ampeln entworfen wurden, um die spezifischen Probleme zu lösen, die durch den Straßenverkehr aufgeworfen wurden. Im Falle biologischer Strukturen – und das ist natürlich eine Hauptlektion der Evolutionspsychologie – besteht die zusätzliche Möglichkeit, daß sie sich entwickelten, um zu einer früheren Zeit eine bestimmte Reihe von Funktionen zu erfüllen, daß sie jetzt aber anderen Funktionen dienen. Jedenfalls lautet der vorliegende Vorschlag, daß wir, um zu verstehen, wie zeitgenössische Menschen denken, verstehen müssen, wie sich das menschliche Denken entwickelte, um die spezifischen evolutionären Herausforderungen zu erfüllen, denen die Frühmenschen und die modernen Menschen gegenüberstanden, als sie sich zu immer kooperativeren Methoden hin bewegten, um ihr Leben zu bestreiten.

Sicherlich sind manche Teile unserer Evolutionsgeschichte unvollständig. Das Hauptproblem ist, daß Zusammenarbeit, Kommunikation und Denken nicht fossilisieren, und deshalb werden wir über solche Verhaltensphänomene sowie die spezifischen Ereignisse, die für ihre Entwicklung entscheidend waren, immer spekulieren müssen. Besonders bedeutend ist die Tatsache, daß wir nicht wissen, wie sehr sich die heute lebenden Menschenaffen gegenüber ihrem gemeinsamen Vorfahren mit den Menschen verändert haben, weil es aus diesem Zeitalter im Grunde keine aufschlußreichen Fossilien gibt. Außerdem wies unser Zwischenschritt der Frühmenschen sehr wahrscheinlich eine viel stärker graduelle Entwicklung auf, als hier beschrieben wurde; tatsächlich ist nicht einmal klar, daß *Homo heidelbergensis* überhaupt eine gesonderte Art war. Und wir haben uns nur kursorisch mit den Menschen nach dem Entstehen der Landwirtschaft und mit all den Komplexitäten beschäftigt, die aus der Vermischung der Kulturgruppen erwuchsen, aus der Fähigkeit zum Lesen und Schreiben sowie der Fähigkeit zum Rechnen und aus Institutionen wie Wissenschaft und Regierung. Daher ist unser Versuch weniger eine ausdrücklich historische Übung als vielmehr ein Versuch, einige der wichtigsten Bindeglieder der Natur und insbesondere einige der wichtigsten evolutionären Bindeglieder zu bestimmen.

Eine Liste offener Fragen wäre an dieser Stelle ziemlich lang. Aber zwei besonders große Fragen sind folgende: Die erste betrifft die Eigenart der Gemeinsamkeit oder Kollektivität oder »Wir-heit«, die alle Formen geteilter Intentionalität kennzeichnen. Viele Theoretiker vertreten so etwas wie eine Nichtreduzierbarkeitsthese (z. B. Gallotti, 2012), der zufolge solche Dinge wie gemeinsame Aufmerksamkeit und geteilte Konventionen irreduzibel soziale Phänomene sind. Versuche, sie in Begriffen der an ihnen beteiligten Individuen zu erfassen und anhand dessen, was in ihren individuellen Köpfen vor sich geht, sehen sie zum Scheitern verurteilt. Nach unserer Auffassung ist geteilte Intentionalität tatsächlich ein irreduzibel soziales Phänomen, zu je einzelnen Zeitpunkten – gemeinsame Aufmerksamkeit gibt es beispielsweise nur dann, wenn zwei oder mehrere Individuen miteinander interagieren –, aber zugleich können wir die evolutionäre oder die Entwicklung betreffende Frage stellen, was das Individuum in die Interaktion einbringt, das ihm ermöglicht, sich an der gemeinsamen Aufmerksamkeit auf eine Weise zu beteiligen, zu der andere Menschenaffen und kleinere Kinder nicht in der Lage sind. Und daher bedeutet das für uns, daß so etwas wie rekursives Gedankenlesen oder Schlußfolgern – was immer noch nicht angemessen beschrieben wurde und in den meisten Fällen völlig implizit ist – ein Teil der Geschichte der geteilten Intentionalität sein muß. Vom Standpunkt des Individuums aus betrachtet, wird die geteilte Intentionalität einfach als ein Teilen erlebt, aber ihre zugrundeliegende Struktur, die ihre Evolution widerspiegelt, besteht darin, daß jeder Interaktionsteilnehmer potentiell die Perspektive anderer einnehmen kann, die seine Perspektive einnehmen, der ihre Perspektive einnimmt usw., zumindest über ein paar Ebenen hinweg. Aber das ist sozusagen ein Punkt, über den vernünftige Menschen verschiedener Meinung sein können.

Eine zweite offene Frage lautet, wie und warum moderne Menschen wesentlich sozial geschaffene Entitäten verdinglichen und objektivieren. Geld ist nicht bloß ein Stück Papier, sondern ein gesetzliches Zahlungsmittel, und Barack Obama ist nicht nur ein Mensch, der in einem großen weißen Haus wohnt, sondern Oberbefehlshaber – weil wir so handeln und reden, als ob sie diese Funktionen hätten. Wir verdinglichen auch solche Sachen wie Moralität, wobei wir nicht über die moralischen Normen verschiedener sozialer Gruppen streiten, einschließlich jener, die von allen menschlichen Gruppen geteilt werden, sondern vielmehr darüber, was die »richtige« und die »falsche« Handlungsweise ist, wobei richtig und falsch als objektive Merkmale der Welt betrachtet werden. Nirgendwo ist diese Tendenz stärker als in der Sprache, wo jeder die Neigung hat – die sich zwar korrigieren läßt, aber nur mit großer Anstrengung –, die Konzeptualisierungen, die in unserer eigenen natürlichen Sprache kodifiziert sind, zu verdinglichen. Im Hinblick auf all diese Dinge sind wir wie das kleine Kind, das sagt, daß, selbst wenn vor langer Zeit alle übereingekommen wären, das gestreifte Katzentier vor uns »Gatzer« zu nennen, das nicht richtig wäre, weil es, nun ja, »ein Tiger ist«. Unsere eigene Ansicht ist, daß solche objektivierenden Tendenzen nur aus der akteursneutralen, gruppenorientierten Perspektive hervorgehen können, die sich die Dinge aus der Sicht von jedem Beliebigen von uns, aus der Sicht jeder rationalen Person, aus der Sicht von nirgendwo vorstellt, im Kontext einer Welt sozialer und institutioneller Wirklichkeiten, die vor unserer eigenen Existenz liegen und mit einer Autorität sprechen, die größer ist als wir. Das ist die gebieterische Stimme, die hinter der Verwendung generalisierender sprachlicher Wendungen bei der Durchsetzung von Normen (»Das ist falsch«) und beim Unterricht (»So funktioniert das«) steht, und sie bestimmt zum großen Teil, was wir als wirklich ansehen. Aber auch mit Blick auf diesen Punkt können vernünftige Menschen verschiedener Meinung sein.

Trotz dieser und anderer Fragen, die auf Erklärungslücken hinweisen, können wir uns keine umfassende Theorie der Ursprünge des einzigartig menschlichen Denkens vorstellen, die keinen grundlegend sozialen Charakter hätte. Um es so deutlich wie möglich zu sagen: Wir behaupten nicht, daß alle Aspekte des menschlichen Denkens sozial konstituiert sind, sondern nur die für die Spezies einzigartigen Aspekte. Es ist eine empirische Tatsache, daß die soziale Interaktion und Organisation von Menschenaffen und Menschen sich äußerst stark unterscheiden, wobei Menschen in jeder Hinsicht viel kooperativer sind. Wir finden es äußerst schwierig zu glauben, daß diese Unterschiede keine Beziehung zu den gewaltigen Unterschieden der Kognition und des Denkens haben sollten, die die Menschenaffen ebenfalls von den Menschen trennen, vor allem wenn wir uns auf die Einzelheiten konzentrieren. Welche nichtsoziale Theorie kann solche Dinge wie kulturelle Institutionen, perspektivische und konventionelle Konzeptualisierungen in natürlichen Sprachen, rekursives und rationales Schlußfolgern, objektive Perspektiven, soziale Normen und normative Selbststeuerung usw. erklären? All das sind durch und durch Phänomene der Koordination, und es ist nahezu unvorstellbar, daß sie evolutionär aus einer nichtsozialen Quelle entsprangen. So etwas wie die Hypothese geteilter Intentionalität muß einfach wahr sein.

Anmerkungen

2. INDIVIDUELLE INTENTIONALITÄT

1 Wichtig ist die Tatsache, daß komplexe Organismen Hierarchien von Kontrollsystemen verkörpern, so daß die meisten ihrer Handlungen Versuche darstellen, mehrere Ziele gleichzeitig auf mehreren Ebenen zu regulieren (z. B. ist ein und dieselbe Handlung nicht nur ein Versuch, den linken Fuß vor den rechten zu setzen, sondern zugleich auch, ein Beutetier zu verfolgen, die Familie zu ernähren usw.).

2 Diese Auffassung ist verwandt mit dem Begriff Gibsonscher Affordanzen, aber sie ist viel umfassender, insofern sie nicht nur direkte Gelegenheiten für konkrete Handlungen des Selbst einschließt, sondern auch Situationen, die für den Organismus auf viel indirektere Weise relevant sind. Darüber hinaus sollten wir auch anerkennen, daß alle Organismen bestimmte Dinge von Natur aus ganz besonders beachten (Menschen z. B. laute Geräusche), weil diese Dinge für biologische »Ziele« und »Werte« potentiell relevant sind (sogenannte Bottom-up-Aufmerksamkeitsprozesse).

3 In keiner dieser Untersuchungen haben Schimpansen verstanden oder vorhergesagt, daß, wenn ein dominantes Tier nicht nur unwissend war, sondern eine falsche Überzeugung hatte, es regelmäßig zu derjenigen Stelle gehen würde, von der es (fälschlicherweise) glaubte, daß sich dort das Futter befand. Sie behandelten Unwissenheit und falsche Überzeugungen als dasselbe (siehe auch Kaminski et al., 2008; Krachun et al., 2009, 2010; in Kapitel 3 wird diese Unterscheidung näher besprochen).

3. GEMEINSAME INTENTIONALITÄT

1 Zeitgenössische menschliche Wildbeuter sind keine guten Modelle für die Frühmenschen, die wir uns hier vorstellen, da sie beide Schritte unserer Evolutionsgeschichte durchlaufen haben und daher in Kulturen mit sozialen Normen, Institutionen und Sprachen leben. Darüber hinaus haben zeitgenössische Wildbeuter Werkzeuge und Waffen, die die individuelle Nahrungssuche (wobei dann am Ende geteilt wird) ermöglichen, wohingegen die Frühmenschen, die wir uns hier vorstellen, primitivere Waffen hatten und deshalb zusammenarbeiten mußten.

2 Natürlich findet man in zeitgenössischen menschlichen Gesellschaften auch eine Menge Selbstsucht und Nichtkooperation, ganz zu schweigen von Grausamkeit und Krieg. Ein Großteil davon entsteht durch Konflikte zwischen Menschen aus verschiedenen Gruppen (wie auch immer man dies definiert) und betrifft die Konkur-

renz um Privateigentum und die Anhäufung von Reichtum, was erst ungefähr in den letzten 10 000 Jahren, nach dem Aufkommen der Landwirtschaft, begann, d. h., nachdem die Menschen viele Jahrtausende lang als gemeinschaftliche Wildbeuter in kleinen Gruppen gelebt hatten.

3 Davidson geht es eigentlich um eine besondere Art von Perspektive, nämlich um Überzeugungen: eine kognitive Repräsentation der Welt, von der das Subjekt weiß, daß sie falsch sein könnte. Seine Behauptung lautet, daß eine notwendige Bedingung für den Begriff des Irrtums eine soziale Situation ist, in der ich und eine andere Person uns gleichzeitig, aber in unterschiedlicher Weise auf dasselbe Objekt oder Ereignis konzentrieren, was wir Perspektive genannt haben. Aber der Begriff des Irrtums bringt etwas Zusätzliches ins Spiel, weil er eine der Perspektiven als richtig (und die andere als falsch) auszeichnet, und das erfordert eine Vorstellung einer »objektiven« Perspektive. Dieser Begriff der Objektivität – und damit auch der Begriff der Überzeugung – wird den Menschen erst mit dem nächsten Schritt in unserer Geschichte zur Verfügung stehen, wenn akteursneutrale Perspektiven möglich sind (siehe Kapitel 4).

4 Die Möglichkeit des Lügens bedeutete, daß Empfänger »epistemisch wachsam« sein mußten (Sperber et al., 2010). Und daher entstand die Vorstellung wahrer Aussagen auch auf der Verstehensseite der Interaktion, als die Verstehenden versuchten, zwischen wahrheitsgemäßen und irreführenden Kommunikationsakten zu unterscheiden.

5 Der Einfachheit halber unterscheidet sich die Terminologie hier – Referenzakte, denen kommunikative Absichten zugrunde liegen – etwas von der Terminologie bei Tomasello (2008). Was hier kommunikative Absicht genannt wird, umfaßt das, was dort die soziale Absicht im Kontext der Griceschen kommunikativen Absicht genannt wurde.

6 Manche Forscher meinen, daß diese Beschreibung der frühen Kommunikation von Kindern durch Zeigegesten kognitiv zu reichhaltig sei (siehe z. B. Gomez, 2007; Southgate et al., 2007) und daß Kleinkinder in Wirklichkeit etwas Einfacheres tun.

7 Mit anderen Worten, es ist eine Sache, einen Gegenstand *auf* eine andere Person zu werfen (was zufällig auch viele Affen tun), aber es ist etwas ganz anderes, etwas jemandem *zu*zuwerfen in der Erwartung, daß diese Person es fängt (Darwall, 2006) – was der Kommunizierende bei der menschlichen kooperativen Kommunikation im übertragenen Sinne tut.

8 Manche Forscher haben behauptet, daß einige Absichtsbewegungen von Großen Menschenaffen tatsächlich ikonisch funktionieren, z. B. wenn ein Gorilla einen anderen ritualistisch in einem sexuellen oder Spielzusammenhang in eine bestimmte Richtung schubst (Tanner und Byrne, 1996). Aber das sind höchstwahrscheinlich ganz gewöhnliche ritualisierte Verhaltensweisen, die Menschen deshalb als ikonisch erscheinen, weil sie sich von Versuchen ableiten, den Körper des anderen tatsächlich in die gewünschte Richtung zu bewegen – für die Affen selbst funktionieren sie nicht ikonisch.

9 Manche zeitgenössischen Kulturen haben mehr als eine Zeigegeste (z. B. Zeigen mit dem Zeigefinger, während bei einer bestimmten Unterklasse von Situationen gleichzeitig der kleine Finger ausgestreckt wird), aber die Vermutung ist, daß diese von der ursprünglichen primitiven Zeigegeste mit dem Zeigefinger abgeleitet sind, mit der alle Kinder anfangen.

10 Bis zu diesem Punkt haben wir nur »propositionale Gehalte« im Sinne tatsachenartiger Situationen besprochen, die in der kooperativen Kommunikation ausgedrückt werden. Mit *Proposition* meinen wir einen Kommunikationsakt, der als voll ausgebildeter Akt konventioneller sprachlicher Kommunikation ausgedrückt ist.

4. KOLLEKTIVE INTENTIONALITÄT

1 Kinder finden es auch eine gewisse Zeit schwierig, Situationen zu verstehen, bei denen die objektive Wirklichkeit nicht von der Tatsache berührt wird, daß wir Menschen sie aus verschiedenen, manchmal sogar gegensätzlichen Perspektiven beschreiben können, z. B. Situationen, in denen es eine ungestörte objektive Wirklichkeit trotz der Tatsache gibt, daß diese Entität gleichzeitig ein Hund, ein Tier und ein Haustier ist (siehe Moll und Tomasello, im Druck).

2 Das hat Ähnlichkeit mit der Art und Weise, in der manche motivierten sprachlichen Formen wie etwa Metaphern über historische Zeitspannen hinweg undurchsichtig (»tot«) werden, da die Individuen, die sie neu lernen, von der ursprünglichen Motivation nichts wissen.

3 Eine Reihe ungewöhnlicher Situationen in der zeitgenössischen Welt hat den Prozeß zumindest in groben Zügen veranschaulicht. Am spektakulärsten ist der Fall der nicaraguanischen Zeichensprache. Eine Reihe junger gehörloser Kinder hatte jeweils ihre eigene Art von Pidgin-Zeichen mit sehr geringer Strukturierung durch eine Grammatik, die sie zusammen mit ihren hörfähigen Familien gebrauchten. Aber bald nachdem sie in einer Gemeinschaft zusammengeführt wurden – innerhalb von drei »Generationen« –, verwandelten sich ihre verschiedenen idiosynkratischen Zeichen für den Hausgebrauch in ein System konventionalisierter Zeichen, die in zahlreichen Konstruktionen mit allen möglichen Arten grammatischer Struktur verwendet wurden (Senghas et al., 2004). Ein ganz ähnlicher Prozeß wurde bei der Entstehung der Al-Sayyid-Beduinen-Zeichensprache beobachtet (Sandler et al., 2005), und tatsächlich wurden auch recht ähnliche Prozesse zumindest indirekt in vielen Fällen beobachtet, in denen gesprochene Pidgin-Sprachen sich zu Kreolen- und vollständigen Sprachen entwickelt haben (Lefebvre, 2006). Es scheint so zu sein, daß die Pidgin-Kommunikation (oder die »heimischen« Zeichen) unter Familienmitgliedern, Mitarbeitern und anderen mit einem sehr starken gemeinsamen Hintergrund gut funktionieren, und zwar typischerweise in hochgradig limitierten und wiederkehrenden Situationen wie etwa bei Mahlzeiten oder einer Ar-

beitsaufgabe. Vor allem dann, wenn einer größeren Gemeinschaft von Kommunizierenden und Kommunikationssituationen Rechnung getragen werden soll, funktioniert dieser Prozeß jedoch nicht mehr, und es müssen neue grammatikalische Mittel gefunden werden, um den Empfängern bei der Rekonstruktion der Ereignisse und Mitspieler (und ihrer Rollen) in der intendierten Referenzsituation zu helfen. Der Kommunizierende und der Empfänger arbeiten dann zusammen so lange weiter, bis das Verständnis erreicht ist, und erfolgreiche grammatikalische Lösungen werden wiederholt und nachgeahmt und dadurch in der Gemeinschaft konventionalisiert.

4 Mitspieler und Ereignisse können als Bestandteile von Situationen auf vielen verschiedenen Abstraktionsebenen sprachlich angezeigt werden, nämlich je nach dem gemeinsamen Hintergrund zwischen Kommunizierendem und Empfänger (Gundel et al., 1993). Pronomen werden verwendet, um auf Entitäten zu verweisen, die im gemeinsamen Hintergrund schon gut etabliert sind, während Substantive mit Relativsätzen für neue Entitäten verwendet werden, die der Empfänger identifizieren kann, wenn er unseren gemeinsamen Hintergrund heranzieht (z. B. »der Mann, den wir gestern gesehen haben«). Darüber hinaus haben viele Sprachen Bestimmungswörter wie *der* und *ein*, die eigens darauf hinweisen, ob bei der gegenwärtigen kommunikativen Interaktion etwas zu unserem gemeinsamen Hintergrund gehört oder nicht. Ereignisse werden in der gegenwärtigen kommunikativen Interaktion typischerweise dadurch verankert, daß angegeben wird, wann sie relativ zum jetzigen Zeitpunkt geschehen sind oder geschehen werden (d. h. durch ein Tempus). Diese Methode der Angabe von Referenten führt somit zu der Art von hierarchischen Baumstrukturen, die in herkömmlichen sprachwissenschaftlichen Analysen dargestellt werden, insofern die verschiedenen sprachlichen Einheiten einer Nominalphrase oder eines Verbkomplexes jeweils mit ihrer eigenen Funktion gemeinsam, das heißt sozusagen kooperativ, mit Blick auf das übergeordnete Ziel verwendet werden, um einen bestimmten Mitspieler oder ein bestimmtes Ereignis in der Referenzsituation zu bezeichnen.

5 Sandler et al. (2005) liefern eine sehr interessante Beschreibung davon, wie aufeinanderfolgende Generationen der neu geschaffenen Al-Sayyid-Beduinen-Zeichensprache Motive und Einstellungen des Sprechers konventionalisierten, nämlich hauptsächlich durch die Konventionalisierung von leicht übertriebenen Gesichtsausdrücken. So verwendeten die Benutzer der Zeichensprache allmählich im Laufe von Generationen konventionalisierte Gesichtsausdrücke, um solche Dinge wie »die illokutionäre Kraft einer Äußerung wie etwa Behauptungen gegenüber Fragen zu signalisieren« (ebd., S. 31) – wie bei ausgereiften Zeichensprachen. Darüber hinaus symbolisierten Kommunizierende in späteren, aber nicht in früheren Generationen ihre verschiedenen modalen und epistemischen Einstellungen auf konventionelle Weise, nämlich solche Dinge wie Notwendigkeit, Möglichkeit, Ungewißheit oder Überraschtheit.

Literatur

Alvard, M. (2012). Human sociality. In: J. Mitani (Hg.), *The evolution of primate societies*. Chicago: University of Chicago Press, S. 585-604.

Bakhtin, M.M. (1981). The dialogic imagination (übers. v. C. Emerson und M. Holquist). In: M. Holquist (Hg.), *Four essays*. Austin: University of Texas Press.

Barsalou, L.W. (1983). Ad hoc categories. *Memory and Cognition*, 11, S. 211-227.

– (1999). Perceptual symbol systems. *Behavioral and Brain Sciences*, 22, S. 577-609.

– (2005). Continuity of the conceptual system across species. *Trends in Cognitive Sciences*, 9, S. 309-311.

– (2008). Grounded cognition. *Annual Review of Psychology*, 59, S. 617-645.

Behne, T., Carpenter, M., und Tomasello, M. (2005). One-year-olds comprehend the communicative intentions behind gestures in a hiding game. *Developmental Science*, 8, S. 492-499.

Behne, T., Liszkowski, U., Carpenter, M. und Tomasello, M. (2012). Twelve-month-olds' comprehension and production of pointing. *British Journal of Developmental Psychology*, 30 (3), S. 359-375.

Bennett, M. und Sani, F. (2008). Children's subjective identification with social groups: A self-stereotyping approach. *Developmental Science*, 11, S. 69-78.

Bermudez, J. (2003). *Thinking without words*. New York: Oxford University Press.

Bickerton, D. (2009). *Adam's tongue*. New York: Hill and Wang.

Boehm, C. (2012). *Moral origins*. New York: Basic Books.

Boesch, C. (2005). Joint cooperative hunting among wild chimpanzees: Taking natural observations seriously. *Behavioral and Brain Sciences*, 28, S. 692-693.

Boesch, C. und Boesch, H. (1989). Hunting behavior of wild chimpanzees in the Taï National Park. *American Journal of Physical Anthropology*, 78, S. 547-573.

Brandom, R.B. (1994). *Making it explicit: Reasoning, representing, and discursive commitment*. Cambridge, MA: Harvard University Press; dt.: *Expressive Vernunft*, übers. v. E. Gilmer und H. Vetter, Frankfurt/M.: Suhrkamp, 2000.

– (2009). *Reason in philosophy: Animating ideas*. Cambridge, MA: Harvard University Press.

Bratman, M. (1992). Shared cooperative activity. *Philosophical Review*, 101 (2), S. 327-341.

Brownell, C.A. und Carriger, M.S. (1990). Changes in cooperation and self-other differentiation during the second year. *Child Development*, 61, S. 1164-1174.

Bruner, J. (1972). The nature and uses of immaturity. *American Psychologist*, 27, S. 687-708.

Bullinger, A., Melis, A. und Tomasello, M. (2011a). Chimpanzees prefer individual over cooperative strategies toward goals. *Animal Behaviour*, 82, S. 1135-1141.

– (2013). Bonobos, *Pan paniscus*, chimpanzees, *Pan troglodytes*, and marmosets, *Callithrix jacchus*, prefer to feed alone. *Animal Behavior*, 85, S. 51-60.

Bullinger, A., Wyman, E., Melis, A. und Tomasello, M. (2011b). Chimpanzees coordinate in a stag hunt game. *International Journal of Primatology*, 32, S. 1296-1310.

Bullinger, A., Zimmerman, F., Kaminski, J. und Tomasello, M. (2011c). Different social motives in the gestural communication of chimpanzees and human children. *Developmental Science*, 14, S. 58-68.

Buttelmann, D., Carpenter, M., Call, J. und Tomasello, M. (2007). Enculturated apes imitate rationally. *Developmental Science*, 10, S. F31-38.

Buttelmann, D., Carpenter, M. und Tomasello, M. (2009). Eighteen-month-old infants show false belief understanding in an active helping paradigm. *Cognition*, 112 (2), S. 337-342.

Call, J. (2001). Object permanence in orangutans *(Pongo pygmaeus)*, chimpanzees *(Pan troglodytes)*, and children *(Homo sapiens)*. *Journal of Comparative Psychology*, 115, S. 159-171.

– (2004). Inferences about the location of food in the great apes. *Journal of Comparative Psychology*, 118 (2), S. 232-241.

– (2006). Descartes' two errors: Reasoning and reflection from a comparative perspective. In: S. Hurley und M. Nudds (Hg.), *Rational animals*. Oxford: Oxford University Press, S. 219-234.

– (2010). Do apes know that they can be wrong? *Animal Cognition*, 13, S. 689-700.

Call, J. und Tomasello, M. (1996). The effect of humans on the cognitive development of apes. In: A. E. Russon, K. A. Bard und S. T. Parker (Hg.), *Reaching into thought*. New York: Cambridge University Press, S. 371-403.

– (2005). What chimpanzees know about seeing, revisited: An explanation of the third kind. In: N. Eilan, C. Hoerl, T. McCormack und J. Roessler (Hg.), *Joint attention: Communication and other minds*. Oxford: Oxford University Press, S. 45-64.

– (2007). *The gestural communication of apes and monkeys*. Mahwah: Lawrence Erlbaum.

– (2008). Does the chimpanzee have a theory of mind: 30 years later. *Trends in Cognitive Science*, 12, S. 87-92.

Callaghan, T., Moll, H., Rakozcy, H., Behne, T., Liszkowski, U. und Tomasello, M. (2011). *Early social cognition in three cultural contexts*. Monographs of the Society for Research in Child Development 76 (2). Boston: Wiley-Blackwell.

Candland, D. K. (1995). *Feral children and clever animals: Reflections on human nature*. Oxford: Oxford University Press.

Carey, S. (2009). *The origin of concepts*. New York: Oxford University Press.

Carpenter, M., Nagel, K. und Tomasello, M. (1998). *Social cognition, joint attention, and communicative competence from 9 to 15 months of age*. Monographs of the Society for Research in Child Development 63 (4). Chicago: University of Chicago Press.

Carpenter, M., Tomasello, M. und Striano, T. (2005). Role reversal imitation in 12 and 18 month olds and children with autism. *Infancy*, 8, S. 253-278.
Carruthers, P. (2006). *The architecture of the mind*. Oxford: Oxford University Press.
Carruthers, P. und Ritchie, M. (2012). The emergence of metacognition: Affect and uncertainty in animals. In: M. Beran et al. (Hg.), *Foundations of metacognition*. New York: Oxford University Press, S. 211-237.
Chapais, B. (2008). *Primeval kinship: How pair-bonding gave birth to human society*. Cambridge, MA: Harvard University Press.
Chase, P. (2006). *The emergence of culture*. New York: Springer.
Chwe, M. S.-Y. (2003). *Rational ritual: Culture, coordination and common knowledge*. Princeton: Princeton University Press.
Clark, H. (1996). *Uses of language*. Cambridge: Cambridge University Press.
Collingwood, R. (1946). *The idea of history*. Oxford: Clarendon Press.
Coqueugniot, H., Hublin, J.-J., Veillon, F., Houet, F. und Jacob, T. (2004). Early brain growth in Homo erectus and implications for cognitive ability. *Nature*, 231, S. 299-302.
Corbalis, M. (2011). *The recursive mind*. Princeton: Princeton University Press.
Crane, T. (2003). *The mechanical mind: A philosophical introduction to minds, machines and mental representation*. 2. Aufl., New York: Routledge.
Crockford, C., Wittig, R. M., Mundry, R. und Zuberbuehler, K. (2011). Wild chimpanzees inform ignorant group members of danger. *Current Biology*, 22, S. 142-146.
Croft, W. (2001). *Radical construction grammar*. Oxford: Oxford University Press.
Csibra, G. und Gergely, G. (2009). Natural pedagogy. *Trends in Cognitive Sciences*, 13, S. 148-153.
Custance, D. M., Whiten, A. und Bard, K. A. (1995). Can young chimpanzees imitate arbitrary actions? Hayes and Hayes (1952) revisited. *Behaviour*, 132, S. 839-858.
Darwall, S. (2006). *The second-person standpoint: Respect, morality, and accountability*. Cambridge, MA: Harvard University Press.
Darwin, C. (1859). *The origin of species*. London: John Murray; dt.: *Die Entstehung der Arten*, übers. v. C. W. Neumann, Stuttgart: Reclam, 2010.
– (1871). *The descent of man*. London: John Murray; dt.: *Die Abstammung des Menschen*, übers. v. H. Schmidt, Stuttgart: Reclam, 2012.
Davidson, D. (1982). Rational Animals. *Dialectica*, 36, S. 317-327.
– (2001). *Subjective, intersubjective, objective*. Oxford: Clarendon Press; dt.: *Subjektiv, intersubjektiv, objektiv*, übers. v. J. Schulte, Frankfurt/M.: Suhrkamp, 2013.
Dean, L. G., Kendal, R. L., Schapiro, S. J., Thierry, B. und Laland, K. N. (2012). Identification of the social and cognitive processes underlying human cumulative culture. *Science*, 335, S. 1114-1118.
Dennett, D. (1995). *Darwin's dangerous idea*. New York: Simon and Schuster; dt.: *Darwins gefährliches Erbe*, übers. v. S. Vogel, Hamburg: Hoffmann und Campe, 1997.
De Waal, F. B. M. (1999). Anthropomorphism and anthropodenial: Consistency in our thinking about humans and other animals. *Philosophical Topics*, 27, S. 255-280.

Diesendruck, G., Carmel, N. und Markson, L. (2010). Children's sensitivity to the conventionality of sources. *Child Development*, 81, S. 652-668.

Diessel, H. und Tomasello, M. (2001). The acquisition of finite complement clauses in English: A usage based approach to the development of grammatical constructions. *Cognitive Linguistics*, 12, S. 97-141.

Donald, M. (1991). *Origins of the modern mind.* Cambridge, MA: Harvard University Press.

Dunbar, R. (1998). The social brain hypothesis. *Evolutionary Anthropology*, 6, S. 178-190.

Engelmann, J., Herrmann, E. und Tomasello, M. (2012). Five-year olds, but not chimpanzees, attempt to manage their reputations. *PLoS ONE*, 7 (10), e48 433.

Engelmann, J., Over, H., Herrmann, E. und Tomasello, M. (im Druck). Young children care more about their reputations with ingroup than with outgroup members. *Developmental Science.*

Evans, G. (1982). The varieties of reference. In: J. McDowell (Hg.), *The varieties of reference.* Oxford: Oxford University Press, S. 73-100.

Fletcher, G., Warneken, F. und Tomasello, M. (2012). Differences in cognitive processes underlying the collaborative activities of children and chimpanzees. *Cognitive Development*, 27, S. 136-153.

Fragaszy, D., Izar, P. und Visalberghi, E. (2004). Wild capuchin monkeys use anvils and stone pounding tools. *American Journal of Primatology*, 64, S. 359-366.

Gallotti, M. (2012). A naturalistic argument for the irreducibility of collective intentionality. *Philosophy of the Social Sciences*, 42 (1), S. 3-30.

Geertz, C. (1973). *The interpretation of cultures.* New York: Basic Books.

Gentner, D. (2003). Why we're so smart. In: D. Gentner and S. Goldin-Meadow (Hg.), *Language in mind: Advances in the study of language and thought.* Cambridge, MA: The MIT Press, S. 195-235.

Gergely, G., Bekkering, H. und Király, I. (2002). Rational imitation in preverbal infants, *Nature*, 415, S. 755.

Gigerenzer, G. und Selton, R. (2001). *Bounded rationality: The adaptive toolbox.* Cambridge, MA: The MIT Press.

Gilbert, M. (1983). Notes on the concept of social convention. *New Literary History*, 14, S. 225-251.

– (1989). *On social facts.* London: Routledge.

– (1990). Walking together: A paradigmatic social phenomenon. *Midwest Studies in Philosophy*, 15, S. 1-14.

Gilby, I. C. (2006). Meat sharing among the Gombe chimpanzees: Harassment and reciprocal exchange. *Animal Behaviour*, 71 (4), S. 953-963.

Givón, T. (1995). *Functionalism and grammar.* Amsterdam: J. Benjamins.

Goeckeritz, S., Schmidt, M. und Tomasello, M. Unveröffentlichtes Manuskript. How children make up and enforce their own rules.

Goldberg, A. (1995). *Constructions: A construction grammar approach to argument structure.* Chicago: University of Chicago Press.

– (2006). *Constructions at work.* Oxford: Oxford University Press.

Goldin-Meadow, S. (2003). *The resilience of language: What gesture creation in deaf children can tell us about how all children learn language.* New York: Psychology Press.

Gomez, J. C. (2007). Pointing behaviors in apes and human infants: A balanced perspective. *Child Development,* 78, S. 729-734.

Gowlett, J., Gamble, C. und Dunbar, R. (2012). Human evolution and the archaeology of the social brain. *Current Anthropology,* 53, S. 693-722.

Gräfenhain, M., Behne, T., Carpenter, M. und Tomasello, M. (2009). Young children's understanding of joint commitments. *Developmental Psychology,* 45, S. 1430-1443.

Greenberg, J. R., Hamann, K., Warneken, F. und Tomasello, M. (2010). Chimpanzee helping in collaborative and non-collaborative contexts. *Animal Behaviour,* 80, S. 873-880.

Greenfield, P. M. und Savage-Rumbaugh, E. S. (1990). Grammatical combination in *Pan paniscus*: Processes of learning and invention in the evolution and development of language. In: S. T. Parker und K. R. Gibson (Hg.), *»Language« and intelligence in monkeys and apes.* Cambridge: Cambridge University Press, S. 540-578.

– (1991). Imitation, grammatical development, and the invention of protogrammar by an ape. In: N. A. Krasnegor, D. M. Rumbaugh, R. L. Schiefelbusch und M. Studdert-Kennedy (Hg.), *Biological and behavioral determinants of language development.* Hillsdale: Lawrence Erlbaum, S. 235-258.

Grice, H. P. (1957). Meaning. *Philosophical Review,* 66, S. 377-388.

– (1975). Logic and conversation. In: P. Cole und J. Morgan, Hg., *Syntax and semantics,* Bd. 3. New York: Academic Press, S. 41-58.

Gundel, J., Hedberg, N. und Zacharski, R. (1993). Cognitive Status and the form of referring expressions in discourse. *Language,* 69, S. 274-307.

Haidt, J. (2012). *The righteous mind.* New York: Pantheon.

Hamann, K., Warneken, F., Greenberg, J. und Tomasello, M. (2011). Collaboration encourages equal sharing in children but not chimpanzees. *Nature,* 476, S. 328-331.

Hamann, K., Warneken, F. und Tomasello, M. (2012). Children's developing commitments to joint goals. *Child Development,* 83 (1), S. 137-145.

Hampton, R. R. (2001). Rhesus monkeys know when they remember. *Proceedings of the National Academy of Sciences of the United States of America,* 98 (9), S. 5359-5362.

Hare, B. (2001). Can competitive paradigms increase the validity of experiments on primate social cognition? *Animal Cognition,* 4, S. 269-280.

Hare, B. und Tomasello, M. (2004). Chimpanzees are more skillful in competitive than in cooperative cognitive tasks. *Animal Behaviour,* 68, S. 571-581.

Hare, B., Call, J., Agnetta, B. und Tomasello, M. (2000). Chimpanzees know what conspecifics do and do not see. *Animal Behaviour,* 59, S. 771-785.

Hare, B., Call, J. und Tomasello, M. (2001). Do chimpanzees know what conspecifics know? *Animal Behaviour*, 61 (1), S. 139-151.
– (2006). Chimpanzees deceive a human by hiding. *Cognition*, 101, S. 495-514.
Harris, P. (1991). The work of the Imagination. In: A. Whiten, Hg., *Natural theories of mind*. Oxford: Blackwell, S. 283-304.
Haun, D. B. M. und Call, J. (2008). Imitation recognition in great apes. *Current Biology*, 18 (7), S. 288-290.
Haun, D. B. M. und Tomasello, M. (2011). Conformity to peer pressure in preschool children. *Child Development*, 82, S. 1759-1767.
Hawkes, K. (2003). Grandmothers and the evolution of human longevity. *American Journal of Human Biology*, 15, S. 380-400.
Hegel, G. W. F. (1807/1989). *Phänomenologie des Geistes*. Frankfurt/M: Suhrkamp.
Herrmann, K. und Tomasello, M. (2012). Human cultural cognition. In J. Mitani, Hg., *The evolution of primate societies*. Chicago: University Chicago Press, S. 701-714.
Herrmann, E., Melis, A. und Tomasello, M. (2006). Apes' use of iconic cues in the object choice task. *Animal Cognition*, 9, S. 118-130.
Herrmann, E., Misch, A. und Tomasello, M. Zur Veröffentlichung eingereicht. Uniquely human self-control begins at school age.
Herrmann, E., Call, J., Lloreda, M., Hare, B. und Tomasello, M. (2007). Humans have evolved specialized skills of social cognition: The cultural intelligence hypothesis. *Science*, 317, S. 1360-1366.
Herrmann, E., Hernandez-Lloreda, M. V., Call, J., Hare, B. und Tomasello, M. (2010). The structure of individual differences in the cognitive abilities of children and chimpanzees. *Psychological Science*, 21, S. 102-110.
Herrmann, E., Wobber, V. und Call, J. (2008). Great apes' (*Pan troglodytes, Pan paniscus, Gorilla gorilla, Pongo pygmaeus*) understanding of tool functional properties after limited experience. *Journal of Comparative Psychology*, 122, S. 220-230.
Heyes, C. M. (2005). Imitation by association. In: S. Hurley und N. Chater (Hg.), *Perspectives on imitation: From mirror neurons to memes*. Cambridge, MA: The MIT Press, S. 51-76.
Hill, K. (2002). Altruistic cooperation during foraging by the Ache, and the evolved human predisposition to cooperate. *Human Nature*, 13 (1), S. 105-128.
Hill, K. und Hurtado, A. M. (1996). *Ache life history: The ecology and demography of a foraging people*. New York: Aldine de Gruyter.
Hirata, S. (2007). Competitive and cooperative aspects of social intelligence in chimpanzees. *Japanese Journal of Animal Psychology*, 57, S. 29-40.
Hobson, P. (2004). *The cradle of thought: Exploring the origins of thinking*. London: Pan Books.
Hrdy, S. (2009). *Mothers and others: The evolutionary origins of mutual understanding*. Cambridge, MA: Harvard University Press; dt.: *Mütter und andere: wie die Evolution uns zu sozialen Wesen gemacht hat*, übers. v. T. Schmidt, Berlin: Berlin Verlag, 2010.

Johnson, M. (1987). *The body in the mind.* Chicago: University of Chicago Press.

Kahneman, D. (2011). *Thinking, fast and slow.* New York: Farrar, Strauss und Giroux; dt.: *Schnelles Denken, langsames Denken,* übers. v. T. Schmidt, München: Siedler, 2012.

Kaminski, J., Call, J. und Tomasello, M. (2008). Chimpanzees know what others know, but not what they believe. *Cognition,* 109, S. 224-234.

Karmiloff-Smith, A. (1992). *Beyond modularity: A developmental perspective on cognitive science.* Cambridge, MA: The MIT Press.

Kobayashi, H. und Kohshima, S. (2001). Unique morphology of the human eye and its adaptive meaning: Comparative studies on external morphology of the primate eye. *Journal of Human Evolution,* 40, S. 419-435.

Korsgaard, C. M. (2009). *Self-constitution: Agency, identity, and integrity.* New York: Oxford University Press.

Krachun, C., Carpenter, M., Call, J. und Tomasello, M. (2009). A competitive nonverbal false belief task for children and apes. *Developmental Science,* 12, S. 521-535.

– (2010). A new change-of-contents false belief test: Children and chimpanzees compared. *International Journal of Comparative Psychology,* 23, S. 145-165.

Kuhlmeier, V. A., Boysen, S. T. und Mukobi, K. L. (1999). Scale model comprehension by chimpanzees (*Pan troglodytes*). *Journal of Comparative Psychology,* 113, S. 396-402.

Kummer, H. (1972). *Primate societies: Group techniques of ecological adaptation.* Chicago: Aldine-Atherton.

Lakoff, G. und Johnson, M. (1979). *Metaphors we live by.* Chicago: University of Chicago Press; dt.: *Leben in Metaphern,* übers. v. A. Hildenbrand, Heidelberg: Carl-Auer-Systeme-Verlag, 2004.

Langacker, R. (1987). *Foundations of cognitive grammar,* Bd. 1. Stanford, CA: Stanford University Press.

– (2000). A dynamic usage-based model. In: M. Barlow und S. Kemmerer (Hg.), *Usage-based models of language.* Stanford, CA: SLI Publications, S. 1-64.

Lefebvre, C. (2006). *Creole genesis and the acquisition of grammar.* Cambridge: Cambridge University Press.

Leslie, A. (1987). Pretense and representation: The origins of »theory of mind«. *Psychological Review,* 94, S. 412-426.

Levinson, S. C. (1995). Interactional biases in human thinking. In: E. Goody (Hg.) *Social intelligence and interaction.* Cambridge: Cambridge University Press, S. 221-260.

– (2000). *Presumptive meanings: The theory of generalized conversational implicature.* Cambridge, MA: The MIT Press.

– (2006). On the human interactional engine. In: N. Enfield und S. Levinson (Hg.), *Roots of human sociality.* New York: Berg, S. 39-69.

Lewis, C. I. und Langford, C. H. (1932). *Symbolic logic.* London: Century.

Lewis, D. (1969). *Convention.* Cambridge, MA: Harvard University Press; dt.: *Konven-*

tionen: eine sprachphilosophische Abhandlung, übers. v. R. Posner, Berlin: de Gruyter, 1975.

Liddell, S. (2003). *Grammar, gesture, and meaning in American Sign Language*. Cambridge: Cambridge University Press.

Liebal, K., Behne, T., Carpenter, M. und Tomasello, M. (2009). Infants use shared experience to interpret pointing gestures. *Developmental Science*, 12, S. 264-271.

Liebal, K., Call, J. und Tomasello, M. (2004). The use of gesture sequences by chimpanzees. *American Journal of Primatology*, 64, S. 377-396.

Liebal, K., Carpenter, M. und Tomasello, M. (2010). Infants' use of shared experience in declarative pointing. *Infancy*, 15 (5), S. 545-556.

– (2011). Young children's understanding of markedness in nonverbal communication. *Journal of Child Language*, 38, S. 888-903.

– (2013). Young children's understanding of cultural common ground. *British Journal of Developmental Psychology*, 31 (1), S. 88-96.

Liszkowski, U., Carpenter, M., Striano, T. und Tomasello, M. (2006). 12- and 18-month-olds point to provide information for others. *Journal of Cognition and Development*, 7, S. 173-187.

Liszkowski, U., Carpenter, M. und Tomasello, M. (2008). Twelve-month-olds communicate helpfully and appropriately for knowledgeable and ignorant partners. *Cognition*, 108, S. 732-739.

Liszkowski, U., Schäfer, M., Carpenter, M. und Tomasello, M. (2009). Prelinguistic infants, but not chimpanzees, communicate about absent entities. *Psychological Science*, 20, S. 654-660.

MacWhinney, B. (1977). Starting points. *Language*, 53, S. 152-168.

Mandler, J. M. (2012). On the spatial foundations of the conceptual system and its enrichment. *Cognitive Science*, 36, S. 421-451.

Manrique, H. M., Gross, A. N. und Call, J. (2010). Great apes select tools on the basis of their rigidity. *Journal of Experimental Psychology: Animal Behavior Processes*, 36 (4), S. 409-422.

Markman, A. und Stillwell, H. (2001). Role-governed categories. *Journal of Experimental and Theoretical Artificial Intelligence*, 13, S. 329-358.

Maynard Smith, J. und Szathmáry, E. (1995). *Major transitions in evolution.* Oxford: W. H. Freeman; dt.: *Evolution: Prozesse, Mechanismen, Modelle*, übers. v. I. Raschke, Heidelberg u. a.: Spektrum Akademischer Verlag.

Mead, G. H. (1934). *Mind, self, and society* (hg. v. C. W. Morris). Chicago: University of Chicago Press; dt.: *Geist, Identität und Gesellschaft*, übers. v. U. Pacher, 17. Aufl., Frankfurt/M.: Suhrkamp, 2013.

Melis, A., Call, J. und Tomasello, M. (2006a). Chimpanzees conceal visual and auditory information from others. *Journal of Comparative Psychology*, 120, S. 154-162.

Melis, A., Hare, B. und Tomasello, M. (2006b). Chimpanzees recruit the best collaborators. *Science*, 31, S. 1297-1300.

– (2009). Chimpanzees coordinate in a negotiation game. *Evolution and Human Behavior*, 30, S. 381-392.

Mendes, N., Rakoczy, H. und Call, J. (2008). Ape metaphysics: Object individuation without language. *Cognition*, 106 (2), S. 730-749.

Mercier, H. und Sperber, D. (2011). Why do humans reason? Arguments for an argumentative theory. *Behavioural and Brain Sciences*, 34 (2), S. 57-74.

Millikan, R. G. (1987). *Language, thought, and other biological categories. New foundations for realism.* Cambridge, MA: The MIT Press.

Mitani, J., Call, J., Kappeler, P., Palombit, R. und Silk, J. (Hg.) (2012). *The evolution of primate societies.* Chicago: University of Chicago Press.

Mithen, S. (1996). *The prehistory of the mind.* New York: Phoenix Books.

Moll, H. und Tomasello, M. (2007). Cooperation and human cognition: The Vygotskian intelligence hypothesis. *Philosophical Transactions of the Royal Society of London, Series B: Biological Sciences*, 362, S. 639-648.

– (2012). Three-year-olds understand appearance and reality – just not about the same object at the same time. *Developmental Psychology*, 48, S. 1124-1132.

– (im Druck). Social cognition in the second year of life. In: A. Leslie und T. German (Hg.), *Handbook of Theory of Mind.* New York: Taylor and Francis.

Moll, H., Koring, C., Carpenter, M. und Tomasello, M. (2006). Infants determine others' focus of attention by pragmatics and exclusion. *Journal of Cognition and Development*, 7, S. 411-430.

Moll, H., Meltzoff, A., Mersch, K. und Tomasello, M. (2013). Taking versus confronting visual perspectives in preschool children. *Developmental Psychology*, 49 (4), S. 646-654.

Moore, R. (im Druck). Cognizing communicative intent. *Mind and Language.*

Mulcahy, N. J. und Call, J. (2006). Apes save tools for future use. *Science*, 312, S. 1038-1040.

Muller, M. N. und Mitani, J. C. (2005). Conflict and cooperation in wild chimpanzees. *Advances in the Study of Behavior*, 35, S. 275-331.

Nagel, T. (1986). *The view from nowhere.* New York: Oxford University Press; dt.: *Der Blick von nirgendwo*, übers. v. M. Gebauer, Frankfurt/M.: Suhrkamp, 1992.

Okrent, M. (2007). *Rational animals: The teleological roots of intentionality.* Athens: Ohio University Press.

Olson, D. (1994). *The world on paper.* Cambridge: Cambridge University Press.

Onishi, K. H. und Baillargeon, R. (2005). Do 15-month-old infants understand false beliefs? *Science*, 308, S. 255-258.

Peirce, C. S. (1931-1958). *Collected writings* (hg. v. C. Hartshorne, P. Weiss und A. W. Burks). 8 Bde., Cambridge, MA: Harvard University Press.

Penn, D. C., Holyoak, K. J. und Povinelli, D. J. (2008). Darwin's mistake: Explaining the discontinuity between human and nonhuman minds. *Behavioral and Brain Sciences*, 31, S. 109-178.

Perner, J. (1991). *Understanding the representational mind.* Cambridge, MA: The MIT Press.

Piaget, J. (1928). Logique génétique et sociologie. Revue philosophique de la France et de l'étranger, S. 167-205; wiederabgedruckt in: J. Piaget, *Sociological studies* (hg. v. L. Smith). New York: Routledge, 1995.

– (1975). *Der Aufbau der Wirklichkeit beim Kinde*, übers. v. J. U. Sandberger, Ch. Thirion und H.-L. Wunberg. Stuttgart: Klett.

– (1983). *Biologie und Erkenntnis*, übers v. A. Geyer, Frankfurt/M.: Fischer.

Povinelli, D. (2000). *Folk physics for apes: The chimpanzee's theory of how the world works.* New York: Oxford University Press.

Povinelli, D. J. und O'Neill, D. (2000). Do chimpanzees use their gestures to instruct each other? In: S. Baron-Cohen, H. Tager-Flusberg und D. Cohen (Hg.), *Understanding other minds: Perspectives from developmental cognitive neuroscience*, 2. Aufl., Oxford: Oxford University Press, S. 111-133.

Rakoczy, H. und Tomasello, M. (2007). The ontogeny of social ontology: Steps to shared intentionality and status functions. In: S. Tsohatzidis (Hg.), *Intentional acts and institutional facts.* Dordrecht: Springer, S. 113-137.

Rakoczy, H., Warneken, F. und Tomasello, M. (2008). The sources of normativity: Young children's awareness of the normative structure of games. *Developmental Psychology*, 44, S. 875-881.

Rekers, Y., Haun, D. und Tomasello, M. (2011). Children, but not chimpanzees, prefer to forage collaboratively. *Current Biology*, 21, S. 1756-1758.

Richerson, P. und Boyd, R. (2006). *Not by genes alone: How culture transformed human evolution.* Chicago: University of Chicago Press.

Riedl, K., Jensen, K., Call, J. und Tomasello, M. (2012). No third-party punishment in chimpanzees. *Proceedings of the National Academy of Sciences of the United States of America*, 109, S. 14824-14829.

Rivas, E. (2005). Recent use of signs by chimpanzees (*Pan troglodytes*) in interactions with humans. *Journal of Comparative Psychology*, 119 (4), S. 404-417.

Sandler, W., Meir, I., Padden, C. und Aronoff, M. (2005). The emergence of grammar: Systematic structure in a new language. *Proceedings of the National Academy of Sciences of the United States of America*, 102 (7), S. 2661-2665.

Saussure, F. de. (1916). *Cours de linguistique générale* (hg. v. Charles Bailey und Albert Sechehaye); dt.: *Grundfragen der Allgemeinen Sprachwissenschaft*, übers. v. H. Lommel, Berlin: de Gruyter, 1967.

Schelling, T. C. (1960). *The strategy of conflict.* Cambridge, MA: Harvard University Press.

Schmelz, M., Call, J. und Tomasello, M. (2011). Chimpanzees know that others make inferences. *Proceedings of the National Academy of Sciences of the United States of America*, 108, S. 17784-17289.

Schmidt, M. und Tomasello, M. (2012). Young children enforce social norms. *Current Directions in Psychological Science*, 21, S. 232-236.

Schmidt, M., Rakoczy, H. und Tomasello, M. (2012). Young children enforce social norms selectively depending on the violator's group affiliation. *Cognition*, 124, S. 325-333.

Schmitt, V., Pankau, B. und Fischer, J. (2012). Old World monkeys compare to apes in the Primate Cognition Test Battery. *PLoS One*, 7 (4), e32 024.

Searle, J. (1995). *The construction of social reality.* New York: Free Press; dt.: *Die Konstruktion der gesellschaftlichen Wirklichkeit*, übers. v. M. Suhr, Hamburg: Rowohlt, 1997.

– (2001). *Rationality in action.* Cambridge, MA: The MIT Press.

Sellars, W. (1962). Philosophy and the scientific image of man. In: R. Colodny (Hg.), *Frontiers of science and philosophy.* Pittsburgh: University of Pittsburgh Press, S. 38-78; wiederabgedruckt in: K. Scharp und R. B. Brandom (Hg.), *In the space of reason: Selected essays of Wilfrid Sellars.* Cambridge, MA: Harvard University Press, 2007, S. 369-408.

– (1963). *Empiricism and the philosophy of mind.* London: Routledge; dt.: *Der Empirismus und die Philosophie des Geistes*, hg., übers. und eingel. v. T. Blume; Paderborn: Mentis, 2002.

Senghas, A., Kita, S. und Özyürek, A. (2004). Children creating core properties of language: Evidence from an emerging sign language in Nicaragua. *Science*, 305, S. 1779-1782.

Shore, B. (1995). *Culture in mind: cognition, culture, and the problem of meaning.* New York: Oxford University Press.

Skyrms, B. (2004). *The stag hunt and the evolution of sociality.* Cambridge: Cambridge University Press.

Slobin, D. (1985). Crosslinguistic evidence for the language-making capacity. In: D. I. Slobin (Hg.), *The crosslinguistic study of language acquisition*, Bd. 2: *Theoretical issues.* Hillsdale: Lawrence Erlbaum, S. 1157-1260.

Smith, J. M. und Szathmáry, E. (1995). *The major transitions in evolution.* Oxford: Oxford University Press; dt.: *Evolution: Prozesse, Mechanismen, Modelle*, übers. v. I. Raschke, Heidelberg u. a.: Spektrum Akademischer Verlag.

Southgate, V., van Maanen, C. und Csibra, G. (2007). Infant pointing: Communication to cooperate or communication to learn? *Child Development*, 78 (3), S. 735-774.

Sperber, D. 1994. The modularity of thought and the epidemiology of representations. In: L. A. Hirschfeld und S. A. Gelman (Hg.), *Mapping the mind.* Cambridge: Cambridge University Press, S. 39-67.

– (1996). *Explaining culture: A naturalistic approach.* Oxford: Blackwell.

– (2000). Metarepresentations in an evolutionary perspective. In: Dan Sperber (Hg.), *Metarepresentations: A multidisciplinary perspective.* Oxford: Oxford University Press, S. 219-34.

Sperber, D. und Wilson, D. (1996). *Relevance: Communication and cognition*, 2. Aufl., Oxford: Basil Blackwell.

Sperber, D., Clément, F., Heintz, C., Mascaro, O., Mercier, H., Origgi, G. und Wilson, D. (2010). Epistemic vigilance. *Mind and Language*, 25 (4), S. 359-393.

Sterelny, K. (2003). *Thought in a hostile world: The evolution of human cognition*. London: Blackwell.

– (2012). *The evolved apprentice*. Cambridge, MA: The MIT Press.

Stiner, M. C., Barkai, R. und Gopher, A. (2009). Cooperative hunting and meat sharing 400-200 kya at Qesem Cave, Israel. *Proceedings of the National Academy of Sciences of the United States of America*, 106 (32), S. 13207-13212.

Talmy, L. (2003). The representation of spatial structure in spoken and signed language. In: K. Emmorey (Hg.), *Perspectives on classifier constructions in sign language*. Mahwah: Lawrence Erlbaum, S. 169-196.

Tanner, J. E. und Byrne, R. W. (1996). Representation of action through iconic gesture in a captive lowland gorilla. *Current Anthropology*, 37, S. 162-173.

Tennie, C., Call, J. und Tomasello, M. (2009). Ratcheting up the ratchet: On the evolution of cumulative culture. *Philosophical Transactions of the Royal Society of London, Series B: Biological Sciences*, 364, S. 2405-2415.

Thompson, R. K. R., Oden, D. L. und Boysen, S. T. (1997). Language-naive chimpanzees (*Pan troglodytes*) judge relations between relations in a conceptual matching-to-sample task. *Journal of Experimental Psychology: Animal Behavior Processes*, 23, S. 31-43.

Tomasello, M. (1992). *First verbs: A case study of early grammatical development*. Cambridge: Cambridge University Press.

– (1995). Joint attention as social cognition. In: C. Moore und P. J. Dunham (Hg.), *Joint attention: Its origins and role in development*. Hillsdale: Lawrence Erlbaum, S. 23-47.

– (1998). *The new psychology of language: Cognitive and functional approaches to language structure*, Bd. 1, Mahwah: Lawrence Erlbaum.

– (1999). *The cultural origins of human cognition*. Cambridge, MA: Harvard University Press; dt.: *Die kulturelle Entwicklung des menschlichen Denkens*, übers. v. J. Schröder, Frankfurt/M.: Suhrkamp, 2002.

– (2003a). *Constructing a language: A usage-based theory of language acquisition*. Cambridge, MA: Harvard University Press.

– (Hg.) (2003b). *The new psychology of language: Cognitive and functional approaches to language structure*, Bd. 2, Mahwah: Lawrence Erlbaum.

– (2006). Why don't apes point? In: N. J. Enfield und S. C. Levinson (Hg.), *Roots of human sociality*. Oxford: Berg, S. 506-524.

– (2008). *Origins of human communication*. Cambridge, MA: The MIT Press; dt.: *Die Ursprünge der menschlichen Kommunikation*, übers. v. J. Schröder, Frankfurt/M.: Suhrkamp, 2009.

– (2009). *Why we cooperate*. Cambridge, MA: The MIT Press; dt.: *Warum wir kooperieren*, übers. v. H. Zeidler, Berlin: Suhrkamp, 2012.

– (2011). Human culture in evolutionary perspective. In: M. Gelfand, C.-y. Chiu, and Y.-y. Hong (Hg.), *Advances in culture and psychology*, Bd. 1. New York: Oxford University Press, S. 5-51.

Tomasello, M. und Call, J. (1997). *Primate cognition.* Oxford: Oxford University Press.

– (2004). The role of humans in the cognitive development of apes revisited. *Animal Cognition*, 7, S. 213-215.

– (2006). Do chimpanzees know what others see – or only what they are looking at? In: S. Hurley und M. Nudds (Hg.), *Rational animals?* Oxford: Oxford University Press, S. 371-84.

Tomasello, M. und Carpenter, M. (2005). *The emergence of social cognition in three young chimpanzees.* Monographs of the Society for Research in Child Development 70 (1). Boston: Blackwell.

Tomasello, M. und Haberl, K. (2003). Understanding attention: 12- and 18-month-olds know what's new for other persons. *Developmental Psychology*, 39, S. 906-912.

Tomasello, M. und Hamann, K. (2012). Collaboration in young children. *Quarterly Journal of Experimental Psychology*, 65, S. 1-12.

Tomasello, M. und Moll, H. (2013). Why don't apes understand false beliefs? In: M. Banaji und S. Gelman (Hg.), *The development of social cognition.* New York: Oxford University Press.

Tomasello, M., Savage-Rumbaugh, S. und Kruger, A. (1993). Imitative learning of actions on objects by children, chimpanzees and enculturated chimpanzees. *Child Development*, 64, S. 1688-1705.

Tomasello, M., Call, J. und Gluckman, A. (1997). The comprehension of novel communicative signs by apes and human children. *Child Development*, 68, S. 1067-1081.

Tomasello, M., Carpenter, M., Call, J., Behne, T. und Moll, H. (2005). Understanding and sharing intentions: The origins of cultural cognition. *Behavioral and Brain Sciences*, 28, S. 675-691.

Tomasello, M., Carpenter, M. und Lizskowski, U. (2007a). A new look at infant pointing. *Child Development*, 78, S. 705-722.

Tomasello, M., Hare, B., Lehmann, H. und Call, J. (2007b). Reliance on head versus eyes in the gaze following of great apes and human infants: The cooperative eye hypothesis. *Journal of Human Evolution*, 52, S. 314-320.

Tomasello, M., Melis, A., Tennie, C. und Herrmann, E. (2012). Two key steps in the evolution of human cooperation: The interdependence hypothesis. *Current Anthropology*, 56, S. 1-20.

Tooby, J. und Cosmides, L. (1989). Evolutionary psychology and the generation of culture, part I. *Ethology and Sociobiology*, 10, S. 29-49.

– (2013). Evolutionary psychology. *Annual Review of Psychology*, 64, S. 201-229.

Tuomela, R. (2007). *The philosophy of sociality: The shared point of view.* Oxford: Oxford University Press.

van Schaik, C. P., Ancrenaz, M., Borgen, G., Galdikas, B., Knott, C. D., Singleton, I.,

Suzuki, A., Utami, S. S. und Merrill, M. (2003). Orangutan cultures and the evolution of material culture. *Science*, 299, S. 102-105.

Von Uexküll, J. (1921). *Umwelt und Innenwelt der Tiere*. Berlin: Springer.

Vygotskij, L. (1978). *Mind in society: The development of higher psychological processes* (hg. v. M. Cole). Cambridge, MA: Harvard University Press.

Warneken, F. und Tomasello, M. (2009). Varieties of altruism in children and chimpanzees. *Trends in Cognitive Science*, 13, S. 397-402.

Warneken, F., Chen, F. und Tomasello, M. (2006). Cooperative activities in young children and chimpanzees. *Child Development*, 77, S. 640-663.

Warneken, F., Hare, B., Melis, A., Hanus, D. und Tomasello, M. (2007). Spontaneous altruism by chimpanzees and young children. *PLoS Biology*, 5 (7), S. 414-420.

Warneken, F., Gräfenhain, M. und Tomasello, M. (2012). Collaborative partner or social tool? New evidence for young children's understanding of shared intentions in collaborative activities. *Developmental Science*, 15 (1), S. 54-61.

Watts, D. und Mitani, J. C. (2002). Hunting behavior of chimpanzees at Ngogo, Kibale National Park, Uganda. *International Journal of Primatology*, 23, S. 1-28.

Whiten, A. (2010). A coming of age for cultural panthropology. In: E. Lonsdorf, S. Ross und T. Matsuzawa (Hg.), *The mind of the chimpanzee*. Chicago: Chicago University Press, S. 87-100.

Whiten, A. und Byrne, R. W. (1988). *Machiavellian intelligence: Social expertise and the evolution of intellect in monkeys, apes and humans*. New York: Oxford University Press.

Whiten, A., Goodall, J., McGrew, W. C., Nishida, T., Reynolds, V., Sugiyama, Y., Tutin, C. E. G., Wrangham, R. und Boesch, C. (1999). Cultures in chimpanzees. *Nature*, 399, S. 682-685.

Wilson, E. O. (2012). *The social conquest of earth*. New York: Liveright.

Wittgenstein, L. (1955). *Philosophical investigations*. Oxford: Basil Blackwell; dt.: *Philosophische Untersuchungen*, Frankfurt/M.: Suhrkamp, 2008.

Wobber, V., Hare, B., Herrmann, E., Wrangham, R. und Tomasello, M. (im Druck). The evolution of cognitive development in *Homo* and *Pan*. *Developmental Psychobiology*.

Wyman, E., Rakoczy, H. und Tomasello, M. (2009). Normativity and context in young children's pretend play. *Cognitive Development*, 24 (2), S. 146-155.

Register

Natur, Geist und Technik
Eine Auswahl

Nick Bostrom
- Superintelligenz. Szenarien einer kommenden Revolution. Übersetzt von Jan-Erik Strasser. 480 Seiten. Flexcover
- Die Zukunft der Menschheit. Aufsätze. Übersetzt von Jan-Erik Strasser. stw 2245. 209 Seiten

Noam Chomsky. Was für Lebewesen sind wir? Übersetzt von Michael Schiffmann. 248 Seiten. Gebunden

Lorraine Daston/Peter Galison. Objektivität. Mit zahlreichen Abbildungen und einem farbigen Bildteil. Übersetzt von Christa Krüger. 531 Seiten. Gebunden und Flexcover

Daniel C. Dennett
- Den Bann brechen. Religion als natürliches Phänomen. Übersetzt von Frank Born. stw 2189. 531 Seiten
- Von den Bakterien zu Bach – und zurück. Die Evolution des Geistes. Übersetzt von Jan-Erik Strasser. Mit zahlreichen Abbildungen. 512 Seiten. Gebunden

Michael Esfeld. Wissenschaft und Freiheit. Das naturwissenschaftliche Weltbild und der Status von Personen. stw 2298. 212 Seiten

Luciano Floridi. Die 4. Revolution. Wie die Infosphäre unser Leben verändert. Übersetzt von Axel Walter. 314 Seiten. Gebunden

Bruno Latour. Kampf um Gaia. Acht Vorträge über das neue Klimaregime. Übersetzt von Achim Russer und Bernd Schwibs. 522 Seiten. Gebunden

NF 180/1/3.20

Janina Loh. Roboterethik. Eine Einführung. stw 2277. 241 Seiten

Alfred R. Mele. Willensfreiheit und Wissenschaft. Ein Dialog. Übersetzt von Guido Löhrer. stw 2238. 162 Seiten

Thomas Nagel. Geist und Kosmos. Warum die materialistische neodarwinistische Konzeption der Natur so gut wie sicher falsch ist. Übersetzt von Karin Wördemann. stw 2151. 187 Seiten

Michael Tomasello
- Eine Naturgeschichte der menschlichen Moral. Übersetzt von Jürgen Schröder. Gebunden und stw 2321. 282 Seiten
- Mensch werden. Eine Theorie der Ontogenese. Übersetzt von Jürgen Schröder. 538 Seiten. Gebunden

NF 180/2/3.20